# 语言文化与外语教学研究

江利华 著

辽宁大学出版社
Liaoning University Press

图书在版编目(CIP)数据

语言文化与外语教学研究/江利华著. —沈阳：辽宁大学出版社，2020.12
ISBN 978-7-5698-0268-9

Ⅰ.①语… Ⅱ.①江… Ⅲ.①文化语言学－关系－外语教学－教学研究 Ⅳ.① H0-05 ② H09

中国版本图书馆 CIP 数据核字（2020）第 263160 号

语言文化与外语教学研究
YUYAN WENHUA YU WAIYU JIAOXUE YANJIU

| | |
|---|---|
| 出 版 者： | 辽宁大学出版社有限责任公司 |
| | （地址：沈阳市皇姑区崇山中路66号　邮政编码：110036） |
| 印 刷 者： | 沈阳文彩印务有限公司 |
| 发 行 者： | 辽宁大学出版社有限责任公司 |
| 幅面尺寸： | 170mm×240mm |
| 印　　张： | 15.25 |
| 字　　数： | 265千字 |
| 出版时间： | 2020年12月第1版 |
| 印刷时间： | 2020年12月第1次印刷 |
| 责任编辑： | 田苗妙 |
| 封面设计： | 孙红涛　韩　实 |
| 责任校对： | 齐　悦 |

书　　号：ISBN 978-7-5698-0268-9
定　　价：59.00元

联系电话：024-86864613
邮购热线：024-86830665
网　　址：http:// press. Inu. edu. cn
电子邮件：lnupress@ vip.163. com

# 前　言

语言和文化是不可分割的整体，语言是文化的一部分，体现文化又受制于文化。文化是人类在社会发展过程中所创造的物质财富和精神财富的总和，每个民族因其地理位置、社会风俗等的不同会存在文化上的差异，这也是不同母语背景的人在交流中产生障碍的重要原因之一。学习一种语言，不单单是学会其语音、词汇与语法知识，还必须同时学习有关国家和民族的历史文化传统和社会风俗习惯，这样才能真正掌握这种语言的精髓，才能保证正确理解和运用这种语言。如果我们能在教学中积极主动地进行文化教学，那么通过教学双方共同的努力就可以对学生和教学效果产生双重的效应。因此，以语言文化学、英语跨文化交际学等基本理论为指导，以外语教学中语言、文化、交际的相互作用和关系等为对象，来研究外语教学中的文化教学，是非常必要和重要的。

语言是文化产生和发展的关键，文化的发展也促使语言更加丰富和细腻。语言与文化不仅相互促进，还相互制约。总之，语言与文化之间的关系是双向的影响制约关系。从语言与文化的关系中，我们可以清楚地了解到：语言和文化是同龄的。语言和文化相互影响、相互促进，语言是文化的载体，是文化的结晶。对文化的了解有助于掌握与精通语言，语言的学习不能独立于文化学习之外；同样，文化的学习也不能独立于语言学习之外。

本书系语言文化与外语教学两方面综合型研究著作。由于外语专业的主要任务之一是对特定外语语言和相关文化对象的人文性进行研究，深入研究外语和相关文化在任何时代都是重要的深层社会需要。当今社会对外语人才的需求已呈多元化的趋势，传统的外语教学模式已不能适应新形势下的社会经济发展需要，原有的专业教育模式在思想观念培养方向、课程设置、师资队伍结构、素质教育等方面都存在着很大的不足，也面临着入世后更新的挑战。高校外语专业培养的目标应该是使学生成为具有扎实的语言基础、广博的文化知识和一定的专业方向知识并能熟练地运用这些综合知识的复合型外语人才。本书在语言文化学视角下，以语言观念理论为基础，结合笔者多年的外语教学实践，提出了外语教学与语言文化相互结合的研究模式，针对外语教学中文化的导入提出了一套关于制定外语教学大纲、教学计划以及指导教学实践的方法，并在相关的大学外语课程中进行研究。研究结果表明，该模式有利于学生发挥自身在学习中的积极作用，有利于外语教师的文化导入教学，有利于培养和提高学生的跨文化交际能力。本书从理论和实践两方面对外语教学中的跨文化外语教学问题进行探讨，具有一定的理论指导和实践意义。同时，这也是一个开放性的交流平台，随着更多的外语教师进行相关的具体实践教学，此模式会进一步得以更正和完善，从而为进一步探索更加高效的外语教学文化导入提供有益参考和帮助。

# 自 序

语言与文化相互依赖、相互影响。语言是文化的重要载体，文化对语言有制约作用。语言作为文化的体现形式之一，对文化的传承起到了举足轻重的作用。回望中华民族几千年发展历程，其一直未丢失的"华夏之语言"是其文化缔结并不断延续和发展的重要原因之一。而一种文化的兴衰又切实关乎这一文化下的语言的存亡，一种文化的性质内涵也同样决定了在此文化背景下的语言的表现方式。文化与语言的相互影响的关系自语言与文化并存时便存在了，而且这种关系也将伴随着语言和文化的发展愈发地明显起来。

从文化的范畴来谈的话，语言与大文化的关系是从属关系，与小文化的关系是并列关系。语言是文化的一个特殊组成部分。如果把文化作为一个包罗万象的总体概念来看，则语言属于人类总体文化，即大文化的范畴。但它在总体文化中的地位比较特殊，与总体文化中的其他小文化的关系是相对应的。因此，可以认为语言是一种社会现象，是人与人交际的工具，也是使人与文化融合为一体的媒介。它随着人类的形成而形成，也随着人类社会的发展而发展、变化而变化。从小文化角度来看，语言和文化是同步发生的，没有语言就没有文化，语言是文化形成和发展的前提，文化的发展促进了语言的丰富和发展。有了语言，人类就有了文化。人类用语言创造了文化，文化又反过来影响了人类，促使人类走向更大的进步。语言在人类的一切活动中都起着十分重要的作用，是人类社会生活不可缺少的一个部分。

学习一种语言，不单单是学会其语音、词汇与语法知识，还必须同时学习有关国家和民族的历史文化、传统和社会风俗习惯，这样才能真正掌握这种语言的精髓，才能保证正确理解和运用这种语言。如果我们能在教学中积极主动地进行文化教学，那么通过教学双方的共同努力就可以对学生的语言能力和文化知识产生双重的效应。因此，本书作者结合自身多年的外语教学实践，以语言文化学、英语跨文化交际学和教育学等基本理论为指导，以外语教学中语言、文化、交际的相互作用和关系等为对象，严格遵循真实性与科学性并存的原则来研究外语教学中的语言与文化、教学之间的关系，在符合我国现阶段英语教学现状的同时，提出了外语教学与语言文化相互结合的研究模式，针对外语教学中文化的导入提出了一套关于制定外语教学大纲、教学计划以及指导教学实践的方法，并在相关的大学外语课程中进行实践和研究。因此，本书的学术价值和现实意义是不言而喻的。

"路漫漫其修远兮，吾将上下而求索。"要想完成一本著作，既要几分灵气更要几分坚持，正是因为道路崎岖不平，反而激起了作者不断探索、不断前进的勇气。本书中每一个理论的汇总都是语言与文化的小小侧面或折光，是不同种族、不同文化之间交流、共享所引起的微风。这些微风，都是真诚的体现，都是教学思想与教学情怀的呈现。一名教育工作者应从小我中脱离出来，把先进的教育理念和自身的教学思想结合起来。人们都知道，一部好的作品本身就闪耀着一种智慧的光辉。这种光辉是作者赋予它的；这种光辉，来自教育工作者的真诚和对教育事业的执着与热爱。在 21 世纪世界经济日益全球化和跨文化交流快速发展的今天，我愿与全国广大的外语教育界同行共勉：我们不仅要有敬业的工作态度、丰富的教学经验、娴熟的语言驾驭能力，还要有敏锐的教学思想、广博的文化知识以及深刻的生命体验，永远做英语教育领域的探索者与追求者，这样才能在身处宏伟的百年未有之大变局和实现中华民族伟大复兴的时代背景下，为我国的外语教育事业和世界各国不同文化之间的交流与传播贡献自己的一份光和热。

江利华<br>2020 年 6 月 15 日

# 【目　录】

## 第一章　语言与文化　001

第一节　语言概述　001
第二节　文化概述　017
第三节　语言与文化的关系　025
第四节　语言交际与文化背景　030

## 第二章　语言文化学的构建与发展　037

第一节　语言文化学的构建　037
第二节　语言文化学的研究重点　040
第三节　语言文化学的研究方法　045
第四节　语言文化学的发展前景　049

## 第三章　英汉语言与中西文化的比较　062

第一节　英汉语言比较　062
第二节　英汉思维方式比较　085
第三节　中西文化比较　094

## 第四章　外语教学中的语言与文化　105

第一节　国内外文化教学概述　105
第二节　语言文化教学的模式探讨　113
第三节　外语教学中的母语迁移　123
第四节　外语教学中的文化因素　130

**第五章　外语教学与文化的融合　138**

　　第一节　文化要素在外语教学中的价值　138
　　第二节　外语教学与文化教学　146
　　第三节　母语文化在外语教学中的应用策略　154

**第六章　跨文化传播与外语教学模式研究　164**

　　第一节　外语教学法的历史路径　164
　　第二节　跨文化传播与外语教学　190
　　第三节　外语教学中文化意识的培养　193
　　第四节　跨文化交际背景下的外语教学模式　200

**第七章　跨文化外语教学的问题及解决路径　206**

　　第一节　跨文化外语教学的主要问题及成因分析　206
　　第二节　跨文化交流能力的重要价值　214
　　第三节　学生跨文化交际能力的培养模式　218
　　第四节　跨文化外语教学问题的解决路径　227

**参考文献　232**

**后　记　235**

# 第一章　语言与文化

语言与文化具有天然的联系，两者相辅相成、不可分割；文化的发展具有历史的连续性，而这种连续性又是通过语言的交流活动来实现的。因此，语言与文化的关系问题就成了我们无法回避的一个重要问题。要想提升现有的外语教学水平，就必须对语言与文化进行深入的分析，学习者只有真正做到理解深刻，才能跨越语言与文化所带来的障碍。本章先对语言与文化分别进行概述，然后再对两者的关系展开分析。

## 第一节　语言概述

### 一、语言的定义与功能

#### （一）语言的定义

语言是人类社会发展到一定阶段的产物。关于语言的定义，从古希腊至今，国内外学者一直众说纷纭，下面我们将对其中一些比较有影响力的观点进行介绍。

洪堡特（Humboldt）认为，语言具有持久性，并能瞬间消失，虽然它可以用文字进行保存，但也是不完整的东西，只有在描述情境下的话语时才会需要语言。它并不是一种产品，而是一种活动过程。

萨伊斯（Sayce）认为，语言是用来表达和创造思想的，因此语言是一部人类的思想史。

杜萨特（Dauzat）认为，语言是一种思维工具、语音的集合、社会产品，它用文字进行记录。

列宁（Lenin）认为，语言是最重要的人类交际的工具。

弗斯（Firth）认为，语言被用来表达思想和交流感情，并且涉及社会组织以及日常生活情形。

沃尔夫（Whorf）认为，每种语言都与其他语言不同，其范畴和形式都是由文化决定的。

乔姆斯基（Chomsky）认为，语言是有限句子与无限句子的集合体。

陈原认为，语言是一种社会现象，是人类最为重要的交际工具。

可见，上述定义见仁见智，尽管都具有自身的合理性，但并不能全面说明语言的本质。综合上述观点，我们可以理解为，语言是进行言语交际的一种形式，是一种口头与文字相结合的交际工具。

为了弄清楚语言的特征，了解什么是语言，语言学家、哲学家和心理学家做了大量的研究工作，他们从不同的角度对语言的本质和特点进行了描述。概括起来，语言有如下的一些特征：

第一，语言是一个系统，并且是一个生成系统，它有着自身的结构。这种结构是多层面的，第一个层面是音位（phonemes），第二个层面是音节（syllables），第三个层面是语素（morphemes），第四个层面是词（words），第五个层面是句子（sentences）。语言这个系统储存在人们的大脑之中，并为规则所支配（rule-governed），这些规则既是复杂的，又是抽象的。人们可以凭借对语言规则的掌握形成无限的句子，并可以凭借这些规则判断某些句子是否正确。

第二，语言是一套具有任意性（arbitrariness）的符号，这些符号是声音符号，但也可能是视觉符号。语言符号所表示的意义是约定俗成的，语言符号和它们所指的事物没有内在的必然联系，这叫作语言的任意性。例如，某种有四条腿、食肉的哺乳动物在汉语中叫作狗，在英语中叫作"dog"，在法语中叫作"chien"，在德语中叫作"hund"。用什么语言符号去表示某种意义是一种社会规约，意义的规约性往往会受到社会的不同和文化的不同的影响，因而总是具有人文性这一特点。

第三，语言是一种交际的工具。作为交际工具的语言是在社会交际需要中产生的，并在使用中得到发展，人们通过语言的运用来掌握语言，在交际中学会使用语言。

第一章　语言与文化

第四，语言和文化有着极为密切的关系，语言是文化产生与发展的基础，而文化的发展也促使语言变得更加丰富和精细。从某种意义上来讲，语言可被看作文化的一部分。

第五，语言为人类所独有。科学家对动物交际的研究表明，虽然一些动物可以以某一种方式或通过一定的手段把有关的信息传给它们的同伴，如蜜蜂可以通过舞蹈来传播有关蜜源的信息，海豚可以对不同的灯光信号发出不同的信号，猿猴也能学会某些语言符号，但是它们并没有和人类相似的交际系统，它们之间的"交际"不是人类那样的语言"交际"。人类语言与动物"语言"是不同的。

第六，所有的人都以大致相同的方式习得语言。如果我们可以把人描述为聪明、较聪明、不那么聪明等各种类型的话，除了一些有生理或心理障碍的人，所有的人在儿童阶段都能以大致相同的方式习得语言。儿童具备学会任何一种语言的能力，只要他们能够接触到周围讲某种语言的人，与某一种语言环境保持接触，他们到一定的年龄的时候，如五六岁时，就能使用某一种语言进行交际。认识语言的本质和特征有利于我们探讨英语教学的问题。对语言不同的看法会使我们在英语教学研究中采取不同的态度和方法。如果我们把语言看成一种任意符号，而这种符号首先是有声的，那么我们在英语教学中就会强调口语教学，加强听、说方面的训练，我们会"听说领先"；如果我们把语言看作交际工具，我们会把能成功地进行交际作为学习语言成功的标志，也会在教学中让学生参加各种语言交际活动，使学生在语言交际中学习语言。

（二）语言的功能

语言学家对语言的实际功能进行总结，试图对语言的所有功能进行一个统一的概括分类。比较有影响力的就是雅各布森（Jacobson）和韩礼德（Halliday）的语言功能分类。

雅各布森认为，语言和其他符号系统是一样的，交际是其首要目的。交际的目的是什么呢？对于大多数人来说，交际的目的只是传达信息。但是，雅各布森认为交际并不是唯一的目的，甚至也不是主要的目的。他在《语言学与诗学》（*Linguistics and Poetic*）一书中指出，言语事件包含六项关键要素：发话人（speaker）、受话人（addressee）、语境（context）、信息（message）、语码（code）、接触（contact）。在这六项基本要素的基础上，

003

雅各布森又建立了一套与六项要素相对应的语言功能。

1. 雅各布森建立的语言功能

第一，诗歌功能（poetic function）。该功能用于享受语言本身的乐趣。

第二，所指功能（referential function）。该功能用于传递信息。

第三，意动功能（conative function）。该功能用于通过指令或肯定说服或者影响他人。

第四，感情功能（emotive function）。该功能用于表达观点、情感和情绪。

第五，元语言功能（metalingual function）。该功能用于弄清交际意图、词语和意义。

第六，寒暄功能（phatic function）。该功能用于与他人建立关系。

2. 韩礼德建立的元语言理论功能

（1）语篇功能（textual function）。该功能使语言与语境内容相互关联。

（2）人际功能（interpersonal function）。该功能体现社会关系。

（3）概念功能（ideational function）。该功能建立了逻辑关系和经验模式。

在韩礼德的早期著作中，他通过观察儿童语言发展的情况提出了语言的七种功能，即工具功能（instrumental function）、表达功能（representational function）、互动功能（interactional function）、控制功能（regulatory function）、教导功能（heuristic function）、自指性功能（personal function）和想象功能（imaginative function）。

上面的两种功能划分至今仍具有重要的意义，下面就对这些功能进行总结和归纳，并逐一进行介绍。

### （三）相关功能归纳

1. 元语言功能

语言也可以被用来讨论语言本身，人们可以用"书"一词来谈论"一本书"，也可以用"书"一词来谈论"书"这一语言符号。为了把书面文本组织成一个连贯的整体，作者一般会采用特定的语言来告诉读者将要发生什么。例如：

① All around the town the lion chased the unicorn.

在镇子周围狮子追着独角兽。

② The lion chased the unicorn all around the town.

狮子追着镇子周围的独角兽。

句①是告诉读者狮子在做什么，句②是告诉读者狮子在哪儿，这种顺序的变化就改变了句子的意义。这就是元语言功能的体现，它与系统功能语法中的主位功能相吻合。

2. 信息功能

信息功能又称为"概念功能"，它被认为是语言的主导功能。所谓信息功能，是指人们运用语言进行交流与沟通，将自己的思想传达给对方，并用文字进行记录的功能。韩礼德认为，语言是用来表达内容的，而其中的内容就是发话人在现实中的一些经验，包括自我意识等。语言是为这些内容服务的，因而会把与内容相关的经验结构化，帮助听话人或者其他人形成看待事物的方式。换句话说，如果发话人并没有按照自身的经验进行语言交际的话，那么他必然会耗费更多的脑细胞。

3. 寒暄功能

寒暄功能是一种比较常见的人际功能，交际者经常会用一些简单的、无意义的词或短语来表达人与人之间的和谐。例如，英语中常用"Thanks!""Sorry!""Bless you!"等词来表达情绪；汉语中用"早上好""下午好"等来表示问候，用"好天气!""坏天气!"等来表达天气。如果将这些表达用于实际的交际中，交际者就会很容易打开交际的话题。

需要注意的是，同样的寒暄语在不同的文化中使用的方式也是不一样的，中国人一般喜欢放在最开始，美国人习惯在交谈中穿插。中非布隆迪这个国家的妇女一般在离开之前会说"我现在要回家了，否则丈夫就会揍我的"，或许中国人听起来不太习惯，但是这是用一种幽默、诙谐的形式来进行礼貌的回答。可见，寒暄功能有助于维持人际关系。常用的寒暄话语有行话、方言、玩笑、俚语等。因此，在以后的学习中，我们应该对这一点多加重视。

4. 情感功能

信息功能只占语言的一小部分，而情感功能占据得比较多，它是语言最为实用的功能。这是由于情感功能能够改变人的态度和人的行为。

一般情况下，情感功能会在表达功能的范围内加以讨论。语言的表达功能在很大程度上是具有个体性的，不会掺入与他人交际的东西，这种情况非常常见。例如，某人意识到自己忘记与朋友约会时就会突然喊出"唉呀"，被小刀割破了手指时会大叫"哎呦"，看到了奇妙的东西时经常会说"天哪"。在英语中，一般会使用"My god."或者"My goddess."等。这并不是在跟其他人进行交际，只是一种下意识的反应，有时这不仅仅是一个人的，还可能是一群人的反应。例如，今天是小明的生日，其他小朋友来给他庆祝生日，当一个特别大、特别漂亮的蛋糕被拿到桌子上时，小朋友们会不约而同地喊出"哇"。

5. 施为功能

著名行为理论家奥斯汀（Austin）和塞尔（Searle）提出了施为的概念，两位学者的观点成了语用学的支柱。施为功能主要是为了改变社会地位而实施的言语行为功能，这些行为所应用的语言大多是仪式化的、正式性的，如结婚、葬礼、祈福等。施为功能在宗教仪式上也比较常见，尤其可以延伸到对事物的控制上。例如，中国人如果不小心打碎了盘子或暖壶，嘴里会念叨"岁岁（碎碎）平安""年年平安"等，用这样的方式祈祷主要是为了控制这些破碎的东西给人们带来的不好的影响。

6. 人际功能

人际功能属于一种社会功能，是语言最为重要的功能，人与人之间就是依靠这一功能进行构建与维持的。人际功能关注的是发话人和听话人之间的关系以及发话人对对方说的话所呈现的态度。例如，在称呼上，有些话语方式显示出了人际关系中的阶层关系，如尊敬的校长、敬爱的女士等。

除了称呼之外，身份的表达也与人际功能密切相关。例如，在观看篮球比赛时观众的呐喊声、公共集会中的口号等都可以表明身份问题。这一身份包含以下几个方面。

第一，伦理层面，包含阶级、阶层、社会角色等。

第二，地域层面，包含方言、口音等。

第三，心理层面，包含个性、智力、谈吐等。

第四，生理层面，包含性别、年龄、声线等。

可见，人际功能包含的内容十分广泛，经常会涉及不同的术语，而寒暄功能、感情功能、施为功能等其实都会包含人际功能的某些层面。

7. 娱乐功能

娱乐功能应用的范围是比较小的，因而常常被忽略，但是并不能否认其所具有的意义。例如，当婴儿玩耍时，他们往往会发出声音，很多时候这些声音是没有任何意义的，就是为了表达他们玩耍时的快乐，用语言的节奏来控制玩耍的节奏。另外，歌曲或者歌剧吟唱也能更好地体现出语言的娱乐功能。在我国的少数民族中，对歌是比较常见的，一名歌者以短歌开头，然后对方就会运用相同或者相似的韵律或者节奏进行吟唱，相当于一问一答的形式，而且这种对歌一般持续的时间是相当长的，这就是为了娱乐。

## 二、语言的分类与特点

### （一）语言的分类

语言可依据不同标准进行分类。以表达方式为标准，语言一般可以分为两种：内部语言与外部语言。

1. 内部语言

通常来说，内部语言包括下面两种。

第一，不发出声音的个人内在语言活动，如沉思、默读、默诵时使用的语言。

第二，个体的自问自答，不发生语言的交流活动。

由于内部语言特殊的使用情况，其最大的特点是隐蔽性。

2. 外部语言

外部语言通常包括书面语言、独白语言和对话语言等三种。

（1）书面语言

书面语言是指以文字的形式通过写或读作为传播方式的语言。书面语言是人们用来表达思想观点的主要语言形式之一，通常具有正式性、规范性和计划性三个特点。

（2）独白语言

独白语言是文学作品中人物语言表现形式的一种。独白语言是个人进行的，用来抒发感情和表达思想的语言活动。

独白语言具有以下几个特点。

第一，独白语言一般是有准备、有计划进行的语言活动。

第二，独白语言的内容一般为人内心的情感或思想表达。

第三，独白语言是个体独自实施的语言活动。

（3）对话语言

对话语言是指两人或是多人通过口语表达的形式直接进行交流的语言活动，如聊天、演讲、座谈等。

一般来说，对话语言具有以下几个特点。

首先，合作性特点。对话语言是一种反应性语言，为了达到交流和沟通的目的，对话语言需要体现合作性的原则和特点。

其次，直接性特点。对话语言是对话双方或是多个人之间直接进行交流时使用的语言，不受时间和空间的限制。

最后，简略性特点。对话语言一般使用的是口语化的语言，属于非正式语言，因而对话语言注重简洁明了、言简意赅。

## （二）语言的特点

语言是人类特有的一种交流方式，其特点主要体现在以下几个方面。

### 1. 创造性

语言的创造性又称为"能产性"，这一特点来源于语言的双重性。语言能够产生无数新的意义，可见语言非常复杂。无数的例子可以证明，语言能够通过新组合、新方法来传达新意义，并被他人接受。如果把语言只当作一种交际工具，那么人与动物都可以用来交际。但是需要注意的是，人类的语言具有独特的创造性，这些在鸟儿、蜜蜂、蜘蛛等任何动物上都是不存在的，它们只是会传递信息，但是不会创造。人类的语言可以通过不断组合创造出以前没有听到过的任何新的句子，可见，创造性是人与动物明显的区别。

从某种意义上说，语言的创造性还表现在它可以制造无穷无尽的句子。例如：

Tom who is a naughty boy is playing football which is unsafely when...

上面例句可以根据需要无限制地增加定语、状语等。

### 2. 双重性

语言的双重性又称为"二重性"，是指语言具有双重结构，即底层结构和上层结构，而这两种结构的存在造就了语言的双重单位——音与义，并形成了自身的组合规则。

粗略来说，语音是话语的组成元素，但是语音本身不能传达出意义，语音的唯一作用就是用来构词，使词具有其自身的意义。可见，音作为底层结构是没有意义的，而词作为上层结构却有了明确的意义。

语言的双重性只存在于既有元素，又有与它们组合而成的单位这样的一个系统之中。需要注意的是，动物的上层结构虽然存在意义，但是并不能再分成更小的元素。这就是动物与人的结构差别，因而动物的语言并不具有双重性。

此外，谈到双重性还不难发现语言的等级性特征，如人们无意间听到有些人用自己听不懂的语言进行交际，虽然他们的语言听起来非常流畅，但其实没有任何一种语言的语流是能够连续不断的。为了能够表达出中间离散的意义，交际者就必须运用离散单位，而这些单位能够帮助他们去找到新的语言解码。语言解码往往需要从语音开始,语音本身无意义,而众多的语音组合在一起就形成了片段——音节。音节是话语中的最小单位,如前缀、后缀等,这些音节集合起来就造就了成千上万的词,继而构成无数的句子,最后形成篇章。可见,语言是一层层递进的。通过分析不难发现,语言的双重性造就了无数的语言,使语言具有了能产性。

3. 移位性

语言的移位性又可以称为"不受时间控制性",是指语言既可以描述当前发生的事物,也可以描述之前或者以后将要发生(不在现场)的事物,它超越了自然事物的阻隔,因而即使距离比较遥远,也能够沟通顺畅。这就是指人们在交流中既可以提及曹操、孔子、孟子、秦始皇,也可以提及北极、南极、北美洲等的原因,因为语言是不受时间、空间限制的。当发生利害关系时,大多数动物都会做出反应,这是刺激的作用。相比之下,人类与动物有明显的区别,人们并不会受刺激的控制。从某种程度上来说,蜜蜂的舞蹈可以展现移位性,因为它能够指代食物的来源、告知伙伴的方位。但是,狗就不能告诉其他人后天主人是否在家。可见,语言能够让人们谈及未曾发生或者已经发生的事物或者现象。总之,语言的移位性其实是赋予了人们想象力和抽象性的。当词指代某些具体的事物时,这些词并不会出现在形象化的语境中,如果交际者谈到并非现在的事物时,就需要理解这些词的"非实体"概念。

4. 任意性

任意性这一理论是由著名语言学家索绪尔(Saussure)提出来的。他指出,语言的任意性是指符号与能够指代的事物和所指代的事物之间的关系是任意的,即每一个词素的音义关系并不是有意设计的,而是任意形成的。语言的这种任意性有不同层次。

(1)语素音义关系的任意性

在英汉两种语言中,拟声词是比较常见的。拟声词是指词的发音和其所指代的声音基本是相似的。例如,汉语中的"砰砰""叮咚""嘘嘘""嘎嘎""滴答""哗啦啦""咩咩"等,这些词语的形式以天然为基础。但是,在英语中,描写同样的声音用的词语却相差很多或者说是完全不同的。例如,汉语中的狗叫是"汪汪汪",而英语中则为"bow wow"。

拟声词和任意性是可以同时发生的。例如:

The murmurous haunt of flies on summer eves.
夏日黄昏嗡嗡的蝇群。

本例出自济慈（John Keats）的《夜莺颂》(*Ode to a Nightingale*)。在这个句子中，你可能会感觉到"murmurous"与整个句子的意义有着必要的联系，这并不是来自这个词的本身，而是"murmurous"与"summer"和"eves"之间的意义联系。如果将"murmurous"换成其他的词，如 murderous，意义就发生了改变，就很难建立起联系了。因此，只有明白意义，才能明白这个词的应用是否合适。

（2）句法层面上的任意性

功能语言学派认为，语言在句法上并不是任意的。所谓句法，就是按照一定的规则来构建句子，其中的句子成分都是按照一定的语言规则进行排列的，分句的前后次序和事件真实的顺序有着一定的对应关系。换句话说，句子的任意程度低于词语，尤其体现在下面的顺序关系中。例如：

① They stand up and go out angrily.

② They go out and stand up angrily.

③ They go out angrily after they stand up。

很多人认为，①是正确的顺序，②不符合逻辑。但试想一下，如果第二个人是坐着轮椅出去的，然后生气地突然站了起来，那么这个句子也是正确的。③运用 after 调换了句子的顺序，因而它们并不是很随意。但是，功能语言学派又指出，语音单位中还是存在着某些任意性的，如 fish 与 dish，pin 和 bin 等。

5. 文化传递性

动物的语言信号是遗传下来的，而人类的语言信号是通过教与学获得的，一般需要在文化的环境下习得而成。脱离了语言学习的环境，即使拥有健全的发音器官，也不能说出准确、合适并且美妙的语言。这里有一个特别著名的例子——狼孩，狼孩因为从小就与狼生活在一起，虽然具有人的器官特征，但是却丧失了人类的语言功能。

## 三、语言意义的生成

### （一）意识世界

欧洲大陆哲学研究都以揭示意识世界为主旨，海德格尔（Heclegger）此在观的语言意义探索同样以意识世界为基础：此在被语言所编码就意味着此在的意识世界被语言所编码，说话人之间的交流、意向的产生都以意识世界的语言编码为媒介。尤为重要的是,在探索语言意义的本质、语言符号形成的根源时,语言哲学对语言意义的研究与语言学、心理学、认知科学等语言研究相关学科产生契合,这一契合点正是人的意识世界。研究表明,在意识世界中被呈现的世界经验以符号和概念的形式存在。正是由于意识世界被语言所编码,人才会成为说话人。

意识的重要性毋庸置疑。如果没有意识,那么人的一切生命品质,快乐、仇恨、悲伤、冷漠、兴奋、悲悯、抑郁……;一切创造发明,社会机构、科学技术、伦理道德、法律法规、文学艺术、文化生活……都将荡然无存。一个多世纪以来,意识研究得到各门学科的重视和发展。认知科学研究表明,意识一定是生命机体的意识,它必然出现在生命机体之中。意识的心智在心理学上也被称为一种"被赋了自我的心智",其中主观性、意向性等要素都是心灵的特征之一,它们与意识互为关联,共同存在。在欧洲大陆现象学研究中,布伦塔诺(Brentano)强调意识对于知识形成的重要作用。他指出,我们用概念构造命题,用命题构建知识体系。从而,命题就是具有真假值的语句,知识的形成在于我们对知识的构造和证实。通过考察概念和命题,布伦塔诺得出结论,人的意识心理活动决定命题的真值。继布伦塔诺之后,胡塞尔总结了意识的一系列"本质特点"。比如,意识是意义的载体、意义的源泉,意识的本质是意向性,意识独立存在……① 尤为重要的是,他在布伦塔诺心理主义思想基础上发展出"意识世界"(world of consciousness)这一概念,并提出意识世界的形而上学问题,旨在研究如何确立意识世界的本体论地位、揭示意识世界的存在方式,以及如何把意识世界置入现实世界和自然规律中理解和解释。

如今,现代语言研究初步回答了布伦塔诺、胡塞尔等人提出的形而上学问题。从另一个角度来说,语言所能代表的只是说话人的意识世界所呈现出来的认识,并不能完全代表真实世界。意识与概念之间联系紧密。心理学家研究发现,"意识是由许多正起着作用的心理活动构成的状态,在这些活动中,主体意识到了环境或自身之内的这或那"②。意识在对某物进行范畴或种数的归类与区分时就是在认知上以某种方式与这个事物打交道,也就是根据某种概念来描述这个事物。举例来说,意识到某物是一辆轿车,这一过程就是根据轿车的图式或概念把它从全部意识对象中区分出来。这是一种对某物

---

① 胡塞尔.纯粹现象学通论:第1卷[M].北京:商务印书馆,2017:135.
② 胡塞尔.第一哲学:上[M].王炳文,译.北京:商务印书馆,2017:24.

进行概念化、符号化的能力，这一能力的运用须要遵守存储于意识世界之中的符号和概念的使用规则。"意识流"与"概念能力"之间的交错联系也成了心理学中的描述用语。由此可见，我们意识到的对象并不是自在对象，而是经过概念化或符号化的对象。我们意识到的轿车以符号和概念的形式存储于"物质""非生命""工具""机动车"等概念系统所容纳的符号或概念当中。以这一研究为基础，进一步考察意识世界的构成可以得出，意识的复杂性、多样性、多变性、创造性等几乎所有特征的形成主要在于，构成意识世界的概念与符号生成了"复杂的连接模式"，这一过程就是语言编码，也就是语言意义的生成。①

根据语言本体思想，被语言编码的符号和概念通过意义生成呈现被意识到的世界。这样，反映在语言中的就不是真实的世界，而是说话人的意识世界。语言学研究从语言维度同样揭示了意识世界及其语言编码。例如，在认知语义学研究中，一些学者虽然并不否认意义指称论，但是他们重新思考并讨论了语言的职称问题。事实上，"外在输入"与"内在表征手段"之间的相互作用正是发生在意识世界之中的概念化与符号化过程；人的"构想"正是意识功能的实现，说话人言说的正是他所"构想"的意识世界中的内容；说出的话语，即自然语言当中的各种语言表达式，它们所指称的自然同样是意识世界中的对象，即"关于世界的内在表征"。这就是说，语言所关涉的东西（即自然语言的所指）不是很多语义学家所说的真实世界，而是说话人所构造的世界，也就是意识世界。② 这一将意识对象概念化与符号化的过程就是意识世界的语言编码，也就是语言意义的生成。

## （二）意识世界的语言编码

基于胡塞尔对意识世界的初步揭示，海德格尔的观点为意识世界奠定了本体论基础，质言之，作为多元世界中的一元，语言本体把时间、空间与主体因素纳入自身。由此，生活在语言本体中的说话人就是从现实世界的时空局限中解放出来的人。说话人的话语独立于现实世界中的眼前事物，而以语言符号和概念系统为存在方式。语言通过其自身编码记录当下时代的信息、经验与知识。说话人正是通过这套独立于现实世界的语言知识系统建构丰富的意识世界，这一过程就是意识世界的语言编码。在此过程中，构成自然语

---

① 胡塞尔.第一哲学：上[M].王炳文，译.北京：商务印书馆，2017：14.
② 王晓阳.意识研究[M].上海：上海人民出版社，2019：27.

言/语言本体的本质要素时间、空间与主体不但是说话人意识世界得以形成的内在动因,而且为意识世界的语言编码提供了基本条件与保障。其中,主体,即说话人是构成语言本体的核心要素。时间与空间要素既能把说话人所生活于其中的当前世界的一切信息、经验与知识纳入语言之中,也使得以说话人为时间基准的自然语言能够超越"现在",回首"过去",展望"未来"。语言编码就是这一能够超越时空阈限、承载人的全部世界(意识世界、现实世界)的语言本体的运作。由此可见,语言本体/自然语言的本质特征规定了人作为说话人的存在方式,满足了人作为说话人的生存需要。语言对说话人意识世界的编码其实就是语言本体自身的内在要求和运作机制。正因如此,意识世界的特征亦是自然语言本身的特征。比如,意识世界与自然语言都相对独立,它们赋予人类其他生物所不可比拟的、独立于外在世界/物理世界的能力,并可以由说话人去创造和发展。在意识世界和自然语言中,符号能指独立于所指,意向对象独立于实际对象。这样,对于听话人,说话人的话语可以是真实的,也可以是虚假的……质言之,意识世界与自然语言水乳交融、相互依存。

语言本体对意识世界的编码/自然语言意义的生成是符号化和概念化过程。具体探究这一过程的性质和特点还要着眼于"语言编码"本身。"此在"之"此"把"存在"带回自然语言。此在被自然语言"编码"就意味着此在作为说话人生活在自然语言之中,并在特定自然语言系统中占有自己的"位置"。"编码"需要遵循一定的系统或是规律,通过一定的手段进行形式方面的转换。这种形式转换既是一种过程,也是一种机制。此在的语言编码体现为此在从自然人到说话人、从获得客观世界的认知体验到形成意识世界的语言系统这一过程。系统与规则就是这一编码过程的编码机制。这样,"符号/概念""系统/规则""过程/机制"就是对语言编码这一概念做出解释的关键词。具体来讲,作为符号学的重要术语,"编码"频繁出现在现代符号学著述中。从词源来看,"编码"的定义中明确了分类标准和次序排列的重要性,唯有如此才能确保一些冲突的产生。

作为符号化与概念化过程,语言编码就是应用编码规则把符号表达(能指)和概念内容(所指)结合起来,将符号与知识、经验进行合理转换。由此,规则和系统对于语言编码至关重要,没有规则和系统就没有编码。以索绪尔为代表的现代语言学研究已经表明,不同的符号通过彼此间的相互连接共同组成了语言符号,一旦成系统就可以产生意指作用,因而编码是作为基石一样的存在。因此,可以说,符号意指作用的产生以编码规则以及由编码所形成的符号之间相互依存的系统为基础。系统的形成体现编码过程,规则就意味着,编码本身既是一种过程,又是一种机制。编码作为过程相当于一种程序,不同符号系统有不同的编码程序。例如,汉语编码、汉字编码、电脑的汉字编码、汉字字符编码、汉字书符编码……它们的编码程序各不相同[1],编码过程在符号学中被称为"码化"过程,它是符号运作的一种规定。规定就意味着遵守规则。编码规则作为一种"内在秩序",维系并主导编码过程。这样,语言编码就成为语言的运作机制,编码过程意味着语言意义的生成,语言意义的生成以语言编码为机制。

从符号学角度讲,编码是一切语言的机制所在,包括自然语言、形式语言、姿态语言、手势语言,等等。如何判断某种编码能否生成自然语言意义,通常所说的"理解"就不再是可靠的依据和标准,因为形式语言、副语言等同样可以被理解。这样,我们尝试提出自然语言意义生成的判定标准,从而对语言编码这一过程和机制做出限定。具体来讲,一方面,自然语言意义生成一定是"自然语言"编码,而不是其他语言或非语言编码。有研究者指出编码可以根据不同编码方式区分不同编码类型,不同编码方式的确定性程度、编码化程度各不相同。"[2] 例如,形式语言编码涉及逻辑编码、数学编码等,文学、艺术、美学语言的形成涉及认知编码、情感编码等。前者编码化程度较高,后者程度较低。非语言编码的典型例子是文字编码。按照索绪尔的观点,文字和语言是两个不同的符号系统,因而两者的编码方式有所不同。作为非语言编码,文字有自己独一无二的编码系统。例如,汉字编码是以形表意的编码。区别于字母文字编码,汉字编码的重要特点和优势就是语音和图形双重编码。另一方面,自然语言意义的生成一定意味着人的意识世界,而不是其他任何事物的编码。意识世界的语言编码虽然具有规则,但并不是机械的过程,意识本身的能动性和创造性会融入编码过程。其他事物缺失意识和意识世界,其编码属于非自然语言编码,无法生成自然语言意义。比如,就当前备受关注的人工智能来说,计算机和机器人尽管在许多方面远胜于人类,但严格来讲,它们并没有真正的智能,不能像人类一样获得自然语言意义。这是因为自然语言编码是伴有人类意识行为的生命科学现象,计算机和机器人不具备意识,也就不

---

[1] 陈宗明.汉字符号学:一种特殊的文字编码[M].上海:东方出版中心,2016:15.
[2] 陈宗明.汉字符号学:一种特殊的文字编码[M].上海:东方出版中心,2016:18.

能获得真正的"智能"。这就好比一个不懂汉语的人虽然可以借助工具书将一串汉字符号转换为另一串汉字符号，但是这种"非自然语言编码"却很难让这个人理解这串符号的意思。

### 四、语言意义生成机制的分析与解释

通常认为，对研究维度和研究框架的诉清、对核心概念的辨识与区分是开展理论研究的前提与基石。语言本体需要一定的要素进行支撑，其关键之处就是说话人，而说话人本身正是存在于语言之中的人。语言的主观性、语言意义的主观性以说话人的意向作用和能动性为基础。说话人形象在语言中呈现。[①] 因此，作为语言的存在方式，解释既是说话人做出的解释，也是语言自身的编码方式。说话人的解释活动也正是语言自身解释机制的运作。说话人的解释在语言系统运作中呈现，生成语言表达和语言意义。由此，从语言本体论出发，对解释机制的考察有必要区分说话人和语言两个维度。解释既是说话人做出解释的机制，又是语言自身的运作机制。两个维度在说话人的日常语言活动，即语言本体的实际运作中高度统一。依据说话人和语言两个维度，对解释机制的具体分析和解释可以区分解释目的与内容、解释方法与类型、解释规则与功能等研究内容。简言之，解释目的、方法与规则主要考察说话人做出解释这一维度，与之相对应的解释内容、类型与功能侧重语言自身运作，它们分别是解释目的、方法与规则在语言运作中的体现。说话人的解释目的通过语言运作形成解释内容，说话人做出解释的不同方法在语言运作中表现为解释的不同类型，说话人在语言运作中遵守解释规则就实现了语言自身的解释功能。

在展开具体研究之前，须要从说话人和语言两个维度澄清相关概念的理解和使用。从说话人的维度来看，说话人与听话人、个体说话人与语言共同体、言语行为主体和认知状态主体等概念需要辨别与区分。具体来讲，人通过对世界做出解释将自身"编码"至语言系统中，成为说话人。解释机制具有普遍意义，它不但是说话人的解释，而且是听话人的解释。听话人的解释体现为理解，即传统意义上的解码。之前的研究已经表明，解释是理解的前提和基础。在说话人的日常语言活动中，解释占据主导地位，听话人的理解须要以说话人的解释为基础。至于语言中的主体（说话人）有两种存在方

---

① 李洪儒. 试论语词层级上的说话人形象：语言哲学系列探索之一[J]. 外语学刊, 2005 (05):45-50.

式，即个体说话人和语言共同体。说话人的解释也有两种相应的存在方式，即个体说话人的解释和语言共同体的解释，它们是考察语言意义生成的不同维度。对"语言共同体"的解释早在洪堡特（W. von Humboldt）的思想中就有体现。洪堡特指出，民族语言可以在时间的推进下积累大量的认知成果，并在不断地锻炼中构建自身的语言体系。语言共同体由个体说话人构成，前者是抽象的，后者是具体的。在某种意义上，语言共同体和个体说话人的言说分别形成语言和言语/话语。一些研究基于说话人的言说提出"话语共同体"概念，并将它确立为"话语分析的基础"[1]。语言共同体种类繁多，范围可大可小，特殊行业、阶层、特定年龄、身份、性别……只要是具有某些语言共性的某类群体，都可以形成语言共同体。有学者指出，"一切人类生活共同体的形式都是语言共同体的形式，因此'世界'在语言性的相互理解中得以显现"[2]。在此意义上，可以把言说本身当作"共性"，甚至全人类的语言共同体。鉴于语言共同体具有隐性、复杂的存在方式，具体研究不会刻意强调"语言共同体"这一概念，而是集中考察自然语言意义生成的具体、典型体现，即说话人的解释。此外，具体研究在有必要的情况下，将区分说话人在话语中的两个存在维度，即言语行为主体和认知状态主体。前者指话语的言说者，后者指描述或说明认知活动的话语所包含的认知主体。当说话人叙述其他说话人的认知行为时，话语的言语行为主体和认知状态主体就是不同主体；当说话人陈述自己的认知行为时，话语的言语行为主体和认知状态主体就是同一主体。

　　从语言维度来看，解释与语言知识、语言活动、语言表达等概念之间的关系须要说明。具体来讲，做出解释须要运用"知识"，解释本身也形成了"知识"。在语言本体论意义上，说话人须要通过语言编码做出解释，说话人所运用的语言相当于一整套"语言知识"。因此，"知识"就意味着"语言知识"。语言知识代表着被界定为知识系统的语言本体，而不是我们通常所讲的"语言学知识"或"语文知识"（如语音知识、语法知识、语形知识等）。由此，我们甚至可以认为，在语言哲学意义上，话语是一种知识[3]。这种广义上的理解同样体现在现象学中。黑尔德（Held）指出，"自柏拉图以

---

[1] 严明. 话语分析的基础：话语共同体[J]. 外语学刊，2009（04）：100-102.
[2] 陈波. 社会历史的因果描述论：一种语言观和由它派生的一种新名称理论[J]. 哲学分析，2011，2（01）：3-36，99，197.
[3] 米歇尔·福柯. 知识考古学[M]. 谢强，译. 北京：生活·读书·新知三联书店，2007：38.

第一章　语言与文化

来，哲学与科学共同具有的并且对欧洲文化具有决定性意义的认识方式，被称为知识（Episteme）"[①]。当知识被视为决定文化的"认知方式"时，就会同语言产生契合。人类知识在社会实践的世代延续中不断积累和发展，这一过程须要依赖语言。语言无疑是人类最重要的认知方式和认知成果。语言哲学研究表明，人类的语言活动相当于知识积累过程，解释正是这一过程的内在机制。

　　语言意义的生成依赖这种"人使用语言的活动"。以此为基础，维特根斯坦（Wittgenstein）强调"意义在于用法"。这虽然是一种工具论语言观，却揭示出人类生活与语言的紧密交融。简言之，语言意义生成与人类生存、生活休戚相关，甚至可以说，包括语言活动在内的一切人类活动（物质活动、精神活动）都以语言意义的生成为主旨。在此意义上，语言意义生成机制解释就成为语言活动的内核与动力。这样，作为一种日常语言经验，解释正是构成日常语言活动的"解释活动"。解释活动直接形成语言表达、生成语言意义。语言表达相当于解释/编码的表现形式。在语言本体论意义上，说话人的言说可以是无声的思考，也可以外现为语音或文字。语言表达的不同形式就是编码的不同形式，它们都能够实现解释活动并生成语言意义。须要强调的是，解释活动较语言表达具有更加根本的地位。对语言表达的考察通常侧重语言形式，解释机制探索则构成了语言研究的根基和主旨。无论语言意义还是非语言意义，无论自然语言意义还是形式语言意义，人类对意义的追问总是力求实现对人、语言和世界三者之间关系的终极解释。这种解释也正体现了人类对自身存在的追溯与反思。

## 第二节　文化概述

### 一、文化的定义

　　与语言的定义相似，中西方学者对文化的定义也莫衷一是。下面就分别对其具有代表性的观点进行介绍。

---

[①] 克劳斯·黑尔德.世界现象学[M].倪梁康，等，译.北京：生活·读书·新知三联书店，2003：55.

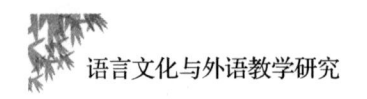

## （一）中国学者关于文化的定义

文化是人类所特有的一种文化现象。在我国，早在两千多年前就出现了具有"文化"意思的词语，但"文化"作为一个完整的词使用是从汉代开始的。

唐代的孔颖对"文化"一词的解释可谓别有见地。他认为，文化即社会的文化，指的是礼仪风俗和文学艺术等那些属于上层建筑的东西。孔颖的这一观点一直影响到明清时期。由此可以看出，中国古代的"文化"主要指的是精神层面的东西，这种对文化狭义的理解不能算作文化的定义。

## （二）西方学者关于文化的定义

在英语和法语中，"文化"一词来源于拉丁文 culture，是"耕作、培养、教育"的意思。"耕作"指的是文化在物质层面的意思，在精神层面，文化包含着宗教崇拜的意思。可见，西方对"文化"一词的定义要比中国古代对"文化"的理解宽泛得多。随着科技发展和文艺复兴的出现，加上一系列重大发现和宗教上各种改革的推动，人们开始对文化的区分以及文化内涵的研究越来越感兴趣。

《美国传统词典》中"文化"的定义是：人类文化是通过社会传导的行为方式、艺术、信仰、风俗以及人类工作和思想的所有其他产物的整体。这一定义涵盖的范围较为宽泛，既包括深层文化，又涵盖浅层文化，如风俗、传统、行为、习惯等。

英国著名人类文化学家泰勒（Edward Tylor）在《原始文化》（*Primitive Culture*）一书中指出，文化和文明，就其广义人类学意义上看，是由知识、信念、艺术、伦理、法律、习俗以及作为社会成员的人所需要的其他能力和习惯所构成的综合体。这定义被认为是最具有权威性的，曾在学术界产生过重大影响。

后来，人们纷纷根据自己对"文化"的理解试图对"文化"做出界定，由于人们对文化的理解不同，所以对文化的定义也各有侧重，比较有影响力的包括以下两类。

1. 侧重文化差异

在班纳特（Bennett）和杜明（Fumin）看来，文化是一切群体的行为模式，他们将这种行为模式称为"生活方式"。生活方式是一种可观察的群体特征，不同的群体具有不同的生活方式，这是某一特定群体区别于其他群体的重要标志。文化为一切人所有。克茨（Katz）和施恩克（Schenck）认为，文化对于社会而言，就相当于人的性格对于人的机体一样。文化是一个人在特殊的社会环境里所遭遇的气氛，它包括一个社会中的特殊建筑的内容。

戴维斯（Davis）和达拉德（Dollard）认为，群体之间的差异是由文化的差异决定的，文化不同，社会遗产自然也不同。人们在不同的生活习惯和生活方式中成长，因而形成了不同的文化，形成了不同的群体特征。

2. 侧重文化内容

克拉克洪（Kluckhohn）认为，当人们将文化看作是一个叙述的概念时，文化就是人类创造所积累的宝藏，如建筑、绘画、书籍等。此外，文化还包括人们在适应自然环境、人和事时所需要的语言、知识、礼仪、风俗、道德、宗教和伦理等。

凯利（Kell）认为，文化就是在历史的长河中，人们为了生活所创造出来的一切设计。这些设计有的是隐含的，有的是显明的；有的是和平理智的，有的是非理的，还有的是反理的。这些设计是对人们行为的潜在的指导。尽管上述观点各不相同，但都强调文化的核心始终是"人"。人是文化的创造者，文化是人类智慧和创造力的结晶。不同民族、不同种族的人创造了不同的文化，并构成了包括民族的个性、感知认识、言语和非言语的符号、时间和空间观念、思维方式、价值观、行为规范、社会群体及其相互关系等在内的一个复杂整体。

## 二、文化的构成

### （一）符号

符号就是一种一群人所认可的有意义地表达其自身之外的事物的东西。符号作为一种无声的语言，也是社会互动中不可缺少的手段，甚至比语言运用得更加广泛，所有的文字和数字都是符号，如五星红旗、镰刀、语言等。原始祖先之所以能有效地吸取前人的经验，进行科学的进化和发展，这和对符号的使用密不可分。现在，我们通过各种各样的符号和朋友交流，去理解世界，去储存各种复杂的信息。

符号的形式多种多样，我们可以概括为四种：

第一种是体势符号。体势主要是指人类所具有的脸部表情、手势和姿态等形式，这些形式在不同场合、不同的文化背景中，往往具有不同的文化意义。拇指和食指合成一个圆，其余三个手指向上立起，在美国表示"OK"，但在巴西，这是不文明的手势。竖起大拇指表示"好""真棒"，通行于世界多数国家，但在伊朗，这个手势是对人的一种侮辱。在中国，摇头表示不赞同，在尼泊尔则正相反，表示很高兴、很赞同。我们对星期五会欢腾雀跃，因为过完星期五就是周末了，意味着舒适和轻松的到来，但是对基督教教徒来说则认为星期五不是个好日子。

第二种是实物符号。所谓实物主要是指人类所创造的生活中的固定的事物，而这种实物由于被赋予了文化的价值，所以成为文化符号。比如，苗族人家的牛头，代表了苗族人家牛图腾的文化。我们所说的欧式风格的房子，实际上也是一种赋予了文化价值的文化符号。

第三种是艺术符号。艺术作为一种文化创造物，它同样是一种符号。比如，我们熟悉的五线谱，就是一种音乐符号。

第四种是语言符号。语言指的是人们所使用的口头和书面的言说方式，它是我们最重要的符号体系，如当你学习与文化有关的内容时，你只能借助语言的方式才能明白符号、价值观、社会规范和物质文化的意义。通过语言，我们可以为我们的生活找到最完整的表达方式，并将我们的各种文化记录下来，形成有效的文化交流、积累和传播，促进文化的繁荣与发展，甚至我们可以说，没有语言，就没有了区别于其他动物的文化累积，不仅文化不能保存下去，而且文化不能在此基础上进行繁荣和发展。当然，人类和其他动物也不会有太多的区别。语言所代表的文化，同样也是反映了言语者所处的环境，不同的民族、种族、地域、宗教信仰都能体现在语言差异上，如萨摩亚群岛居民以捕鱼为生，因而语言中有很多关于捕鱼和航海方面的词汇。同样，生活在撒哈拉沙漠边缘的阿拉伯人，则拥有很多关于沙子的词汇。中国人因为有多种多样的烹饪方法，关于菜谱的说法也是五花八门，我们总是能在不同的饭店看到各种各样的菜谱。不仅仅是语言词汇，而且语言体系也是一个很好地反映文化差异的例子，如汉藏语系的人的行为习惯与印欧语系的人的生活习惯比较接近。在同一语言体系下，也有小圈子，也会形成自己的语言体系，我们所说的"行话""俗语"就是一个很好的例子。没有美国文化背景的你能想象出"超级可乐"指的是啤酒，而"移动洗面奶"说的是汽油吗？

## （二）价值观

我们都知道"三岁看大，七岁看老"的民间谚语，这是人们对自身成长的一种观察和经验总结，讲的就是人在很小的时候就会形成比较稳定的价值观，即使到了成年也不会有很大的改变。价值观作为一种文化是区别于另外一种文化的最核心的内容，是文化的精髓和灵魂，形成于人较小的年纪，也很难改变，所谓"本性难移"，讲的就是这个道理。

价值观是一个社会中人们所共同持有的关于如何区分对与错、好与坏、违背意愿或者遵循意愿的观念，是对自己或者其他群体的道德、伦理在真善美层次上的评估。直接说价值观的定义，难免让我们有些困惑，看这样一个例子，或者你会有所启发：在美国，大部分数学和自然科学类的大学奖学金与学术荣誉都被亚洲来的学生获得，同样，在美国很多一流的研究院和实验室，也活跃着大批的亚洲籍的科学家和工程师。很多学者对此产生了疑问，是什么让亚洲人更为聪明？根据社会学家的研究调查发现，对于亚洲学生在自然科学上的成就，可以将大部分原因归功于亚洲人的价值观。

当然，像文化一样，价值观也不能孤立地存在。它通过祖辈的传承和周围环境的影响而形成，属于一个文化体中较为深层的精神文化，相对于表层的物质文化和中层的制度文化而言，它的变迁速度会比较慢。比如，在儒家思想的影响下，中国人普遍比较重视家庭，有比较浓厚的恋家情节，这就可以有效地解释为什么中国人会不顾一切地在春节这样的节日通过各种方式回家这一现象了。

价值观的冲突是造成人际沟通的主要障碍。"反美浪潮"就是一个很好的价值观冲突的例子。在经济全球化背景下的今天，价值观的不同是民族间冲突的重要原因，从耶路撒冷源源不断的炮火，到阿拉伯世界兴起的"反美浪潮"，说到底，就是价值观的冲突。

## （三）社会习俗

大部分社会规范都与人们的社会地位及所承担的社会角色有关，如母亲、职工、教师、医生等，或者与特定的时期相关。举例来说，教师在上课的时候，在衣着、言行等方面应该遵守上课的一整套规范，同时也要表现出富有爱心和责任心；医生在医院的时候需要使用严谨的语言，需要给予病人关怀；等等。"规范"这个词和"正常"以及"规范的"和"正常的"不能混为一谈。所谓"正常"和"正常的",指的是在统计意义上最为普遍的行为。比如说,左撇子是不正常的,但是却不是不规范的,至少是在规范的范围内可以接受的。同样,"规范"和"价值观"也是有区别的,规范是特殊的、具体的,它受到具体情况的限制,通常可以当作行动的指针,它决定了一个人在特定的情况下应该做什么,不应该做什么。价值观经常被视为判断规范的标准。比如,我们关注金钱上的成果,通过相应的规范,能指导我们获取这一价值,如通过学习、工作、做生意获得经济收入。

还有一种行为,我们称之为"社会习俗",在很多社会学家眼里,它是区别于规范的,因为其约束性强度要弱很多,有的违反社会习俗的行为并不会产生严重的后果。比如,虽然男性通常被要求留短发,但是很多男性艺术家或者普通民众留着长发,我们也还是可以接受的。类似于这样的规范,我们称之为社会习俗。我们所说的餐桌礼仪,也是社会习俗的一部分。

### 三、文化的功能

阿拉伯国家大多信仰伊斯兰教,欧洲国家大多信仰基督教,我们信仰什么,不信仰什么,崇拜什么,不崇拜什么,这都是由文化决定的。美国人可能是物质主义的,但是这并不是美国人与生俱来的品质;中国人含蓄内敛的品性也不是一出生就有的。美国人很重视物质利益,于是美国人在作决策的时候,常常带有物质主义的成分;中国人很重视精神层面的收获,所以中国人将环境看得更加重要。人要结婚、生子、买房子,这都是在传统文化影响下的行为,这就体现出了文化的功能。总的来说,文化的功能可以体现在以下几个方面。

#### (一)文化整合

在美国,有白人、拉美人、非洲裔、亚洲裔,主要的宗教有新教、天主教、摩门教、犹太教等,这和美国文化强大的整合功能有关。所谓文化整合,是指人们通过某种决定性的方式,把各种相容的或异质的甚至背离的文化要素综合成一个相互适应、和谐一致的文化模式。它是社会秩序的基础,是社会稳定、有序的重要前提。文化的整合分为以下几个方面:一是价值的整合,这是整合功能中最基本、最重要的一种功能。只有价值一致,才有结构和行为的协调。文化在形成统一的价值上是通过熏陶来造成影响,最终形成大致一样的观念。二是文化的规则整合。规则因为价值而产生,通过文化的整合使之和谐一致,并将外部的行为规则内化为个人的行为规则，最后通过个人对别人形成影响。三是结构的整合。社会作为一个多元结构，其异质性越强，分化的程度就越高，多元结构就越复杂，生活就越有趣味。美国文化多元性特征的现实性体现在，历史上来自世界多个国家和地区的移民自觉地认同北美的英语文化，其第二代移民已经从经济、语言和政治上成功地转化为美国公民，从一个侧面体现出了所谓"美国梦"或者"美国信念"的强大影响力，这已初步表现出在多元文化背景下，对某种统一"美国文化"的文化认同行为、文化自觉意识和文化建构过程。

文化的整合可能存在于相对有限的某些文化和旅游部分，也可以存在于文化的整体水平上，如基督教关于人生来就有罪、人活着就是为了自我救赎等观念在逻辑上是具有内在统一性的，都体现了基督教关于宽恕的观点。但是，一个社会的规范和它的价值观不一致，就可能会造成人的行为和他的观念的背离。所以，有作者写道："没有足够的人，故乡不足以成为故乡；没有足够的人，故乡的文化不足以繁荣他们的生命；没有足够的故乡，就无法安放他们的乡愁；没有故乡的文化，我们站在四通八达的路上就找不到回归故乡的道路。"当这种以家庭为核心的规范与物质利益的驱使相背离时，很多人便会产生孤单感和无助感。

当然，从文化的整合功能来说，社会中肯定会存在规范与价值观的差异，但是经过统一文化一段时间的熏陶后，必然会在社会生活的基本方面形成大体一致的观念。

## （二）文化区分

文化区分是各个民族、国家区别于其他民族、国家的标志。每个民族和国家都有自己的文化特色，这也是其树立在世界之林的精神和物质的象征。人类创造了赖以生存的物质产品，制定并共同遵守约定俗成的生活规范和行为模式，运用知识与技能改造自然环境，谋求全体人民的福利，从而创造了灿烂的文化。可以说，没有文化就没有社会。文化的人为创造性使它自身被深深地打上了人类行为的烙印，其不同于未被人类改造的自然文化，是区分人与动物的标志。人与动物相比，最突出的特点是人能够学习社会规范、价值标准、知识技能，能够塑造鲜明的个性，形成独特的人格。不仅如此，人只有通过社会化将文化内化于自身，掌握一定的生活技能，习得并遵守价值规范，才能成为一个真正的社会人。自古以来，动物收养人类弃婴的事件层出不穷，在古罗马传说中就有著名的"母狼乳婴"的故事，今天罗马的城徽图案就是一只母狼守护并喂养着两个男婴。可惜这美丽的传说在黑暗的中世纪是行不通的，由于狼孩儿被狼群抚养长大，他们的行为方式和嚎叫都像狼。那些传说中的狼孩儿不能在真正意义上和人等同起来，因为他们更接近动物的生活习性，表现出动物的行为。动物的行为主要通过遗传和本能来支配，通过本能的行为来满足需要，不受规范的制约，而人类需要的满足主要通过文化的方式来实现，如繁衍后代的需要通过家庭婚姻制度来满足，吃饭的需要通过烹饪来满足，等等。

　　文化是不同社会或民族相区别的标志。不同社会、不同民族之间有许许多多的差异，但无论是否外显，这些差别归根到底都是文化的差异。在区分种族尤其是民族的时候，肤色和相貌特征是最为外显的差异，也是与生俱来和不可更改的差异。一般来说，外貌特征对个人的影响是有限的。有学者发现，生活在两个不同文化环境下的同卵双胞胎有着迥异的文化烙印，他们的语言、价值观、宗教信仰等文化特征完全不同。我们想要区分美国人和中国人，通常会简单地根据样貌进行区别，但是如果是同一种族，要区别他们的国度就会显得非常困难，这就需要熟悉和观察他们身上所体现的文化特征。以服装为例，从古埃及人利用亚麻织物制作围裙，以及苏美尔人采用羊毛织物包缠在人体上形成服装开始，似乎就暗示了中西方服装的发展历程、风貌形态将会千差万别。中西服装文化之间的内涵有很大的差别，中国服装文化是一种单源性的文化，在其形成过程中与中国的礼乐文化有着密切的联系，注重内涵，在其发展进程中，因袭、守旧，继承性与连续性远大于变异性与创新性。西方服装文化是一种多源性的文化，在其形成过程中，人们将服装视作一门特殊的人体艺术，注重形式，认为形式即内容。在其发展过程中，时代特征日渐明显，风格变化昭然，变异性与创新性远大于继承性与连续性。

### （三）文化导向

　　文化建设在维持社会秩序、引导社会进步方面有着重要的意义。实现文化的导向功能包括三方面内容：

　　第一，提供知识。社会的持续进步需要以新的知识为动力，而新的知识包括新的理论、科学、技术等，这些又依赖于文化上的发明和发现。新文化运动之后，中国迎来了一段时间的文化繁荣期，民族资本主义得到了短暂的发展，这和新文化运动塑造的适合社会发展的文化环境相关。

第二，协调社会管理。有计划地推动社会进步，是一项巨大的社会系统工程，包括决策、规划、组织、实施四个阶段，在总体系统工程中，又包括很多子系统，各阶段和各子系统必须协调配合，这有赖于文化调适。文化调适应该尊重差异性，有塑造共存的意识。有哲学家认为，每一个事实都有价值负载，而我们的每一个价值也负载事实，这应该当作宣言，表明我们对待差异性的文化都是以价值为先决条件的，文化的差异存在于共生共存的价值诉求，同人的实践处境是密不可分的，要做到整个社会的合理共存，尤其是以新的思想为主导，这显得尤为重要。以树立社会主义核心价值体系为例，"一方面，我们不能把价值认同理解为无条件的普遍有效的绝对真理或真理的表达形式，认为价值认同就是追求一种绝对的价值观念上的同一；另一方面，我们的价值认同也不是放弃一切内在规定性的无条件地对各种价值观念的接受与肯定，虽然我们不拥有先天一致的意义"[①]。尊重差异，包容多元，这就是文化的协调社会管理的功能。

第三，实施结构整合。不同的价值体系存在不同的规范，尤其是多元社会，社会的异质性越强，分化的程度越高，多元结构越复杂，功能整合的作用就越重要。作为人的社会存在，每个个体都是多元社会的有效组成部分，不可能单独发挥效应，只有和其他功能结合起来，才能对社会的运行发挥应有的作用。

## 第三节　语言与文化的关系

### 一、语言对文化的作用

#### （一）语言反映文化

语言是一种记录、表达的符号，它可以表达人们的态度、思维、信念、认识等。可见，语言可以反映文化，具体涉及民族心理风俗习惯以及生存环境等层面。

1. 语言反映民族心理

语言是文化的载体，因而也是民族文化的载体，它可以反映民族心理。

---

① 王葎. 建构现代中国社会的价值认同[J]. 探索，2006（1）：174-178.

这个民族心理主要包含伦理道德、价值观等。在中国的伦理道德中，比较重视亲属关系，尤其是对关系的称谓特别注重。例如，汉语中的"嫂子"，是指兄长的妻子，而且将长嫂比作母亲，表达对"嫂子"的尊重。但是，英语用 sister-in-law 来对其进行翻译，实际上这是不对等的，因为英语中的 sister-in-law 兼有"嫂子"和"弟媳"两个意思，这足以看出英语国家是从法律角度上看待亲属关系的民族心理。

2.语言反映风俗习惯

风俗习惯是特定群体在社会文化内共同创造和遵守的行为规范，简单来说就是一种社会文化的现象。这些风俗习惯主要体现在礼仪、生活方式、婚姻传统、习惯、信仰、迷信等方面。例如，英国人很注重场合，什么场合穿什么衣服，用什么样的礼节，他们对这方面非常重视，而在有些国家就会很随便。在表达上，中国人很看重自己的面子问题，并且非常在意自己在别人心中的形象，选择的语言也是非常谨慎的；而对美国人来说，这些都不太看重，他们总是习惯直率地表达自己的观点和看法。

3.语言反映生存环境

文化的形成会受到生存环境的影响，这是不争的事实。不同的生存环境造就了不同的地域文化，反映在语言上就是有不同的表达形式，并且这些表达往往是固定的。从宏观上来说，这些生存环境主要包含物质环境、地理环境、自然环境等，如海洋船舶、动植物、气候、天气以及物产资源，并由此形成了一些习语。

如表 1-1 所示。

表1-1 有关生存环境的习语

| 习　语 | 字面意义 | 比喻意义 |
| --- | --- | --- |
| any port in a storm | 船舶遇到风暴时，一个港口的存在就可以避开危险 | 遇到危机时任何可以解脱的办法 |
| in the same boat | 在同样的船上 | 处境相同，同舟共济 |
| polish the apple | 擦亮苹果 | 拍马屁，逢迎 |
| full of beans | 充满了豆子 | 精力充沛，精神饱满 |
| tell it to marines | 告诉海军陆战队 | 准备战斗 |
| poor fish | 可怜的鱼 | 可怜虫 |
| chip off the old block | 大块里面出来的小块 | 酷似双亲 |

## （二）语言影响文化

对语言影响文化的论述不得不提到形成于 20 世纪 50 年代的"萨丕尔—沃尔夫假说"（Sapir-whorf Hypothesis），这一假说自提出之日起就颇受争议。这一理论主要包含两方面的解释。

1. 语言相对论

语言相对论也叫"弱势理解"，是指语言反映着人的态度、思维方式以及信念等。这和决定论相比就弱化了很多，语言不再是决定的作用，而是影响的作用。因此，如果语言不同，那么它的思维方式也会存在着某些差异。

2. 语言决定论

语言决定论也叫"强势理解"，是指语言决定着人的态度、思维方式以及信念等。如果语言不同，那么思维方式也就完全不同。

这一假说引发了很大争议，支持者和反对者都提出了相关的证据，关于这一假说的正确性至今并没有一个权威的说法。但实际情况是，随着人们对语言学研究的不断深入，现今已经没有多少人可以完全接受"语言决定思维方式"这一论调了，但是对于"语言影响思维方式"这一论调还是受很多国内外学者追捧的。总而言之，人们既不能完全接受这一假说，又不能全盘否定其正确性，人们可以探讨的是这一假说在某种程度上的准确性。

## 二、文化对语言的影响

文化是语言活动的环境，因而文化因素对语言有重要的影响作用，主要体现在以下三个方面。

### （一）文化是语言词汇的象征意义的来源

词汇是语言的基本结构，每一个词汇都有其自身的概念，而一种语言中蕴含的词汇往往会反映出这个语言民族的文化环境，可以说，词汇对人类认识客观世界以及赋予人类世界的意义非常重要。词汇的意义分为概念意义和比喻意义。概念意义也称为"本义"，能够反映客观事物的特征；而比喻意义也可以称为"指称意义""引申意义"，或者"象征意义"，这种象征意义的存在主要是源于文化的存在。由于各个民族文化的差异性，导致人们对待同一种事物而产生的认识也会存在差异，甚至截然相反。中国的"龙"与英语的"dragon"就是很典型的例子。在中国,龙是尊贵、威严的象征,如"中国龙""龙凤呈祥""龙的传人""望子成龙"等,但是在西方,"dragon"被认为是邪恶的,也被认为是相互争斗的根源,可见,不同的文化代表的词汇意义也不同。

### (二)文化是语言形成和发展的基础

文化是语言形成和发展的基础,没有文化,语言也就不会存在。著名人类学家、语言学家萨丕尔(Sapir)在他的《语言论》一书中指出,语言是不能脱离文化而独自存在的,也不能脱离整个社会延续下来的观念和做法。语言在很多层面上都会显示出文化因素,如句法结构、谋篇布局、词汇意义等。可以说,语言其实是文化的行为。

此外,从中西方文化的对比中也可以看出这一点。对中国人而言,人们考虑任何事情、说任何话都需要依靠综合性思维,这就需要领悟能力;而对西方人而言,他们主要将分析性思维作为主导,因而比较侧重理性。两种思维方式的差异导致汉语重意合而英语重形合。具体来说就是中国人注重意念,重视直觉的效果,只要能够准确表达出意思,词语的形式可以不必计较,这就是汉语的重意合。英语国家认为清晰合理的思想是由词语和句子决定的,只要句法完整,那么要表达的思想肯定也是完整的。所有这些都是由于中西方特有的文化背景和地理环境的差异造成的。

### (三)文化是制约语言运用的决定性因素

语言的运用受到很多因素的制约,其中文化是决定性因素,众所周知,语言的运用受到语境的影响,语境是语言生成和理解的先决条件,而文化就是语境的最主要部分。文化的决定性作用可以避免语言实际运用中的很多问题,如语言误解、语言冒犯、语言无礼等,主要表现在以下两个方面。

1. 语言受相同文化背景的影响

在汉语中,虽然有着相同的文化背景,但是也存在着语言的差异性,尤其体现在名讳上,如嫦娥,原名恒娥,这是为了避讳汉文帝而做的修改,这样的例子在古代的名讳中有很多。

2. 语言受不同文化背景的影响

在汉语中,两个朋友见面常会说,"上哪里去了呀?"或者"你去哪里了?"在中国人眼中,这充其量也就是简单的问候语,表示关怀;但是,用英语就会翻译成"Where are you going?"或者"Where have you been?",这会让外国人感觉很不舒服,因为他们会认为你的问题侵犯了他们的隐私权,其实他们是有权利选择回答或者不回答的,甚至他们会气愤地说"这不关你的事情"。可见,文化对不同背景的实际语言运用来说有多么重要。

在对外汉语教学界,还有一种说法:语言是文化的载体。其实这一说法也是不全面的。所谓载体,当然是指承载东西的物体,亦即运载其他物质的工具。在这里,运载物和运载工具都是独立存在的,它们既可以分开,也可以用别的载体和运载物加以替换。就像用火箭发射卫星,载体火箭和运载物卫星,二者都是可以独立存在的。但是,语言与文化的关系则与此不同,这是因为:其一,一切文化活动和文化创造都离不开语言,即使是单个人的活动,包括物质活动(如种田)和精神活动(如写作),也都是由以语言为基础的思维能力支配的。其二,所有的文化积累可以说都是保存在语言信息系统之中的,即使某些文化成分在历史长河中消失了,如古代乐器箜篌,人们仍可通过语言信息系统将其复原。这一属性,是任何所谓载体都不可能具备的。既然"工具说"和"载体说"都不全面、不科学,那么怎样表述才是恰当的呢?从语言与文化的特殊关系来说,我们主张"语言是文化的凝聚体"这一说法。之所以提出这一说法,是基于以下一些考虑:语言具有原文化的性质。前面说过,语言是一种文化现象,语言本身就是语符形式与文化内容的有机整体。这就是说,语言不仅仅是意义的代码,而且也是文化的代码。鉴于语言包含了所有文化积累的信息,这就使语言成为文化总体中最基本、最核心的部分,所以我们说语言具有原文化的性质。

通过上述分析不难发现,文化与语言二者是相互影响、相互制约的。从一个方面来看,语言是用来传承文化、记录文化以及反映文化的,如果有个别的民族在发展中失去了自己的语言,即使他们的文化可以用其他的语言来进行记录,但是文化中的大部分内容也会随着语言的消失而逐渐消失。因此,语言是文化的重要组成要素。从另一个方面来看,文化也会影响语言的发展,文化的动态性会导致词汇、语法的变化。文化可以创造词汇、语法,同时,这些词汇、语法也记录了当时的文化,并且能够反映当时的文化特征。总之,文化影响语言的结构和含义。

# 第四节　语言交际与文化背景

## 一、语言交际的社会功能和个人意义

### (一) 语言交际的社会功能

语言既不是天上掉下来的，也不是其他什么神奇力量创造的，而是人类在创造自身的过程中诞生的。马克思、恩格斯在论述语言的本质时说："语言是从劳动当中并和劳动一起产生出来的。"[1] 由于原始人劳动和相互交往的需要，作为人与人之间交际媒介的语言，就随之产生，而且在不同地域、不同社会环境中，所形成的语言也有所不同。语言存在于人类这个群体中，存在于人们的语言交际中。离开了人类，离开了人们的语言交际，语言就不可能存在。从交际的角度来研究语言和从运用语言的角度来研究交际一样，主要都是解决人们怎样说话的问题。人类语言的产生需要两个方面的必备条件：社会交往的需要，生理条件。这两个条件使得人能发出音节分明的声音。原始人在长期劳动过程中产生了互相要说点什么的需要，正像恩格斯说的那样，到了"非说不可"的地步，这种需要会引起器官本身的适应性变化。由于直立行走，原始人解放了呼吸器官——喉头和胸腔，他们可以更自由地使用肺和声带，并使口腔、喉部气流的通道形成一个直角，从而可以发出各种不同的声音，音节分明的语言就此得以产生。

当然，劳动创造语言说，是指人类初期，之后，这种语言一代代传下来，在遗传和充而用之的共同作用下成为现代人类的今天的语言形态，并且还将被人们不断地丰富和发展。因此，我们现代人的语言不再需要人类初期语言的产生这样一番过程，我们后天的一个任务是唤醒，另一个任务是充而用之。唤醒我们的语言，唤醒我们的语言能力，并且在运用和积累中总结规律，丰富和发展我们的语言，提高和完善我们的语言能力。

世界万物要交换能量而存在、变化和发展，宇宙万物在相互吸引、排斥与中和中才能保持动态平衡。语言交际是能量交换的一种方式，人要在社会

---

[1] 王立柱，张伟.自然辩证法[M].天津：天津人民出版社，2012：26.

第一章　语言与文化

中协调,就要交往,就要交际,语言因此而出现、存在和发展。语言存在于交际之中,交际之外没有语言。语言产生于劳动,服务于交际。交际的目的是为了在劳动中合作,语言交际究其原因是产生于合作需要并服务于合作需要。作为社会现象,语言交际对社会发展有重要意义。一方面,它是发展社会生产力、促进社会进步的必要前提和重要条件。另一方面,语言交际还能够提高社会群体的向心力,增加社会群体的凝聚力,进而使整个社会变得和谐而健康。

## (二) 语言交际的个人意义

人是社会的,离不开社会,人对社会的依赖,很大部分能够体现在人与社会的交际中。人没有了交际,就会产生孤独等一系列的失落感,有的甚至会失去生命。

首先,对个人来说,语言交际是人的最基本的需要,除个别语言残障者外,它一般会伴随着人的一生。每个人都有需要,而且是多样的,美国心理学家马斯洛曾经把人的各种需要归纳为五类,按其重要性和先后次序分别为:生理需要、安全需要、交际需要、尊重需要和自我实现需要。在马斯洛看来,交际是人的最基本的需要之一。人是社会的,这决定了他们本能的强烈的归属感,因而他们渴望与他人交际。古人说,植物有情不能动,动物有情而且能动,其中高等的还有义。人,有情有义,能动而且有理智,能够思考,因而人的需要不仅是物质的,更是有精神的。人需要信息的交流、思想的交流和情感的交流,而人们的这些精神需求正是通过语言交际来得以满足的。

其次,语言交际能促进人的身心健康,能促进人的个性向积极的方面发展。培根曾说,如果你把快乐告诉一个朋友,你将得到两份快乐;而你如果把忧愁向一个朋友倾吐,你将被分掉一半忧愁。这是他以哲学家的身份对语言交际功能的部分概括。一般来说,语言交际对于人的身心健康的作用主要表现为,通过他人的帮助减少心理上的痛苦,通过宣泄自己的愤怒或悲愁,减少心理上的压力,如果把自己的担忧诉说给他人还能够减少心理上的恐惧感。

最后,语言交际还能增长知识、广博见闻。日常生活和工作中的我们也是如此。听、看、阅读的过程是人们在语言交际中汲取的过程,说到底是一个吸收能量的过程,人的知识多了,见闻广了,本领自然就增强了,能量也会有所增长。当然,交际其实是一个双向互动的过程,人们在听、看、阅读的同时，也在说、在做，也在提供给别人听。从一个较高的角度来看，这是一个前后结合在一起的完整的交际过程。万事万物时时刻刻都处在交际过程当中，不同的只是频度的高低，高低不同的频度决定了万事万物的发展速度。人的语言交际是众多交际形态中的一种，其频度的高低会直接或间接地影响到一个人发展进步的速度。

## 二、语言交际的构成和方式

### （一）语言交际的构成

语言交际主要由交际主体、交际环境和交际工具——语言构成。

说话人是语言交际的主体。语言交际是人类的一种活动，没有人就不能构成语言交际活动，人是构成语言交际的主要因素。一般来说，作为语言交际构成因素的人不是泛指一切人，而是指正在进行语言交际的人，确切地说，正在"说"的人，正在"听"的人是交际对象，属于交际环境的范畴。语言交际具有双向性特点，交际中的说者和听者分别是语言交际中的主体和客体，在语言交际中主客体是不断变化和转换的。当人在自言自语的时候，主客体集于一身，自己既是信息情感的发出者也是信息情感的接收者。

语言交际环境是客观存在的，时刻伴随着语言交际本身。语言交际环境不同于语境。语境是语言环境，语言交际环境指交际中的语言环境，两者有相同点也有不同点。过去我们在谈到语境的时候，角度和分类有所不同，有的按主客观语境来分，客观语境包括社会背景、时空场合、交际对象等，主观语境则指说话者，包括说话者的身份、职业、思想、修养、年龄、性别、情绪等方面。有的分为大语境、中语境和小语境，大语境是社会背景，中语境一般指时空场合，而小语境则是上下文或说话中的前言后语。

语言交际环境指语言交际中除了交际主体以外的一切客观因素，不仅包括社会环境、时代背景，包括具体的交际时间、空间场合，包括语言交际的对象，还应该包括语言交际双方的关系。以前我们非常强调具体的语言交际环境，诸如时间场合等对语言交际内容和形式的影响和制约作用，实际上，语言交际双方的关系在这一过程中起着非常重要的制约甚至是决定的作用。语言交际双方的关系常常不仅仅是一种，而是存在多种关系。但在具体的时空场合下，往往是其中的一种关系凸显出来，其他关系隐退，那么交际内容和方式就要以适应这种关系为原则。表面上是这种时空场合决定了我们的交际内容和方式，而实际上是这种场合中凸显出来的特定关系在起着决定作用。交际需要一定的工具，在语言交际中，语言就是工具，它是一个特殊的工具，运载着或者说本身就包含了信息、文化和情感的工具。我们需要注意的是，语言是交际的工具，工具毕竟是工具，关键还在于我们如何使用。

### （二）语言交际的方式

语言交际本身是人类交际中一种最重要的交际方式。作为传递信息的最重要方式，语言是一种非常复杂、容量极大的音义结合的符号体系，在交际功能上是其他任何方式都无法比拟的。它表现手段丰富多样，表现内容包罗万象，使用范围也十分广泛。

按照语言交际的媒介方式来进行分类，语言交际可以分为口头交际和书面形式的语言交际两种基本形式。前者主要是"听""说"，后者主要是"读""写"，因而完整的语言交际能力应该是我们以前常说的"听""说""读""写"等能力。需要说明的是，口头交际和书面形式的语言交际同口语交际和书面语交际是两个不同的概念。进行口头交际的，使用的并非一定是口语，进行书面形式语言交际的，使用的也并非一定是书面语。媒介会对语体有一定影响，但语体并非由媒介来完全决定，口语和书面语的本质差别是由它们自身的个性特点决定的。用书面形式来传递信息的方式叫书面交际。书面交际使用的工具是文字。文字作为书写符号，可以补足口头交际的缺陷，使语言交际不受时间、空间的限制，也便于对交际内容、表达方式进行选择和斟酌，因为书面形式可以给信息发送人以比较充分的时间进行思考。此外，书面形式也便于传递一些口头上羞于表达的内容。人是有情感的，情感的作用使人们在谈话中有时会有一些难以启齿的地方，同口头交际相比，书面形式的语言交际因为避免了直接面对面，可以减少或避免很多尴尬。在过去，初恋的双方很多都是借助于书面形式来吐露爱慕之情，这正是因为书面形式可以避免因面对面而产生的诸如害羞、胆怯和尴尬等心理。

我们以前的大多研究语言交际的著作都侧重于谈语言交际中的口头交际（听与说），与以前不大相同的是，在强调"说"的同时，我们还十分重视"听"的部分。"听"是语言交际的重要组成部分。"听好"是"说好"的基础。口头交际虽然说的都是跟说话有关的事情，但是说话与说话之间也存在一定的差别。崔希亮在《语言理解与认知》一书中把口头交际分为讲、述、谈、说四种类别。[①] 讲，一般来说，是一种比较正式的口头语言交际行为。讲，通常是有准备的。而且，讲，通常是有听众的。但是在讲的过程中不像谈话那样有交际对象适时的语言暗示和语言配合。讲的能力能更多体现出成篇表达的能力。比如，演讲、作报告、新闻发布会以及老师的讲课等。述，是陈述、复述。述的能力也是语言交际能力的一种表现。说话人只需要把一件事或者一个道理陈述清楚、明白，把必要的信息传达出来就可以了，它的难度不算高，一般来说，是锻炼其他三种口头交际能力的基础。在训练儿童学母语时，复述训练是常见的一种训练方式，如今对外汉语教学中，对初级阶段的留学生也经常采用这种训练方法。谈，是谈话、对话。它是口头交际中使用频率最高、最能体现交际能力和交际水平的一种最重要的表现方式。因为谈中可以有讲、有述、有说。在谈中，存在着交际双方，而且双方在不断变化角色。在这种互动的过程中更能表现出一个人的语言交际实力，如它的得体性，它的灵活性，它的艺术性等，相当于是对一个人的语言背后的素质、修养、能力等的全面考验。说，是一般的口头表达，是口头交际的一种方式。说，可以是简单地重复，也可以是个人独白。说与讲、谈的最主要区别是后两者通常都有一般意义上的听话人，说却不一定非要有一般意义上的听众。说，可以说给别人听，也可以说给自己听。在语言交际中，我们应该清楚讲、说、谈、述是不同的，如谈话中所用的语言形式，有时是不能放到讲话中去的，反之也是如此。本书在表述时还将它们总称为"说话"，或语言交际中的"说"，以此与"听"来对应。

### 三、文学语言与文化背景

语言和文化是密不可分的，语言有丰富的文化内涵，不具备文化内涵的语言是不存在的。不同国家有着不同的语言、文化习俗，每种语言都反映着产生它的一种文化，因而任何形式的语言都具有某种文化的内涵。跨文化的语言交际往往会受到文化差异的干扰。因为语言对社会文化的发展十分敏感，任何变化都会在语言中有所反映。语言是文化的载体，文化又深深地植根于语言。语言既是文化的反应，又是掌握一种文化的直接有效的工具。而翻译与文化的关系密不可分，翻译中的文化因素十分复杂，具体情况千变万

---

① 崔希亮. 语言理解与认知[M]. 上海：学林出版社，2016：24.

化，处理起来也无定规可循。不过，有两点值得我们注意，即翻译者熟练驾驭两种语言的能力及其对两种文化的理解程度。由于翻译受到文化差异的影响和制约，翻译者在翻译的过程中不仅要考虑语言的差异，还要密切关注文化的差异。在了解本民族文化的同时，还要深入了解外国的文化，并比较两种不同文化之间的差异。这样才能达到翻译的最佳效果，实现文化交流的最终目的。可以说，在现代国家中，绝对不受外来影响的固有文化是不存在的。跨文化的交流又必须通过翻译，没有翻译就没有跨文化交流。各国、各民族之间的文化交流，既促进了各国、各民族自身文化的繁荣，也丰富了世界文化，促进了世界文明的发展。可见，语言、文化、翻译之间息息相关，密不可分。

　　语言是文化的一部分，并且是极其重要的一部分，可以说，文化是语言活动的大环境。文化既反映在语言文字中，又存在于使用该语言文字的民族的知识结构中。语言中的文化因素与人们头脑中的文化意识相互作用，由此完成人际交流的任务。原有的文化环境一旦改变或失去，或文化得以寄托的语言系统发生变化，文化和语言的联系就要中断。仅靠语言本身的概念意义，交流的任务可能就难以完成，甚至会失败。语言是文化的一部分，同时又是文化的载体，人类的各种文化只有通过语言才能传播、交流、发展、延续。因此，各种文化因素都能在语言中找到根据，语言文字中处处都打有文化的烙印，语言活动过程中时时可见文化的踪迹。使用不同语言的人在交谈时，常常会发生下列情形：由于文化背景的不同，即使语言准确无误，也会产生误会。对于不同的人们来说，同一个词或同一种表达方式可以具有不同的意义。由于文化上的差异，人们在谈一个严肃的问题时，由于一句话说得不得体，有时可以使听者发笑；一句毫无恶意的话，有时可以使对方感到不快或气愤。

　　由于文化上的差异，在国外演讲的人经常发现听众对他讲的某个笑话毫无反应、面无表情，鸦雀无声；然而，在国内，同一个笑话会使听众笑得前仰后合。有些社会学家认为，一方面语言是文化的基石，没有语言，就没有文化；从另一个方面看语言又受文化的影响，反映该文化。可以说，语言能够反映一个民族的特征，它不仅包含着该民族的历史和文化背景，而且蕴藏着该民族的世界观、生活方式和思维方式，语言与文化互相影响、互相作用，理解语言必须了解文化，理解文化必须了解语言。文化是形形色色的，语言也是多种多样的。由于文化和语言上的差别，互相了解不是一件容易的事，不同文化间的交流常常会遇到困难。学习一种外语不仅要掌握这种语言的语音、语法、词汇和习语，而且还要知道使用这种语言的人如何看待事物，如何观察世界。要了解他们如何用他们的语言来反映社会的思想、习惯、行为，要懂得他们的"心灵之语言"，即了解他们社会的文化。实际上，学习语言与了解语言所反映的文化是分不开的。

# 第二章 语言文化学的构建与发展

文化是一种旦古绵久的社会现象,它与语言相伴而生、相随而长,在漫长的历史长河中互为前提、互相砥砺。文化给语言以社会价值和存在意义,教育给文化以生存依据和生机活力,两者缺一不可。就文化与语言的"亲缘"关系来讲,文化是语言的"近亲",属"直系亲属"之列,它对教育的影响和作用要比政治和经济来得更直接。本章就语言文化学的构建与发展进行相关研究,以便学习者在语言交流的过程中顺利交流思想和情感,逐渐形成系统化的文化学知识和经验。

## 第一节 语言文化学的构建

### 一、语言文化学诞生的背景

语言文化学作为研究语言与文化相互关系和相互作用的一门综合学科,正处在繁荣的发展阶段。其诞生的背景如下:

#### (一)经济全球化背景

在经济全球化的今天,各民族、各文化之间的对话日益加强,各国、各民族之间有着广泛而深入的交流与合作。在交流与合作中,不可避免地会出现形形色色的问题,如何在经济全球化背景下深入探讨民族共性以及民族个性的问题,如何加强各民族文化之间的对话与交流,促进合作,减少误解,

解决分歧，尊重彼此的文化价值观，是语言文化学诞生的宏观社会背景。

### （二）人文学科整合趋势的加强

社会人文各学科发展的趋势表明，各学科之间的交叉渗透在进一步加强。在多学科交叉渗透的基础上，学科之间的整合趋势不可避免。这是人文社会学科发展的现实性要求。语言学者必须借鉴、吸收其他学科优秀的研究理论、方法和成果，并把它们有机地运用到语言学研究中，这样才能为语言学研究开辟一片新的天地。语言与文化研究特别需要学科整合之后带来的新思想、新理论和新方法。事实上，语言文化学正是在语言哲学、民族学、文化学、社会学、文化人类学等学科基础上，在与社会语言学、民族语言学、认知语言学、心理语言学等语言学分支的交叉点上建立的一门新兴学科。

### （三）语言学发展的实际要求

21世纪，语言学逐步将人的因素置于语言研究的中心地位，即语言学研究中的人类中心主义。为深刻揭示语言本质，人们需要深入探讨语言与文化之间的相互联系、相互影响、相互制约的内在规律和人的心理机制之间的联系。语言文化学能在一定程度上描写和阐释这一规律。此外，大众传媒对社会意识形态的影响在逐渐加深，以互联网为代表的信息技术在突飞猛进，社会大众也需要在理论和实践上为避免交际活动中的文化障碍以及交际活动的顺利进行提供支持。

## 二、语言文化学的学科性质

语言文化学究竟属于什么学科，始终是一个充满争议的问题。归纳各家所言，其争议主要有三点：一是"本""分"之争，即是本体学科还是分支学科的争议；二是"描写""解释"之争，即是描写性的还是解释性的学科；三是"分""分"之争，即是语言学的还是文化学的或是社会语言学的分支学科等。

第一点、第二点争议是在把语言文化学视为语言学或语言学的一个分支学科基础上展开的。尽管我们不同意把语言文化学笼统地归为语言学范畴的观点，但即使从传统语言学角度来看，语言文化学也不能算作本体学科，而只是语言学的一个分支或边缘学科，至少目前的发展状况是如此。这是因为作为语言学核心的本体学科——一般语言学或普通语言学，它包括语言理论和语言描写或解释两部分的内容，即一方面要在综合研究人类语言本质特征或属性的基础上提出相应的语言理论，另一方面要以语言理论为依据，对语言的各构成要素——音位、语法、语义、语用等的共同特征做出具体和客观的描写或解释。可以看出，尽管语言文化学也有其针对语言本质特征提出的语言理论，如语言的"文化性"特征，以及由此特征而使语言具有的"交际功能""载蓄功能"和"指导功能"等，但这些理论却不对语言的各构成要素做精细直接和客观的描写或解释，而只是依据这些理论来阐释或揭示语言中所蕴含的民族文化内涵，以及语言的文化属性和语言与文化之间的相互关系等。当然，这种文化阐释是建立在语言描写基础上的。由此可以说，它不是本体学科，而是与心理语言学、社会语言学、人类语言学等同处一个层次的语言学的分支学科。

从语言发展史所经历的几种基本范式来看，无论是描写性的还是解释性的语言学，都有可能成为本体学科，如结构主义语言学就是"描写性的"，而历史比较语言学和形式主义、功能主义语言学等就被认为是属于"解释性的"。描写性的语言学把对"语言的内部要素"作为主要研究对象，以便从纷纭繁杂的语言现象中找出带有规律性的事实；而解释性的语言学则在语言事实描写的基础上，对这些事实的前因后果做出合理的解释，因而必然要涉及"语言的外部要素"等诸方面。从语言文化学目前所研究的范畴和方法看，它是属于解释性的或人文性的，并带有一定的"描写性"特征。当然，前提是必须把语言文化学当作语言学的一个分支来进行研究。第三点争议是分学科归属之争。也有学者提出，无论是语言文化学还是文化语言学，它们既不属于文化学，也不属于语言学，而只是社会语言学的一个分支。总的来说，无论是语言文化学还是文化语言学，从本质上讲都是同一学科，确切地说是同一学科的不同名称，就像人类语言学也称作语言人类学一样，只是其产生的背景、理解的角度有所不同而已。

关于语言文化学或文化语言学是否为社会语言学的分支的说法，我们以为值得商榷。应该承认，两者之间的确有相同之处，但也有明显的区别。从研究对象来看，社会语言学研究的对象主要是语言与社会之间的关系，核心是社会作用下的语言变异和语言作用下的社会变异等；而语言文化学或文化语言学的研究范围比其要宽泛得多，它不仅把语言与社会的关系纳入研究视角，而且还广泛涉及语构、词语、语义、语言交际和语言教学等文化层面，并且对语言生成、变化、学习和使用过程中的文化现象做出解释。

语言文化学的性质是语言与文化相互关系的科学，这就决定了其研究对象的多样性和研究角度的多维性。它既可以从语言学的角度来研究文化，即阐释"语言中的文化"；也可以从文化学角度来研究语言，即解释"文化中的语言"；还可以从交际学、语用学、认知学、符号学、语言教学论等角度来研究语言交际、语言使用、语言的生成与理解，以及语言习得过程中的民族文化因素和受民族文化制约的语言表征形式等。因此，所谓语言文化学，我们认为应该是多方向、多角度的，也是立体的，而不是语言学一维的。

## 第二节 语言文化学的研究重点

### 一、文化学的语言哲学研究基础

首先，语言作为人类文化的整体性的一部分，是与人的生存境遇和人的生存样态无法分割的，所以语言首先就是一种文化的积淀，其使用的多样性和其词句的内在意蕴本身就是对人类生存的不同样态的一种体现，而这就决定了语言与其他文化形态之间的相互关联。因此，当我们谈论语言的时候，不能仅仅从语言符号本身的语法、逻辑、所指以及句子的真假等技术层面去理解，更不应该以这个层面为基点，而应把很多关于人的存在的根本性的哲学问题作为伪问题而消解掉。我们必须从文化的角度，从语言与思维对于现实的超越性角度以及人的整体性存在的角度来看待语言问题。

基于这一点，我们认为语言可以从两方面去阐释。一是狭义的语言，指由音、形、意、语法规则等构成的语言。由于任何一种语言都有自己的独特体系，即它具有自身的结构与规则，因而语言能够以一种独特的逻辑性的方式表述人类世界，它是人认识实在、构造人类经验世界的工具和途径。语言的这种意义主要表现为命题语言，即以指称、陈述对象为具体目的。而研究语言的逻辑规则、语词的所指以及句子的真假等问题的英美分析性语言哲学所研究的语言实际上就是这种狭义上的语言。二是广义的语言，这种广义的语言即指人类的文化世界。就这种意义上的语言而言，其内涵极为广泛，如神话、宗教、艺术、科学等文化形态都是语言。社会不仅存在着由声音、词汇、词语、句子建构起来的语言，还存在着由艺术、宗教、科学符号建构起来的更为广博的语言。这类语言的每一种都有相应的用法和相应的规则。因此，人类语言并不仅仅指指称和陈述对象，还具有更加丰富的精神创造内涵，它能够阐释人的存在、人的生存境遇以及人的超越性维度。同时，它也通过人的特殊审美维度而开启着多层的存在境遇和认识视角，而神话、宗教、艺术、科学等其他一切文化形态所具有的独特价值和地位就体现出了语言的这种特殊意义。那么从这种意义上来说，语言哲学就不能只是把揭示语言的语法规则以及语词所指的内容作为自己的研究任务了，而必须阐释出语言的这种超越性维度。

语言之所以有这种广义的内涵，一个极为重要的原因就在于人的文化性。人首先应该是文化的人。人来到这个世界的首要目的就是生存，人必须能够使自己作为存在者而存在于此，必须让自己的存在持续下去，所以为了生存，人就必须与自己的周围世界进行相互作用。这种相互作用既包含人的实践劳动，又包含实践劳动中外在世界对人的思维认识的影响。人们通过自己的实践行为，并以自己特殊的维度作为标准而作用于外在世界。同时，外在世界又会作为一种特殊的、人的思维与之无法脱离的存在而不断地修正、牵引着人的认识和实践，进而改变着人的存在境遇，从而作为一种与人相对的对象物搀扶着人的进步。因此，实践的过程就是人类自身的发展过程，而这个过程同时又是文化的人的形成过程。因为人的实践活动是一种自由自觉的活动，它不仅改造自然，还创造自然。人与动物的区别就在于，动物只是按照它所属的那个种类的尺度和需要来构造，而人懂得按照任何一个种类的尺度来进行生产，并且懂得处处都把内在的尺度运用于对象。人就通过这种审美尺度不断地超越本能或生物学的自然而建构一种特有的、属人的生存体系，这就是文化。因此，人之为人的基础，人在宇宙万物中的独特性以及人自身的独特价值，不在于自然和本能，而在于人对自然的超越和对属人文化的建构，在于人类通过自己的智慧和实践活动所创造的语言文字、宗教信仰、文学艺术、道德伦理以及各种社会机构等各种文化形态。各种文化形态不仅以自己的特殊性阐释人的存在形态，还推动着人自身的不断发展。正如卡西尔（Cassirer）所言，语言、神话、艺术和宗教是这个符号宇宙的各个部分，它们是织成符号之网的不同丝线，是人类经验的交织之网。人类在思想和经验之中取得的一切进步都使这符号之网更为精巧和牢固。人不再能直接地面对实在，他不可能仿佛是面对面地直观实在。人的符号活动能力进展多少，物理实在似乎也就相应地退却多少。

从某种意义上说，人是在不断地与自身打交道而不是在应付事物本身。他使自己被包围在语言的形式、艺术的想象、神话的符号以及宗教的仪式之中，以致除非借助这些人为媒介物的中介，否则他就不能看见或认识任何东西。这样，文化作为历史凝结成的生存方式，就体现着人对自然和本能的超越，代表着人区别于动物和其他自然存在物的最根本的特征。因此，人的发展过程也就是文化的发展过程，从这个意义上来说，人总是文化的人，人总是生活在文化中，所以人的世界在某种意义上就是文化的世界。

而人的文化性就决定了人的那种超越性。人是有思维的、能够进行自由活动的有限存在者，所以他的超越性就体现为对文化世界的创造、对自身存在的反思以及作为一个有限的存在对无限世界的追求、对自身生存的终极性的沉思。而这一切又都落到语言身上，因为人的文化性的过程不仅是不断地超越自身的过程，同时也是语言阐释人自身在不同的生存境遇中所体现出的不同生存样态的过程，所以语言就不可避免地具有文化超越性，进而作为人类文化世界的主要表象的语言就使人的所有这些超越性的欲求成为可能，其表现就是哲学中的语言所言说的"形而上学"问题。那么从这个角度说，语言、思维、存在就先天具有一种始源性的关联，或者用海德格尔的表述方式来说，对于永恒性的追求，对于生存的终极维度的冥思，就是语言与思维的"天命"。人的文化的超越性使语言先天就具有了这种特征。那么讨论语言，就意味着不仅把语言，而且把我们也带入其存在的位置，使我们自身聚集于事件之中。

而英美分析性语言哲学恰恰就把语言的文化超越性特质以及与存在的先天性的关联给抹杀了。一般看来，语言哲学的中心问题可分为：语言和世界的关系，以及语言或语词的意义问题。对于英美分析性语言哲学家来说，语言与世界的关系实际上就是词语的指示性的功能与具体事物之间的反映关系。例如，弗雷格（Frege）的意义理论和前期维特根斯坦的语言图像理论。语词的意义问题也不是文化中所说的意义或作用，而是语词的所指性，正如罗素的指称论所说的：一个词的意义是它与它所指称的东西的一种关系。而像神话、艺术、宗教信仰等文化形态，则被排除在外了。因为他们认为语言的混乱实际上就是因为语词的多义性和对于很多如实体、存在等没有具体所指的词语的运用，进而他们只是对语言从逻辑的角度进行分析，只关注语言的清晰性、命题的真假，或者说，他们只是希望通过对语言进行语法或语词的逻辑分析而断定语句的意义及其真假值。就这一点而言，无论是弗雷格还是罗素，甚或是早期的维特根斯坦，都是如此。而在维也纳学派中出现的物理语言更是如此。但是逻辑分析不出逻辑之外的东西，而这逻辑之外的东西恰恰就是语言生命的支撑点，所以这种固化的语言就失去了其原有的文化底蕴以及由此产生的创造性。正像我们前面所分析的那样，人类的实践活动使语言、宗教、神话、艺术成为文化的各个扇面而关联在一起，也正是这种整体性，这种各文化形态的关联性使语言充满了无限的生机和意蕴。第二次世界大战后，维特根斯坦等人向日常生活语言的转向也正是对这一问题的最好说明。所以说，英美分析性语言哲学家们虽然宣称消解了形而上学的问题，而实际上只不过是绕过了这些问题或对这些问题视而不见而已。因此，哲学能使我们洞见这些人类活动各自的基本结构，同时又能使我们把这些活动理解为一个有机整体。

那么，如果把英美分析性语言哲学放在中国汉语言文化视域中的话，问题更为突出，而我们认为一个最为棘手的问题就是，如何处理逻辑对于体悟语言或意境语言的失效性问题。汉语和欧美语言属于两种极为不同的语系。对于西方语言来说，逻辑是一个无法与其剥离的脊髓。"Logos"这个词本来的意思就是"言说"，后来发展成我们所谓的"逻辑"。但是汉语则没有这个特点。古汉语文字由象形字和会意字组成，因而它是表述性的、体味性的，表现在文化层面上就是对"天人合一"境界的追求。因此，中国汉语几千年的历史底蕴，就使中国汉语言拥有一种特殊的蕴涵性，其中很多的词语都有其特殊的历史内涵和文化基底，正所谓"言外之意""弦外之音"，所以汉语言文字所言说的不仅仅是字面上所表达的东西，它还包含着对中国传统文化的映射以及对自己生存境遇的领悟或体悟。在汉语视域中根本没有西方意义上的语言逻辑，这一点在中国古典诗词里表现得尤为突出，因而我们在欣赏古典诗词的时候，就不能只是看到诗词外在的规则形式，而是要感悟到这些符号后面所隐藏的深层话语，从而与我们自身的某种情感达到一种共鸣，进而让我们进入到一种新的境界并开启一种新的视域。

另外，这种欣赏还需要欣赏者对这种文化的底蕴有一种理解或熏陶。譬如说元代词曲大家马致远的那首脍炙人口的曲子《天净沙·秋思》："枯藤老树昏鸦，小桥流水人家，古道西风瘦马。夕阳西下，断肠人在天涯。"

欣赏这首曲的时候，若是有"文化"的中国人，就会很自然地读出这首曲所蕴含的那种凄美的境界，感受到作者当时的那种悲凉境遇。然而，若是我们没有受过这种文化的熏陶，不知道这种文化传统，而只是像西方分析性语言哲学家那样从表面的语法规则或逻辑规则去看待它的话，那这首曲就主要是一些莫名其妙的名词的堆砌而已，根本不可能成为流传千古的绝唱。综上所述，西方分析性语言哲学推崇的逻辑分析方法所遇到的困境也就不言自明了。

## 二、语言文化学的研究范围

语言文化学的研究可以打破学科界限。自文化研究兴起以来，就不断遭受来自一些固守传统概念的研究者和社会学家的指责和非议，认为它的存在不符合学科规范。其实，这个规范，不过是基于该学科研究对象与方法的规定。而现实本身却是跨学科的，且所有学科的研究现状也无可争辩地说明，任何学科的边界都是相对的。人文社会科学的很多研究成果和重大突破都是在多学科交叉的基础上取得的，或者多是在不经意间就涉及其他学科领域的。

其实，格雷姆·特纳（Graeme Turner）早在1996年就指出，文化研究已经提出了一种新的挑战，而这种挑战正是建立在人文学科和社会学科之内的学科正统，而随着挑战的形成与深入，又能够对文化在社会中的功能做出更加充分与丰富多彩的解释与理解。

当然，正如文化研究要涉及多学科领域一样，对于文化的研究，也可以运用多学科的方法，特别是其本身就可以作为方法或方式来研究语言文学、历史、社会、政治、经济等。

总之，语言文化学研究是建立在整个人文科学和社会科学的基础之上的，研究的对象与范围自然也蕴含其中，而整个人文社会科学领域的研究方法，也可以运用到文化学研究的方法中去。自然，中国传统礼制研究，也是文化学研究的对象，特别是以婚礼、冠礼等构成的中国古代礼仪，在传统学术研究中，一直是历史和语言研究的热点。近代以来，由于西方社会科学研究方法的引进，传统礼仪又被纳入社会学、民族学或民俗学研究的领域。而基于整个人文社会科学研究基础上建立起来的文化学，其研究对象，当然也少不了对这些传统礼仪的观照。当今有些学者，试图寻找中国人类学研究的话语转向问题。在谈到中国古代的文化现象时，有些学者大胆地认为，历史上"孔子在周游列国的慢慢行程中，也同时扮演了人类学家的角色"，对孔子寻礼、观礼的历史文化行为也解读为一种文化人类学的实践行为。倘若如此，在文化人类学理论框架中解读中国传统礼仪，亦是当仁不让的人类学实践。

## 第三节 语言文化学的研究方法

### 一、语言文化研究的符号学观照

#### （一）信息论思想的反映

1. 语言与文化研究的焦点是变化

在信息论看来，"信息"是指人们在适应外部世界的过程中与外部世界进行交换的内容，这种交换之所以有价值，是由于它本身具有不确定性。与此相适应，语言文化是由人创造的一个把熵转为信息的最完善的机制，其功能是储存和传递非遗传性信息。换言之，为了保存信息并且得到新信息，语言文化会不断编制出最有效、最紧凑的方法，对信息进行编码和解码，把它们从一个符号系统译到另一个符号系统中。这里的编码和解码的过程实际上与不同类型的文化文本之间的翻译过程相类似。

2. 语言与文化研究的重点是存异

在跨文化交际中，语言的文化背景是一道最大的障碍，当不同的语言文化呈现出共同的一面时，则利于交际的正常进行；而当不同的语言文化呈现出相异的一面时，摩擦碰撞不可避免，交际失误随之而来。一方面，经济全球化环境下的文化交流活动如火如荼；另一方面，由于语言文化差异而产生的国家与国家、民族与民族、个人与个人之间的文化摩擦和碰撞现象屡见不鲜，人们呼唤着语言文化研究的进一步深入。成功的文化交流和跨文化交往必然以平等为第一原则，基于此，语言与文化研究者不能预设文化的文明与野蛮、先进与落后，而应以求同存异作为研究的原则，即着眼世界文化的共性，寻找不同文化在建构和运作上的普遍规律，进而考察各种文化的民族个性。语言与文化研究，尤其是和跨文化交际相关的语言文化学应该把重点放在存异上，放在解决摩擦的问题上。比如，在俄罗斯人的理解中，"龙"的文化伴随意义和我们的理解是有差异的，中国人称自己为"龙的传人"，如果不加释义直接译成俄语可能会引起误解，甚至有碍交往。因此，早先有人建议音译是不无道理的。当然，随着中国的和平崛起和中国文化的传播，俄罗斯人也在逐渐接受中国人乃至亚洲人所说的"龙"的含义。我们在对西方文化的文本进行比较分析时，要关注不同民族文化思维传统的差异性，关注文化参与者价值观念的表现及其在文化中具有的意义。换言之，信仰和价值观念成为文化表达的成分，其深层意义则成为符号学在内容层面上企图揭示的东西。

## （二）模式化体系的运用

符号学认为，人与客观世界的联系是通过符号建立起来的，即人通过符号认识世界。符号既是人类对客观世界认知的结果，也是认知世界的方式和人类文化发展所依赖的条件。符号体系代表着人类创造的现实世界，可以说是现实世界的替代物，是再现周围客观世界的一种模式，以此来表达人们对周围世界的感受和认识，所以说，符号体系被称为模式化体系。

洛特曼（Lotman）是以模式化理论研究文学艺术以及文化的符号学家。他把"语言"分为三种：自然语言；人工语言，如科学的语言、常规信号语言等；第二语言，作为上层建筑，建立在自然语言平面之上的交流结构。自然语言是对生活的第一次模式化，是第一模式化系统。它不仅是最早的，还是最强有力的人类交际的体系，它是人类描绘世界的语言图景，人类用语言提供的模式了解和表现世界。因此，在所有符号系统中，历史形成的各民族的语言被称为第一模式化系统，而在自然语言基础上形成的、模仿语言的结构建构起来的符号系统被称为第二模式化系统。仿造第一模式化系统构建的第二模式化系统，与前者具有本质上的同源性和同构性，而正是这些结构更为复杂的第二模式化系统组合成了统一的文化语言。

两个模式化系统的同构性特征为语言与文化研究找到了一个重要的突破口，有利于更为科学系统地研究语言文化符号。这样一来，我们可以用研究语言学的方法来研究文化语言，即把文化语言看作服从于普遍结构规则的符号系统，从而运用第一模式系统研究中富有成效的概念工具，如语言和言语、组合和聚合、共时和历时、内部和外部、文本和结构等来研究自然语言与文化语言的关系，从一个全新的角度来深入探讨文化语言现象的结构及其内部的规律性。此外，每一层次的成分被归为几个基本系列，此时其他层次上的成分则被归为它们的定量的变体。因此，任何概念对另一层次上对应的语义成分概念的关系，原则上可被精确化和符号化，甚至可用数字模拟。但丁《神曲》中的空间数目等级结构与获悉的道德等级结构呈同构关系。对他来说，淫荡、贪食、贪财、奢华、暴怒、不敬、暴行、欺诈、背叛，不是不同种类的罪恶，而是不同程度的同一种罪恶或其诸变体。罪恶于是成为违反道德平衡的因素，一切道德偏离均与种种程度的罪恶相对应，因而可用数字或符号关系表示。

当然，文化语言和自然语言分属不同的模式化体系，各自具有不同的特点。我们还需清醒地意识到：一方面，自然语言是第一模式系统，它是一种基础性工具，是所有文化语言的基础；而文化语言是第二模式系统，是派生性系统，作为一种文化信息载体，是比自然语言更高级、结构更复杂的符号系统。另一方面，自然语言基本上是单语的，而文化语言是多语的，文化内部不同语言符号的互动成为研究义化的关键。

## 二、语言文化学研究的方法

语言文化学研究的方法主要有以下几种。

### （一）整体方法

所谓整体方法，实际上就是关联研究法。具体地说，就是当我们研究某一特定的文化现象或者某一文化要素时，必须遵循事物普遍联系的思想方法，从现象和现象的关联、要素与要素的关联入手，展开研究。也就是说，不能孤立地对文化现象做孤立的点状研究，要在点与点之间、点与面之间乃至面与面之间的关联中，形成对某一个点或某一个面的认知与判断。这样的研究是关联方法中的整体研究，是宏观视野中的微观研究。需要说明的是，整体研究并不意味着要穷尽某一文化现象的所有关联点。整体是相对而言的，一般来说，应该包括那些重要的、主要的或者逻辑上较为直接的关联点。

### （二）历史方法

所谓历史方法，实际上就是回溯式研究法。这种研究方法不主张就现状说现状，就眼前说眼前。它要追寻某一文化现象的来龙去脉，探究它的原初状态与它的演化路径，由此准确地理解现状之所以成为现状的原因、根据，以及它的未来发展的可能性。显然，这是一种就其当然以求其所以然、据其所以然以评说其当然的纵向分析方法。

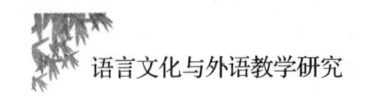

### （三）比较方法

比较方法也是文化学研究中极为常见的方法。使用比较的方法主要是为了别异同、论优劣、寻规律、求路径等。一方面，我们要在比较中形成对于特定文化的真知与灼见，另一方面，我们并不主张或者标榜所谓的价值中立。我们要从自己的文化理想与文化立场出发，恰当地给出相应的价值判断。因为存真、向善、求美，这是我们从事学术研究、从事文化研究的基本取向。

### （四）实地考察法

这是一种相对于文献分析而更重视直观亲历、体验感悟的研究方法。文学创作讲究深入生活，文化研究重视实地考察。实地考察的意义在于研究者所获得的材料更直接、更鲜活、更真实、更丰富。此外，这种实地考察法的运用，其重要意义还在于：它既可以在一定程度上修正考察者之前由于种种原因形成的误判与偏见，也可以对相关的文献材料起到补遗纠谬的作用。

### （五）计量统计法

文化研究总是针对具体的文化事象而展开，总是基于"形而下"的分析进而走向"形而上"的理论。因为文化事象的发生、分布、传播、走势往往呈现为一种"数量"形式，所以在文化研究过程中，我们自然会采用与之对应的计量统计方法。所谓计量统计方法实际上就是一种借助数量、数量关系而对事物进行描述、说明的定量分析方法。这种方法在文化研究中的应用价值在于：它可以从数量、概率的角度较为准确地把握文化事象的存在状况及其相互关联，有助于我们对文化、文化规律做出较为可靠的定性判断。

语言文化学的研究方法当然不限于以上几种，但是毫无疑问，上述几种是最为基本而且行之有效的研究方法。

# 第四节　语言文化学的发展前景

## 一、文化学的发展

文化学一词的雏形最早见于泰勒的《原始文化》一书。他在该书中提到了"文化科学"（science of culture），对文化特别是原始文化的一些问题进行了较为详尽的阐释。国外一些文化学家把泰勒看作第一个以一种明晰而自觉的方式系统地阐述文化科学的观点、目的、原则及范围的人，是尝试运用文化学观点或是从事文化学工作的第一人。[①] 在《原始文化》中，泰勒不仅给出了明确的、影响深远的文化界定，而且申明文化科学既不是以人的行为，也不是以社会过程或交互作用，而是以作为一类独立且独特的现象的文化自身作为其研究的对象。他为文化科学提出的任务是：研究知识宗教、艺术、习俗等的条件，而不是研究部落和民族。这样就将文化科学的研究对象与人类学和民族学的研究对象区分开来了。他最先提出把文化特性细分为各种范畴，诸如神话、仪式、社会习俗等，尔后弄清它们在世界范围及历史上的分布状况及它们之间的联系。泰勒在这里注重的是文化诸因素的关系，而不是社会学所讲的人际关系或历史的、地理上的关系，可以说他已涉足我们今天所说的文化学领域了。

备受西方文化学家推崇的第二个人是法国的社会学家埃米尔·涂尔干（Emile Durkheim）。在他们看来，文化学虽然主要来自人类学特别是文化人类学，但与涂尔干这一社会学家的身份并不矛盾。他们认为，虽然涂尔干称他自己从事的学科领域的研究是"社会学"，这是一个事实，但同样是事实的是，涂尔干所说的社会学在性质和内容上与大多数社会学家的著作是极其不同的。比起社会学，涂尔干及其学派一直以来更接近人类学。在涂尔干的大量著作，尤其是他的《社会学方法的准则》（*The Rules of Sociological Method*）中，涂尔干所努力制定的正是文化学的前提和原理。在这本书第二版的序言中，他讲到了由于他使用的术语不恰当，他的真正思想实际上被掩盖了。西方文化学者认为，涂尔干在这里谈到的被他的同人误解的思想之一，就是他有关文化的思想。的确，抛开西方文化学者对涂尔干的看法不

---

[①] 约翰·哈特利.文化科学[M].何道宽，译.北京：商务印书馆，2017：18.

论，我们可以从涂尔干的著作中找寻到他关于今天所谓文化的许多真知灼见。涂尔干几乎未使用过"文化"这个术语，但在著述中不少地方分析的正是文化问题。他反复谈到的"集体意识"，实际上就是超心理的符号现象，是一种文化现象。他说："在个人之外，存在着一个由集体行为和思维组成的实体，个体在每时每刻都与之相适应。这些集体的思维和行为方式按它们自身的权力而存在着。集体的表象乃是无穷无尽的协作的产物，这种协作不仅超越空间，而且也超越时间，大量的头脑把他们的观念和情感加以联系，结合和组织起来，以形成集体的表象。通过集体的表象，无数的世代积累起他们的经验和知识。"[①] 涂尔干对集体意识的上述分析，与后来文化学中所讲的"文化模式"有着一定的相似之处。

值得注意的是，虽然文化学的理论与人类学、社会学有着较为密切的亲缘关系，但最早提出文化学并分析文化学的学科地位和意义的，既不是人类学家，也不是社会学家，甚至是与这两门学科都没有太大关系的一个人。他就是德国化学家奥斯特瓦德（Ostwald）。他在获得诺贝尔奖后，应邀去参加美国得克萨斯州的休斯敦水稻学院落成典礼。在典礼上他所做的演讲后来整理为两篇论文，题目分别是《科学的体系》和《教育学原理》。这两篇论文是用德文写的，其英文译稿发表在美国得克萨斯州1915年出版的《水稻学院小册子》（第三册）上。

在《科学的体系》一文中，奥斯特瓦德根据一定的逻辑把全部科学分成三大类：第一，顺序的科学（the sciences of order），包括逻辑学和各类数学；第二，力的科学（the sciences of power）包括力学、物理学和化学；第三，生物的科学（the sciences of biology），包括生理学、心理学和文化学。在这三类学科中，顺序的科学最为简单，也最为普遍；生物的科学是最为复杂的，也是最为特殊的。

奥斯特瓦德在"科学的金字塔"顶端，放置了"文化学"，并提出，"这门科学的研究对象是那些在与所有其他动物截然不同的人类中产生的事实和关系，这些事实和关系的总和我们特称为人类文明"，"通常我们把这门科学称为社会学，这一名称是不恰当的"。奥斯特瓦德认为，人类独有的特征不是社会过程，而是文明或文化；人的社会化、社会交互作用等，虽然是人类中的一个重要现象，甚至是最主要的现象之一，但是不是最特殊的、最普遍的现象。这一现象应该是文化。因此，这一特殊的科学研究应该叫文化学

---

① 怀特. 文化科学[M]. 曹锦清，等译. 杭州：浙江人民出版社，1988：85.

而不是社会学。他说："很久以前，我就建议把正在争论中的一个领域叫文明的科学或文化学。"① 奥斯特瓦德在《教育学原理》中指出，人种区别于所有其他动物的这些特殊的人类特性只有在文化中才能被理解，因而把研究特殊的人类行为的科学称为文化学，也许是最恰当的。

奥斯特瓦德的《科学的体系》和《教育学原理》发表14年后，社会学家贝恩（Bain）在为路德伯格（Lundberg）等人编辑的《美国社会学趋势》一书所撰写的一章中谈到了"文化学"。然而，他所使用的"文化学"一词的意义有些含混不清。他有时把"文化学"等同于社会学，有时把它等同于人类生态学。在这一章中，他还谈及了社会心理学和文化学之间密切的亲缘关系。

把文化学作为一门独立的学科来看待，并尝试对它进行理论建构是20世纪30年代以后的事情。一些著名的人类学家（如克鲁伯、威斯勒、罗伊斯、怀特等）参与了这项工作。他们对文化学的创立作出了不可磨灭的贡献。

罗伊斯在《文化人类学：一门科学书》中指出，文化是一个独特的领域，要建立一门研究文化自身的科学。克鲁伯在许多文章中都提到了文化科学的问题。在《超有机体》《社会心理学的可能性》《论文明中的秩序原则：以风尚变化为例》《低于人类的高等动物中的文化探源》《所谓的社会科学》和巨著《文化发展的结构》中，他阐发了文化超有机体的思想。在他看来，文化是超机体的或超心理学的现象，构成的是一种独特秩序的实在。从他的文化"超有机体"的思想出发，克鲁伯认为"文化"应从心理学和社会学中区分出来，无法把文化现象和社会现象区分开来是"社会学"所患的"致命痼疾"。他反对用心理学来解释文化现象，而要求把文化现象从心理现象中区分出来，认为文明并不是心理的作用，而是系列的精神活动或精神系统。他明确地表述了自己的文化学观点：凡属文化的现象必须先用文化术语来解释，心理学等学科的解释不能使任何人有更多的收获。在他看来，正是"人类学家发现了文化"，分析和解释这一独特种类事件的科学才可以称为文化的科学或"文化力学"。

美国人类学家威斯勒在许多著作中也运用了文化的观点，提出了一些文化学上的见解。他把"文化的概念"看成文化人类学研究中最新近、最重要的成就之一。他区别了心理学和文化人类学，认为前者是对人们行为方式的科学解释，后者是对文化要素或者说文化的行为方式的研究，还提议研究

---

① 怀特.文化科学[M].曹锦清，等译.杭州：浙江人民出版社，1988：389.

"独立于人的文化"。① 具体论述如下:

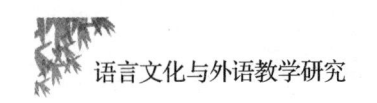

第一,文化是一个独特的现象,它可被认为是一种自足、自决的过程,应该作为独立的学科来研究。文化是个绵延不断的过程,它自由地穿过漫长的岁月,从上代流入下代,从一个种族蔓延到另一个种族,从一个地区扩展到另一个地区。文化是自成系统的,它是依据自己的原则和规律而进行的一种事件和一个过程,并仅能根据它自己的因素和过程来加以解释。

第二,文化是人类行为的全部决定因素中最密切、最强大的决定因素,确定以它自身为研究对象的学科文化学尤为必要。怀特反复申明,人的所思、所感、所做无一不决定于他的文化,不是人们控制着文化,而是文化控制着人们;文明的命运并不掌握在人的手中,文化也不服从于人的自由意志。文化直接影响着人类的未来。虽然确立文化学使人类更为科学地理解了文化的结构和过程,但这并不意味着人类将成功地控制文化发展的进程。文化学的发展有可能使人类能够更好地适应他生存于其上的地球和生存环境。

第三,文化现象既不能用生物学、地理学来解释,也不能用心理学、社会学来解释。从生物学来讲,它无助于解释广泛的文化差异、变化,人在文化中可以作为一个常量来处理。人是物种,尽管存在着体貌特征上的差异,但这些差异是表面的,在头脑、骨骼、肌肉、腺体和感官方面的基本特征上是一致的,至少在以往,人种并未经历可以察觉的这方面的变化。从地理学来讲,地理环境根本不能解释文化中的写作形式、礼节仪式、婚姻习俗、丧葬仪式等方面的差异。中世纪的几百年内,气候、植物、动物、地形等环境因素毫无变化,在文化领域却发生了巨大的变革。生物学和地理学对文化的解释都是在用不变因素来解释可变因素,这是荒谬的。

从心理学来讲,往往把文化的解释降至个人层次,认为文化产生于人的头脑,个人是文化的第一推动力、首要推动者、文化过程的创造者和决定因素;个人是原因,文化是结果;个人对文化演变过程负有责任。怀特认为,这种看法是错误的,应该用文化来解释个人行为,而不是相反,心理学不能把文化现象与非文化现象区分开来,而且在文化过程内的超机体因素交互作用的解释超出了心理学范围。

从社会学来讲,在大多数社会学家那里,文化仅仅是行为,是一种特别类型的行为,或者说是人的交互作用、社会的交互作用。怀特认为,虽然社会学家是承认文化现象的,也意识到文化在人类行为中的作用,但他们从来

---

① 怀特.文化科学[M].曹锦清,等译.杭州:浙江人民出版社,1988:89.

没有把文化提高到这样的高度来认识，即把文化看作一类独特且独立的超心理的、超社会的现象；文化要素根据文化自身的规律而相互作用，撇开"社会的交互作用"才能够研究文化。

第四，文化学可以揭示出人类有机体与超机体的传统——文化之间的关系。怀特提出，在我们的生活中，无意识是一个重要领域，它大体可分为两种：除了深藏于我们自身的机体组织内的行为决定处于意识层次之下外，还存在另一类同样是无意识的行为决定因素——超机体的文化传统。个人对决定其行为的两类因素——生物的和文化的——某些方面或多或少有点儿意识，但对其大部分是全然无知的，由此便构成了两大无意识领域：生物机体内的无意识领域和外部的无意识领域。要充分认识文化无意识领域及其相互关系，确立一门新的学科即文化学就是必要的，这也是文化的意义所在。

此外，怀特还注意将人类学与文化学区分开来。他认为，"人类学"术语主要用于指称众多不同种类的活动，如测量头盖骨，发掘陶瓷碎片，考察典籍，研究氏族，对土著居民及整个文明世界作心理分析，追溯艺术和工艺史等，它不能很好地达成文化过程特定明确的任务。在他看来，"人类学"这一术语指称的对象太多，以至于几乎成了没有意义的术语。它包括自然人类学，其中又依次包括人类古生物学、灵长类比较形态学、人类遗传学、生理学和心理学等。文化人类学包括心理人类学、精神分析学、精神属性学、社会学、应用人类学、历史学等多种学科。但怀特也注意到文化学与文化人类学之间的密切关系，他说，正如克鲁伯教授所评论过的，正是文化人类学"发现了文化"，并且，文化的科学主要是在文化人类学的领域里发展起来的。

## 二、语言文化学视域下的语言交流与文化背景

### （一）交际环境的组合要素

语言社会学（Sociology of Language）的创始人菲什曼（Fishman）从语言行为领域的角度把交际环境归纳为某些惯例的社会域（institutionalized domains），又称惯例语境（institutionalized context），用来指称一种文化里同语言相联系的活动领域，尤其是在特定多语环境下出现的交谈情景的主要类别，如家庭、街道、学校、工作场所、教堂、运动场、法庭、文学、报刊、政府管理、军事等。这些惯例语境的组合要素不外乎角色关系、话题、

场所。角色关系是由交际人的社会特征和交际环境的特征组成的。从角色的社会特征来说，一个人的说话必须适合他所属的社会阶级、种族集团、年龄、性别。然而，即使一个人正确地按照他的社会特征来选择语言形式，他也不一定能正确地充当社会角色。因为他在言语运用中还将面临各种不同的交际环境。他还必须在使其所说的话准确反映其社会特征的同时，创造与其交际目的相适应的社会气氛，建立与其交际目的相适应的社会关系。

从建立社会关系来说，我们可把说话看作为形成和巩固某种社会关系而做的努力，从特定的两个人的会晤中往往可以预料到特定的语言行为。例如，在家庭中父母之间说家乡方言，父母与子女之间说普通话，就是为实现交际目的而建立与其相适应的社会关系。又如，如果想与一个美国人交朋友，在交谈时就应使用非正式的、较随便的语体。如果说话过于客气，气氛也会随之严肃，就无法形成朋友关系。

从创造社会气氛方面来说，如请一位朋友关上门，我们需要的是亲切自然的社会气氛，因而可以说："关上门，好吗？""这儿真冷。"而请一个陌生人关上门，我们需要的是礼貌、客气的社会气氛，因而只能说："对不起，您不介意关上门吧？"如果用对朋友的话来对陌生人说，或用对陌生人的话来对朋友说，都会引起对方的反感和误解，甚至达不到请人做事的目的。

总之，人际交往的自如，在于同一个说话人在不同的环境，为了不同的目的，能使用不同的语言变体。否则，就像一位女性尽管穿着裙子，但她出现在短跑队伍中，这种合乎她社会特征的衣着仍然会因不适合环境而受到人们的嘲笑。西方一些政治家在竞选的时候就发现，有效地使用一些下层市民的语言形式，能树立与广大选民的"同等关系"的形象从而赢得选票。在语言选择上，交际人社会特征与交际环境的特征相和谐，交际人就充分满足了角色关系的要求。

交际环境的另一个组合要素是话题。语言变体的选择往往受制于话题的转换。两位上海地区出生的大学生在一起聊天时会选择上海话，这样就会显得很亲切。但当他们的话题转到世界大事、政治经济、文学艺术时，他们会转用普通话。这时的气氛依然是亲切的。在这里，话题控制着语言变体的选择，它使说话人认为某种语言用于这一话题更得体、更方便一些，这或是由于说话人原来使用的语言缺乏某个话题的术语，缺乏丰富而准确的表达方式，或是由于说话人平时在接触某个话题时一直是用某种语言来学习和讨论的。

特定的角色关系、特定的话题支配下的语言选择，有时还会受到场所的制约。例如,一位学生在足球场碰到自己的老师,这时尽管话题和角色关系不变,语言变体的选择仍会受到足球场环境的影响。可见,应用"社会域"的概念,科学地分析这些惯例性语境的组合要素,就能概括出某些社会语言规则,来解释个人对语言变体的选择。然而,人类的交际活动和交际心理又是复杂多变的,并不仅仅是科学家手中几个要素的排列组合,日常言语交际总是展现出它的丰富性。

### (二)交际环境与言语形式

交际环境对语言运用的影响典型体现在第二人称使用尊敬形式还是使用非敬形式上。在古拉丁文中,称呼君主有单数的山和复数的VOS。公元4世纪由于帝制改革,古罗马出现两个皇帝同享权力的局面,于是对一个皇帝说话意味着是对两个人说的,复数VOS就成为对皇帝的尊称。而且皇帝代表全体人民,用复数VOS也很恰当。以后,VOS又从称呼君主扩大到称呼其他权威人士。V—T两种称呼的尊与卑的对立成为欧洲语言运用中的一种普遍的规范。V—T也就具有了一种"权势语义",即用V还是用T,取决于双方地位、体力、年龄、财富、出身、性别、职业上的高低不同。一般来说,上层阶级互相称呼用V,下层阶级互相称呼用T,上层称呼下层用T,下层称呼上层用V。

T—V的权势语义一直延续到十九世纪的二三十年代。然而时代风尚的转变使权势语义难以满足人们通过言语交际加强社会联结关系(solidarity)的愿望。人际关系的内涵开始由权势相对向平等相待转移。在人与人关系的区别中,上下之分不再占据主要的位置,亲疏之分正被越来越多的人所接受。于是T—V的权势语义发生了微妙的变化,即它开始表示双方关系是亲昵(T),还是礼貌(V),形成一种"同等语义"。这一变化是很自然的。因为当T—V的权势语义成为各种社会差别和社会距离的标志时,它往往会使关系亲密或寻求关系亲密的说话人感到不自在。例如,一名上层顾客称呼一名服务员,从权势因素看应该用T,而从社会联结关系看却觉得应该用V了。又如,一个孩子称呼其父母,从地位上看,父母在上,应该用V,但从关系亲近上看应该用T。在过去,军官称呼士兵用T,士兵称呼军官用V,现在双方开始用T互相称呼了。在欧洲大部分语言的第二人称称呼中,社会联结关系的因素都战胜了权势的因素。从中我们不难理解为什么外国影片中孩子称父母往往直呼其名,而中国人见了却很不习惯。显然,与T—V的权势语义相联系的是一个相对静止的社会,在这样的社会中权势生来就有,每个人都安心处于上帝安排好的位置。而与 T—V 的同等语义相联系的则是一个动态流动的社会。这时的社会权势关系受到冲击,V 的用法被视为封建残余。出于对上层阶级使用 V 的厌恶,T 被作为人与人平等意识的象征而流行起来。

据对当代文学、电影及对民间日常用语的调查,第二人称今天仍取"权势语义"的 T—V 形式的,在法语中只占 11%,德语中占 12%,意大利语中占 27%。这表明,具有"同等语义"的 T—V 形式在大面积地取代"权势语义",相互使用 T 的人际关系在不断增加。有人曾经观察,登山运动员登上某个高度后就开始互相使用 T。因为到了这个高度,登山者有了同甘苦共命运的认同感。在现代社会中,有越来越多的人将由于共事或同甘苦而产生的同志关系作为使用 T 的基础。

调查还表明,T—V 的用法与说话人思想倾向的保守和激进也有联系,一个人使用第二人称代词的风格,表现为扩大或缩小使用 T 的范围。即使来自同一社会经济阶层的学生,语言风格也有差异,而这些差异可以表明他们思想意识中的激进主义或保守主义倾向。一位法国人可以相当有把握地做出下列推断:一个通常称女同学为 T 的男大学生一定会赞成工业国有化、自由恋爱、试婚、废除死刑及削弱民族主义和对宗教的忠诚。这一点并不奇怪,因为反对人与人之间权势的态度总会与反对各种集团性的权势的态度联系起来。而政治上比较保守的人总是比其他人更少地使用 T 形式。

T—V 形式的用法归根到底是一个民族社会心理习惯的问题,因而各民族在使用上又有种种差别。据调查,德国人比法国人更可能对祖父、嫂子、老仆使用 T,法国人、意大利人比德国人更可能对男同学、同胞同学、办公室同事或以前的同学使用 T,意大利人比法国人、德国人更可能对女同学或最近认识的漂亮女子使用 T。看来,对德国人来说,天生的家庭成员关系是一项重要条件,而法国人和意大利人更重视后天获得的共同之处。在两种不同的语言之间也可能存在 T—V 关系。例如,巴拉圭,西班牙语是 V 语言,而土著语言瓜拉尼语(guardi)则是 T 语言。巴拉圭人认为:"当我们说瓜拉尼语时似乎在谈论更亲密、更为愉快的事情。"而在纽约的波多黎各人中,西班牙语却是 T 语言,而英语是 V 语言。波多黎各人为了表示地位和言语的正式性,既可以转换使用西班牙语人称代词的敬称形式,也可以转用英语。反过来,为了表示言语的非正式性,既可以转换使用西班牙语,也可以转用西班牙语人称代词的普通形式。就同一个交际环境来说，西班牙语和英语的相互转换与西班牙语人称代词普通形式与敬称形式的相互转换是等值的。交际环境对语言的影响的另一种典型表现是正式语体和非正式语体的不同。正式语体往往较为严肃、客气，非正式语体则较为亲近、随便。交际环境不仅规定了适合环境的语体选择，而且在使用多种语言、方言的社会，交际环境还导致对适合环境的不同语言或方言的选择。例如，布鲁塞尔的政府官员在办公室讲标准法语，在俱乐部讲标准荷兰语，在家里讲家乡味十足的佛兰芒语。不同的选择表明他要从属于特定语境所需的言语网络。同样的情况出现在通行标准德语、瑞士德语和罗曼什语的瑞士部分地区，通行希伯来语、英语和依地语的以色列等多语种地区，在这些地区，往往是某一种方言出现在正式环境中，另一种方言出现在非正式环境中。前者是高级变体，后者是低级变体。一般来说，高级变体适用于传道、正式书信、政治性演讲、大学讲课、新闻广播、报纸社论等，低级变体适用于家人、朋友间的交谈、电台文艺节目、问题讨论等。在日常生活中，如果说话时使用高级变体，会使人感到矫揉造作。在瑞士德语区，这样做甚至会给人不爱国的感觉，因为只有瑞士境外的人在日常说话时才会使用高级变体。在这里，低级变体作为民族忠诚的主要表现，具有比高级变体更高的地位。

### (三) 交际环境的文化内蕴

1. 习俗文化因素

习俗文化因素指一个民族在其人际交往中的风俗习惯。这种习惯本族人习焉不察，而外族人在同本族人的交际中一旦违反了这些习惯，又会使本族人无法接受，从而使外族交际者不适应，甚至会产生"文化休克"。因为每一个民族都是以自己的文化为中心的，都把自己的文化对世界的看法看作人类的常识，天经地义而又自然合理，任何思想方法正确、有智慧、会逻辑思维的人都会承认它的合理性。这样一来就难以接受其他文化。美国和平队队员到菲律宾两年后，有4人辞职，29人被送回国，据分析，都是由于文化上的隔阂产生了巨大的心理负担。一位美国人类学家住在日本期间，饭店几次不征得他同意就把他换到别的房间。这种做法对美国人来说是一种严重的侮辱，因为只有微不足道的人才能搬来搬去。而在日本，饭店视顾客为"大家庭中的一员"，处理关系较为随便。随意调换顾客的房间恰恰说明饭店把这位客人看作"自己人"而不是"外人"。本族人是习焉不察而又有自己的心理共识的。社会语言学家力图在言语交际的研究中揭示这种"集体无意识"。

2. 概念文化因素

一般来说,概念的抽象性在人类各民族中有一定的共性。然而概念又总是附丽于词义的。词义的内涵和外延又受民族语言词义系统的制约,具有民族特点。言语交际的一个重要的知识背景是参与交际的各方对所用词语含义的抽象意义和文化意义都有共同的了解。本族人沉浸于词义的文化氛围之中,往往对其特点熟视无睹。而在不同民族的人的言语交际中,词义的民族文化特点才容易被"曝光"出来。概念文化因素有种种表现,具体内容如下:

其一,一些概念是由民族文化传统的独特的信息塑造的。例如,汉语中的"龙""罗汉""八仙""诸葛亮""衙门""月老""红娘""年画""拍马""推敲"等。外国人听不懂"你什么时候请吃糖啊?"这句中国人之间提及婚事常说的话,就因为他们不了解"吃糖"的汉文化信息而无法理解。反过来,西方语言中 Cupit(罗马爱神)、Hercules(希腊巨神)、Titan(希腊日神)、Wars(罗马战神)都是英、美等国的人们熟悉的文化符号。

其二,一些概念有其特定的褒贬色彩。一位翻译对早晨第一批来餐厅的女外宾开玩笑说:"The early bird catches the worm。"女外宾很不高兴。因为 bird 在英语词语中是对妇女很不尊重的称呼。而相反,如果一个英美人对中国人直称"gay dog"(快乐的人)、"lucky dog"(幸运儿)、"old dog"(老手),也会令中国人反感。因为 dog 在英语中不含贬义,甚至还有亲切的味道,而在汉语中"狗"是用来骂人的。

其三,一些概念有其特定的价值观念。许多表面上看来是同义的词汇,在不同的民族语言中有不同的价值观念。例如,汉语的"殖民地"与英语的 colony 同义,但"殖民地"在中国人看来是一个国家在国外侵占并大批移民居住的地区,在资本主义时期则是被资本主义国家剥夺了政治、经济的独立权力,并受它管辖的地区和国家。而在西方人看来,colony 则是"某国的海外或外国的附属国",价值观念完全不一样。

3. 思维文化因素

一个民族总有该民族特有的思维习惯。这种习惯在语言组织的布局上也能反映出来。了解这种语言思维格局是言语交际中不可缺少的文化背景知识。情境的思维文化因素有以下两类:

一是微观思维文化因素。这主要表现在具体的语法逻辑格式和言谈格式中。就语法格式来说，句子成分的排列、顺序往往显示出民族特有的思维习惯。就逻辑格式来说，汉语的全称否定判断形式在英美人理解中却是部分的否定。例如，"这里所有的妇女都不是工人"。英语的对等形式是 All women here are not workers，然而它的含义却是"这里的妇女一部分是工人，一部分不是。"

就言谈格式来说，中国人在回答"是"与"否"的问题时，考虑的是所问的问题与自己的实际想法是否吻合。吻合就说"是"，不吻合就说"不"。英美人在回答"是"与"否"的问题时，考虑的是所做的回答与具体事实是否吻合。吻合就说"是"，不吻合就说"不"。相比之下，中国人的回答注重人际关系，以问话为出发点，英美人的回答注重客观事实，以答话为出发点。

二是宏观思维文化因素。这主要表现在一个民族的人思考问题、提出或解决问题的角度上。例如，中国人的致思途径是以大观小，因而中国人谈论问题习惯于由大及小、由高及低、由虚及实、纲举目张。对于言语交际中的文化因素的作用，随着语言研究的深入，出现了两种反向的研究倾向。一种是将文化因素社区化。人们在研究一个民族的统一的文化特征的时候，会发现该民族中不同地区、不同社会阶层之间也存在着文化差异，形成了许多亚文化群。即使在同一地区、同一社会阶层中，个人之间仍有差异。以美国为例，并不是只有一种美国文化，而是存在着许多种美国文化。另一种是将文化因素泛化。一些语言学家指出，像英语这样具有国际性的语言，它已不可能与任何一种文化相结合。越来越多的国家正在把英语变为他们通用的语言，并用它与世界上其他国家进行交际，而不是只与以英语为母语的国家进行交际。英语实际上已经成为许多文化共同使用的语言。因此，国际间英语交际的文化背景知识已不是传统意义上的英语文化，而是使用英语的国家的文化。例如，到泰国、马来西亚做生意的日本商人在用英语交际时应以泰国、马来西亚两国的文化为交际背景。这样一来，英语实际上已不是作为一种民族语言来交际的，而是作为一种国际语言来交际的。

然而不管怎么说，由于当代社会不同文化的人们之间进行交往的频率越来越高，言语环境中的文化因素的作用受到了社会语言学家、人类学家、语言教学专家的普遍重视。"跨文化交际"已成为一门新兴的边缘学科，人们对它的研究也越来越具有社会学和人类学的倾向，即不仅仅把文化作为一种言语交际的知识背景和言语交际人的内在素养，而且要求把言语交际中的文化因素特征化并加以系统的描写。

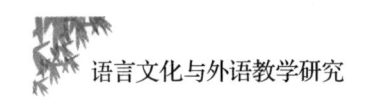

### 三、语言文化学的发展

在语言文化学研究之初，人们往往将它作为民族语言学的分支，将语言文化学定义为民族语言学的一部分。民族语言学重在研究语言与精神文化、语言与人民心态、语言与人民的创造之间的联系和相互关系。它们的区别在于，民族语言学是以历史回顾的方法研究语言与文化的，而语言文化学研究的是语言与文化共时的相互作用。语言文化学也可以科学地描述语言与文化、语言与民族共同体、语言与民族心态的相互关系。马斯洛娃学者则认为，语言文化学不是民族语言学的分支，而是一门独立的学科。马斯洛娃指出，现代民族语言学仅仅是研究具有一定物质和文化历史特色的语言单位，它依靠的是具有历史价值的事实，重在揭示民族文化的历史意义。而语言文化学则是通过精神文化透视历史的、现代的语言事实。语言文化学就是通过精神文化研究历史及现代的语言事实。因此，在语言文化学内部存在着独特的、历史的语言文化学领域。西方学者斯雷什金在对先例文本的观念进行分析后指出，对语言文化学的分析不仅要从语言单位过渡到言语单位，还不能忽视从文化单位到语言单位的重要作用。语言文化学主要任务就在于：在文本中建立表达某一种文化单位相应的语言手段，在不同的交际情景下确定与文化单位相适应的基本语用功能。尽管研究各有侧重，但共同的兴趣都集中在语言的文化功能以及一定的民族文化共同体下的世界形象、民族特点以及建立在该社会文化价值基础上的构成世界语言图景的一切内容上。语言文化学与认知语言学是现如今人类中心论聚合体最受关注的两大方向，作为各自独立的学科，它们有着各自的特点，同时又有着许多共同之处。

语言的人类中心论思想是现代语言学界的重要思想。现如今，揭示语言系统的特点不再是语言分析的唯一目的。人类中心论聚合体的思想渊源还要追溯到德国语言学家洪堡特和法国语言学家本韦尼斯特（Benveniste）对语言的理解。洪堡特认为，语言是外部现象世界和人的内部世界的中间世界，是人类世界观形成和精神力量发展的必要手段。语言是产生于人类社会的一种现象，是不断发展的、有序的自组织现象。语言的实质极其复杂：第一，语言是人类活动的产物；第二，语言是创造性个体活动的产物。

语言是人类复杂认知活动的成果。语言作为文化的产物、文化的重要组成部分、文化存在的条件，是文化代码形成的重要因素，这一观点被越来越多的学者关注。人类中心论聚合体是指研究者的兴趣从对客体转向对

## 第二章　语言文化学的构建与发展

主体的认知，在分析语言中的人和人所使用的语言时，人成为分析一切现象的参照点。美国著名学者库尔特耐（Courtney）曾说过，语言存在于个体人的大脑中，存在于人的精神中，存在于个性的心理中，它们构成了一定语言的共同体。

从人类中心论观点来分析，人认知周围的世界，是通过认知自己、认知人类活动开始的。通过意识认知周围的事物，能够在自我意识中创造出物质人类中心论的有序性，并在科学的层面上进行研究分析，存在于我们头脑和意识中的秩序确定了人的精神实质、行为动机、价值等级。所有这些都可以通过研究人的言语来实现，因为这些言语表现的是人们的真实情感。在新的聚合体形成过程中，一直贯穿这样的论题：世界是一个事实共同体，而不是物质的共同体。语言渐渐转向事实、事件，以及在事实、事件中心的语言载体的个性的人。因此，人类中心论聚合体的形成使语言学问题的研究开始转向人。在人类中心论聚合体框架下，现代语言学的基本方向是认知语言学、语言文化学，即面向语言中的文化事实和个性人的语言事实。语言文化学是介于语言学和文化学之间的语言学领域，研究语言中民族文化的表现，是语言学人类中心论聚合体的产物。

可以说，任何语言文化的研究也同时是认知的研究。近年来，越来越多的学者开始在自己的研究中整合这两个学科的成果，因为它符合人类中心聚合体的规律，而且通过跨学科方法研究语言文化是最有成效的。随着研究视角的拓展和更新，语言文化学发展的新趋势是开始用同构的方法对语言进行分析，以往我们对具有一定文化价值的知识都是进行传统的线性描述。近年来，同构作为研究不同属性复杂系统的自组织过程的方法论被广泛运用于各个领域的学科知识研究中，语言就是一个复杂的、动态的自组织系统，若要揭示复杂的语言文化学体系的进化和自组织的共相机制的价值认知特点，同构的方法则显得尤为重要。

# 第三章 英汉语言与中西文化的比较

英语和汉语起源不同，是在不同的历史和社会条件下发展起来的，所以两种语言之间存在着很大的差异，在语音上差异更明显，因为前者是表音文字，后者是表意文字，两者间的文字转换也就必然要涉及大量的音译词。这既是不同国家语言表达方式的不同，也是中西方文化差异带来的必然结果。

## 第一节 英汉语言比较

### 一、英汉语音比较

汉语的声、韵、调是音节结构的基本模式，也是语音特征之一。同音字、近音字和谐音字特别多。根据《辞海》所收录的汉字，"bi"音节就有103个，"fu"音节有88个，"ji"音节有88个，"li"音节有82个，"xi"音节有98个，"yi"音节有149个，"yu"音节有100个，"zhi"音节有90个。这么多的字共用一个音节，这在英语中是不可想象的。当然，英语中也有一些同音异形词和近音异形词，但词义相差甚远，如 sun/son、sea/see、soul/sole、hear/here 等。汉语是表意方块字，一个字只有一个音节，并无明显的重音，所以是一种非重音语言，不过在实际口头表达中也有重读音节和非重读音节的差别。在多音节中有的音节要重读，有的音节要轻读，但无论重读还是轻读都不能改变它原来的声调。它的重音模式主要由词语的语义和结构决定，规律性很强，这一点跟英语的重音方式差别很大。

英语属于一种重音语言。它的每个双音节以上的单词都有重音，是语音结构的一部分。就一个词而言，它的重音位置是固定的，但是不同词的重音位置却不尽相同。在结构复杂的多音节词中还有主重音和次重音之分。

汉语的音节数可以影响语法的完整性和修辞效果，这在某种意义上讲也是由汉语的语音特性决定的。为了音节平衡，有时单音节词需要与单音节词配合，双音节词与双音节词配合。如果说"他房宽敞"就不如说"他的房间很宽敞"，因为"宽敞"是双音节形容词，与单音节代词"他"和名词"房"搭配起来，在音节上显得不平衡，况且"房"的含义也不够明确。在这样的短语中使用双音节词就显得结构匀称，音节协调，所以，"很"和"的"这一类词有时可以用于平衡音节。如果双音节动词后面带一个宾语，这个宾语最好也是个双音节词，否则读起来会觉得别扭。我们不习惯说"提高价"，而是说"提高价格"，就是这个意思。同样，"所有的水塘、湖和河都冻上了"，"尼罗河是世界上最长河之一"这类的说法也给人一种音节不够完整的感觉，改成"所有的水塘、湖泊和河流都结冻了"，"尼罗河是世界上最长的河流之一"，其节奏就比较和谐，意思也清楚了。

汉语是一种声调语言，其声调是词语结构不可缺少的一部分，既可用来区分词义，又可用来表示某些词性，如"ma"这个音的四个声调可以分别表示"妈""麻""马""骂"。

英语是一种语调语言，其旋律音调模式是句子结构的一部分，可表示说话人的情感，也可表示所选用的是不同句式，还可以表达句子的语法意义。英语的语调可分为三个层次：低调、中调和高调。语调模式可分为降调、升调、平调、降升调和升降调五种。不同的语调可以表示不同的含义。

汉语的声调和英语的语调无论从结构和模式上看，还是从功能上看，都是不同的。汉语的声调与意义的表达关系直接，是强制性的固有形式。而英语的语调则随着说话人的情绪、态度和场合等发生相应的变化。

## 二、英汉词汇比较

### （一）英汉文字的形成

世界上的文字体系大致可以分为两类，一类是表音文字，另一类是表意文字。汉字属于后者。表音文字是用数目不多的符号（通称为字母）表示一种语言里有限的音位或音节。一般来说，在表音文字体系中，一定的音用一定的字母表示，一定的字母表示一定的音。这就是说，由字母形成的文字与它的发音存在着较为直接的对应关系。但是，汉字不是直接表示音位或音节的字母，它的构造单位是笔画和偏旁。笔画是构成汉字的最小单位。汉字的偏旁、单体字和合体字都是由笔画构成的。偏旁主要用于构成合体字。偏旁又可以分为形旁和声旁。前者具有表意的功用，后者具有表声的功用。

汉字是以象形、象意为基础的形声结合的表意体系的文字。从字形上看，汉字是由点、横、竖、撇、折五种基本笔形及其变体，通过上下、左右或内外组合方式构成的。根据古代典籍记载，汉语主要以四种方式造字，即"象形""指事""会意"和"形声"。

从语法的角度上看，一个汉字代表一个语素。语素是词的构成单位。一个词只包含一个语素的叫单语素词，如"东""西"等；包含两个或多个语素的叫复合词，如"东西""电视机"等。现代汉语的基础是古代汉语。在古代汉语中，单音节词占绝对优势。到了现代，虽然双音节词和多音节词在汉语中占有一定地位，但是一旦有机会，人们还是习惯于使用单音节词。现代汉语中大量离合词的存在就是一个明证。例如，"提醒"常被说成"提个醒"。就连一些多字单语素外来词也会被拆开使用，如"幽默"是"humor"的音译，其内部结构不可分析，然而在现实的语言常有"幽了他一默"的说法。可见，由一个字表示的单音语素（单音节）词的使用在汉语文化中是根深蒂固的。

在当今世界各民族使用的文字中，汉字的历史最悠久。在漫长的发展演变过程中，汉字的数量不断增加，形成了庞大的体系。

英语属于印欧语系的西日耳曼语支，其26个字母是构词的基本单位，利用词缀还可以派生出许多新词，这是英语中一种非常重要的构词手段，加前缀可以改变词义，加后缀可以改变词性。利用合成法、转换法也可以构成许多新词。英文字母在相互组合成词之前都是纯粹的表音符号，但在组合成词之后其词形和词义就联系在一起了。

总之，英汉两种文字都是根据约定俗成的原则来确定字形、词形与其所表示的意义之间的关系的。

### （二）英汉词形的差异

在英语中，名词、动词、形容词、副词等都会随着不同的人称、时态、语态、程度等发生词形上的变化。词形上的变化可以表明英语句子中各成分间的关系。而在汉语中则没有这些变化。在汉语中，词义、词序和隐含的逻辑关系常用来表达语言的意思。例如，"These students are working very hard in their English studies."这句话用汉语说就是"这些学生在英语学习方面非常努力"。我们看到,英语中的"student"有单复数变化,在词末加"s"表示复数,而汉语中的"学生"这个词本身并没有单复数变化,其复数概念是通过加限定成分"这些""那些"或在"学生"后加"们"字来表示的。"She speaks English very well."这句话用汉语说就是"她英语说得相当好"。英语中的"speak"是动词,它要随着主语的人称和数来变化,这里加了"s",表示此句的时态是"一般现在时"。汉语动词并不受主语人称和数的控制,不管主语是谁,一律用原词,词形不发生任何变化。"He once told me that Professor Li would have taught here for thirty years by this winter."用汉语说就是"他曾对我说,到今年冬天李教授在这里教书就要满三十年了"。在这个例句中,我们看到,英语动词有时态变化,表示过去的用"过去时",表示将来的用"将来时",表示将来某时完成的用"将来完成时",等等。汉语动词则根本没有时态变化,其时间概念是通过使用时间副词来表示的。

英语的动词还有语态的变化,如果讲述的是事实,就用真实语气,如果是虚拟的事实,就用虚拟语气表示。汉语没有虚拟语气,表达虚拟语气时要借助相关的词语。例如,"If I had not been so busy last night, I would have gone to the station to send him off."这句话用汉语说就是"我昨晚要是不那么忙的话,就去车站为他送行了"。

英语的许多可用于比较的形容词和副词有比较级和最高级这类词形变化,而汉语没有。在表达同类意思时,汉语常常使用"比"字表示比较级,使用"最"字表示最高级。例如,"This one is better than that one."这句话,用汉语说就是"这个比那个好"。"He runs fastest in his class."这句话用汉语说就是"他在班里跑得最快"。

## (三)英汉词义的差异

英语词义灵活多变,词义的扩大、缩小、转褒、转贬、转为具体或转为抽象等情况随处可见。例如,"dog"一词的词义就在扩大。在古英语里"dog"指的是"猎狗",在中古英语中泛指各种犬类,如今,其语义已经扩大到20余种。而"girl"一词的词义在中古英语中相当于"child",不分性别,现在专指"女孩"或"未婚女青年"。"starve"在古英语中指"死亡",现在指"饿死"。"found"一词原指"foolish(愚蠢的)""insane(疯狂的)",现指"kind and loving"。"cunning"原指"有学问的人",现指"狡诈的"。

人类对宇宙的认识经历了漫长的由客观到主观、由感性到理性、由具体到抽象的认知过程。在这个认知过程中，具象先于抽象，也就是说，表示物质对象的具体名词首先被人们认识、熟悉，并从中提取共同的、本质的属性，形成抽象的概念。例如，"king"这个词的具体语义是"国王"，抽象语义是"主宰""统治"；"muscle"的具体语义是"肌肉"，抽象语义是"体力""力气"；"brain"的具体语义是"大脑"，抽象语义是"智力""脑筋"。

又如：

① It is better to sleep naturally without taking medication.
最好是自然入睡，不靠吃药。

② She has taken a lot of different medicine but none has cured the disease.
她吃了许多各种各样的药，但没有一种能治好她的病。

前句中的"药"是抽象名词，所以用"medication"，后句中的"药"指的是具体的"药"，是具体事物，所以用"medicine"。

还有一些词汇的转化刚好相反，是从抽象到具象转化的。从数目上看，这类词汇比从具象向抽象转化的词汇少，但这类词汇在英语中也是俯拾皆是。例如，"beauty"的抽象语义是"美丽"，具象语义是"美人"；"acquaintance"的抽象语义是"相识"，具象语义是"熟人"；"license"的抽象语义是"许可"，具象语义是"许可证""执照"。

相比之下，汉语词义比较严谨，词的含义范围也比较窄，比较精确固定，词义的引申性和对上下文的依赖性比较小，独立性比较大。汉语方块字循规蹈矩，多用本义，很少使用转义，也就是《现代汉语词典》所称的"比喻意"。

词义不完全对应的情况指的是某语言中的一个词在另一种语言中有几个同义词，这几个同义词所表达的意思虽然基本相同，但用于不同的情况。例如，"津贴"一词在英语里可用"allowance"和"subsidy"表示，但两者所指不同，前者指"个人津贴"，后者指"政府对某一行业给予的补贴"。词义不对应的情况是指一种语言中的某个词汇单位在另一种语言的词汇里没有对应物，如专有名词和特指事物等。随着社会的发展，词汇的意思不断发生变化和转移，原有的对应关系常常被打破，新义、旧义产生脱节的现象屡见不鲜。有时，词义演变成相近或相通的词，有时则是处于矛盾和相反的关系之中，在这种情况下，稍不留神，就可能出错。例如，"He learned me how to play chess."是说"他教我下棋"，而不是"他跟我学下棋"。

有些词汇在英汉两种语言里看似对应，实则不然。例如，"从上海到北京的飞机每天一班"，这句话如果说成："There was a daily shift from Shanghai to Beijing."就错了，因为"shift"是指工人干活分的早、中、晚班，而飞机的航班是"flight"，轮船的航班是"voyage"。

英语中有一部分词的词义成分是隐含的，汉语里找不到表达同样概念的专用词，所以只好采取描绘手法。例如，"The soldiers showed that they had plenty of grit.（grit 指的是 quality of courage and endurance）"，用汉语说，就是："那些士兵表现得很勇敢，很能吃苦耐劳。"

表示同一概念，实说的时候，英语用特指词，意义明确、具体，显得正规、慎重；虚说的时候，用泛指词，即用一个跟特指词近义或同义的词语作替代词，意义概括、笼统，显得比较通俗、随便。汉语则没有这种区别。如：

① When will my laundry come back?
我洗的衣服什么时候能送回来？（用 laundry 代替 clothes）
② This ancient vase is good for 3 million dollars.
这只古花瓶可卖三百万美元。（用 good for 代替 sell）
③ I have set down everything that happened as I remember it.
我记忆中所发生的一切我都记下了。（用 set down 代替 record）

## 三、英汉习语比较

### （一）习语的文化特征

1. 较强的民族性

习语具有较强的民族性。在人类社会中，每种文化都有自己的特征，这是因为人类生活的地域、气候、风俗习惯、历史背景、价值观念、宗教信仰等都在各自的文化中打下了深深的烙印，反映在习语中，便使习语带上了浓厚的民族色彩。例如，中国是个农业大国，千百年来以农耕为主，人与土地有着不可分割的联系，因而产生了许多与之有关的习语，如："五谷丰登""瓜熟蒂落""良莠不齐""拔苗助长""春华秋实""根深蒂固""沧海桑田"，等等。

英国是个岛国，为了生存，不得不与气候恶劣的海洋环境抗争。在征服自然的过程中，形成了许多源于航海或与海洋有关的习语，如"weather the storm（渡过恶劣气候或骚动）""know/learn the rope（熟悉情况）"。在中国传统文化里，耕牛是勤劳的象征，人们常说那些勤勤恳恳、任劳任怨的人具有一种老黄牛的精神，鲁迅先生的名句"俯首甘为孺子牛"更是人尽皆知，那种"甘为孺子牛"的人在中国是深受人们爱戴和尊敬的。与中国不同，英国古代的耕作主要靠马，因而在英美文化中马是勤劳和吃苦耐劳的象征，所以英语讲"as strong as a horse""to work like a horse"。

东西文化都有着灿烂而悠久的历史，因而英语和汉语中也有相当多的习语和历史典故、寓言、传说有关，如汉语中的"三顾茅庐""败走麦城""得陇望蜀""说曹操，曹操到""项庄舞剑，意在沛公""四面楚歌""愚公移山""邯郸学步""黔驴技穷""精卫填海""开天辟地""女娲补天""东施效颦""名落孙山""叶公好龙"，等等，都体现了汉语文化的博大精深，源远流长。英语中来自典故、寓言、传说的习语也不在少数，如出自希腊神话的"Pandora's Box（潘多拉的盒子，灾难之源）", "Sour Grapes（酸葡萄，出自《伊索寓言》，指把得不到的东西说成是不好的，聊以自慰）", "Achilles' Heel（唯一致命的弱点，出自荷马史诗的《伊利亚特》）", "to burn one's boats（烧掉船只，与历史战争有关，指公元前49年，古罗马凯撒大帝率部队渡过庐比根河时，下令烧掉所有的船只，使士兵断绝退路，狠下非胜即死的决心，现在就用来形容某人做某事所下决心之大）", 还有"to shoot Niagara", "to send out to Coventry", "to meet one's Waterloo"等也都能充分反映出一个民族的文化内涵。

中国人大都性格内向、含蓄，习惯容忍、依赖合作。同时，在中国几千年的历史长河中，儒教、道教、佛教占有绝对的统治地位，人们受其教义影响形成了一套以中庸、明哲保身为特点的处世哲学，这在习语中也有充分的体现，如"失败乃成功之母""生死由命，富贵在天""枪打出头鸟""木秀于林，风必摧之""知足常乐""适可而止"，等等。西方人大都性格外向、好动、直率、富有冒险精神，性格独立、崇尚抗争。这种文化注重思理性，强调的是物质与精神的对立，形成了征服自然、驱使天地的文化观。他们喜欢说，"I'll try.""If you think you can, you can!""A good pilot is not known when the sea is calm and the water is fair.""A bird in the hand is worth two in the bush."。由此可见，他们的确比较强调行动的重要性。从以上分析中，我们可以明显地看出英汉语言中普遍使用的习语均有很强的民族性。

2. 修辞手段的多样性

习语是语言修辞手段的集中表现。大部分习语文字通俗简练、生动形象，并利用声韵的和谐表现出语言的美感，使习语简洁易懂、朗朗上口、易于模仿。

习语中最常用的修辞手段有比喻、叠字、对仗、排比等。其中，最主要的修辞手段就是比喻。比如，英语中把"车站搬运工"叫"red cap"，因为干这一行的人都带着红色的帽子；把"酒店侍者"叫"bell boy"，因为在酒店里，客人一按门铃，侍者就会跑过来服务。汉语中把说话或文章枯燥比喻成"味同嚼蜡"，把陷入绝境、无计可施说成是"山穷水尽"，等等。比喻还可细分为明喻、暗喻、换喻等。明喻是本体、喻体、喻词都出现的比喻。汉语中的"烂醉如泥""轻如鸿毛""如鱼得水"，英语中的"as proud as a peacock""as cool as a cucumber""as timid as a rabbit"等都是明喻。暗喻是本体和喻体同时出现，但没有喻词的比喻。英文中的"A little pot is soon hot（量小易怒）""Fine feathers make fine birds（人靠衣裳马靠鞍）""have a lot of irons in the fire（手头有很多事要做）"，汉语中的"时间就是金钱""一寸光阴一寸金"等都是暗喻。换喻是用与本体事物有密切联系的另一事物来指代本体事物，如在"The pen is mightier than the sword"中，"the pen"指代文人，而"the sword"则指代军人。

汉语中运用大量的叠字来充实语义容量。例如，"凄凄惨惨""勤勤恳恳""羞答答""娇滴滴"，等等，从而加强语言的表现力，使语流舒畅、悠长。英文中叠字不多，主要用在口语中，如"bye-bye""long-long""blob-blob""talkee-talkee"等。但英文中常用"and"或"or"等连接重复单词，起到类似叠字的修辞作用。例如，"again and again""more and more""neck and neck"等。

习语常常利用音韵的和谐来达到朗朗上口、易懂易记、栩栩如生的目的。许多英语习语利用头韵和尾韵或重复等手法来增加语音美感和修辞效果。例如，"time and tide""as blind as a bat""tit for tat"是押头韵，"by hook or by crook""as snug as a bug in a rug""high and dry"是押尾韵，"step by step""call a spade a spade"是用了重复修辞法。

汉语不压头韵，但押尾韵，如"嘴上没毛，说话不牢""三个臭皮匠，凑成一个诸葛亮"等。另外，汉语还有"对仗"修辞法，讲究"音律相对，事体相关，比赋相衬"。例如，"大同小异""古往今来""朝思暮想""路遥知马力，日久见人心"，等等。

英文音节长短不一，不可能像汉语一样具有严格的对偶，但也能找到一些对仗修辞的例子，如"here and there""far and near""ups and downs"等。

英汉两种语言中的这些习语说起来朗朗上口，给人一种音韵美，正是因为采用了适当的修辞手段。

3.结构的完整性和固定性

习语在结构上具有完整性，常以短语或短句的形式出现，其意义往往并不是各组成部分的总和，必须把它作为一个整体来理解。例如，"to lose one's head"并不是"丢了脑袋"，而是"仓皇失措"的意思。习语意义的整体性还因为很多习语的意义往往借助于本民族历史文化中的典故而形成，具有约定俗成的整体意义，如"in the arms of Morpheus（在梦乡里）"，Morpheus（摩尔普斯）是希腊神话中的睡梦之神。"meet one's Waterloo（一败涂地）"中的"Waterloo"是1815年拿破仑战败之地。这些习语必须作为一个整体来理解，绝不能拆开胡乱解释。况且，有些习语不一定遵守语法规则和逻辑推理，如在"diamond cut diamond（棋逢对手）"中，"cut"就不能加"s"，尽管这不符合现代英语语法规则，又如"to have one's heart in one's mouth（大吃一惊）"的字面意思也不符合逻辑；"ups and downs（兴衰、悲喜）"中的副词"up"和"down"分别加上了词尾"-s"，构成了名词的复数。"to rain dogs and cats（大雨倾盆）"从逻辑上讲，根本是无稽之谈。汉语中的"四季如春"更是不合逻辑。"冬、夏、秋"可以被比喻为春天，可"春季如春"显然无法解释。

习语的组成还具有固定性，不能随意更改那些组成习语的字词，或用同义字词进行替代。例如，汉语中的"缩头乌龟"意为"胆小，懦弱"，不能改成"缩着头的王八"；"露出马脚"是"露出破绽"的意思，也不可改成露出马的脚"；"雪中送炭"不可改成"雪中送煤"；也不能用"老狗识途"代替"老马识途"，尽管狗的识途能力的确很强。同样，英文中的"at sixes and sevens（乱七八糟）"也不能改为"at sevens and eights"。

（二）习语中的文化差异

1.地域环境

中英两国分别位于东西两个半球。由于地理位置的不同，导致两个民族对有关习语理解的不同。在两种语言中，"东风"与"西风"的象征意义截然不同。在汉语中，"东风"常是褒义词，象征着进步、蓬勃向上。例如，"东风夜放花千树。更吹落、星如雨。""东风"即"春天的风"，它象征着"春天""温暖"，它吹绿了大地，使万物复苏，故有"东风报春"之说。而

"西风"则象征着荒凉，象征着没落。英国地处西半球北温带，海洋性气候，报春的是西风，它给英伦三岛送去春天，英国著名诗人雪莱的《西风颂》正是对春天的讴歌。诗的最后一行名传千古的佳句表达了他对未来的美好憧憬和坚定信念："O, Wind, if winter comes, can spring be far behind?（啊，西风，冬天来了，春天还会远吗？)"

在中国，人们往往把夏天与酷暑炎热联系在一起，所以有"赤日炎炎似火烧""骄阳似火"这样的比喻。而英国的夏天则是温馨宜人的季节，因而英国人常把夏季与"可爱""温和""美好"联系在一起。了解这些就不难理解为什么在莎士比亚的一首十四行诗中他把爱人比作夏天："Shall I compare thee to a summer's day? Thou are more lovely and more temperate." 这两句的大意是："安能以君比夏天？君比夏天更温婉。"

英国是一个四面环海的岛国，与之相关的航海业、造船业很发达，这一特点使他们产生了独具特色的航海、海洋文化，所以英语中有许多与水、海洋有关的习语，如"plain sailing（一帆风顺）""in the same boat（同舟共济）""fish in troubled waters（浑水摸鱼）""to go with the stream（随波逐流）""as mute as fish（沉默如鱼）""a sea of troubles（无穷的烦恼）""sink or swim（孤注一掷）""to tide over（顺利过关）""know the rope（熟悉内幕，rope 指船上用来挂帆的绳子）"，等等。而中国自古以来就以农业立国，农业人口众多，因而汉语中与农业有关的习语比比皆是，如"斩草除根""瓜熟蒂落""顺藤摸瓜""揠苗助长""日出而作，日落而息"，等等。

2. 风俗习惯

习语最能反映出各民族的风俗习惯。民族风俗是丰富多彩的，它构成了习语丰富的文化底蕴，是习语赖以滋生并获得顽强生命力的沃土。由于习俗不同，人们对同一事物的看法便各不相同，如"龙"是中西方神话传说中都有的动物，但象征意义却大相径庭。在中国文化中，龙象征着吉祥和权威，可以看作中华民族的图腾，"龙腾虎跃""龙飞凤舞""龙凤呈祥""生龙活虎"等都展现了龙在汉语文化中的文化内涵。在中国封建社会，龙还是帝王的象征，所以有"真龙天子"之称。而在西方文化中，人们却认为"dragon"是邪恶的代表，是一种狰狞的怪兽，如圣经中的撒旦就被称为"dragon"。英语中的"a dragon of a woman"意为"凶悍的或令人讨厌的女子"，"the old dragon"常常用来指魔鬼，文艺作品中则常常沦为被嘲弄讽刺的对象。西方人对"bat（蝙蝠）"没有好感，认为它是一种邪恶的动物，总是把它与罪恶和黑暗势力联系在一起，特别是"vampire bat（吸血蝠）"，提起来就令人恐惧，所以，英语中就有"as blind as bat（像蝙蝠一样瞎）""a bit batty（有点儿反常）""have bats in the belfry（发痴，异想天开）"等贬义的联想和比喻；而在中国，"蝠"意味着"福"，人们甚至把蝙蝠的形象用剪纸的形式贴到窗上。还有，在汉民族文化中，狗是"势利"的代称，具有明显的贬义，反映在习语中，就有了"狗仗人势""狗急跳墙""狗血喷头""狗胆包天""狼心狗肺""狐朋狗友""狗腿子""狗嘴里吐不出象牙"等。而在西方国家中，狗被认为是人类最忠实的朋友。欧美人爱狗如爱子，经常让它与人平起平坐，把它看作家庭的一员。英语中有关狗的习语大都没有贬义，如"top dog（最重要的人物）""a lucky dog（幸运儿）"。在英语习语中常以狗的形象来比喻人的行为。例如，"Every dog has his day（人皆有得意之时）""Love me, love my dog（爱屋及乌）""The old dog will not learn new tricks（老人学不了新东西）""Dog does not eat dog（同类不相残）"等。形容人"病得厉害"用"sick as a dog"，"累极了"是"dog tired"。与此相反，中国人喜欢猫，猫在中国的文化内涵中一般指其可爱精灵的特性。人们常用"馋猫"比喻人贪嘴，常有亲昵的成分。而在西方文化中，"cat"是魔鬼的化身，是中世纪巫婆的守护精灵，人们厌恶它，所以"She is a cat"是指"她是一个包藏祸心的女人"。

习俗的不同还体现在饮食、颜色、数字等方面的习语中。中国人的饮食以米为主，汉语中有"生米煮成熟饭""巧妇难为无米之炊"之类的习语，而西方人常吃面包，故有"to take the bread out of one's mouth（敲掉某人的饭）""to eat the bread of idleness（游手好闲）"等习语。对中国人来说，红色代表喜庆、吉祥。逢年过节挂的灯笼、贴的对联、剪的窗花，无一不是红色的。关于红色的习语更是不胜枚举，如"开门红""满堂红""万紫千红""红红火火"等。而在英语国家，红色多代表危险、警示、负债的意思。比如，"to be in the red"是指"债台高筑"。汉语习语中"九"带有一种"神圣"的色彩，习语中有"九九归原""九重霄"等，即是明显的例证；英语习语中对"七"倒是十分眷顾，如"the seventh son of a seventh son（显要神圣的后代）"，因为"七"在《圣经》中就是神圣的象征。

3. 宗教信仰

宗教是人类发展到一定历史阶段的产物，是一个民族文化的重要组成部分，反映在语言上，就会使很多习语带上浓厚的宗教色彩。西方人多信仰基督教，认为世界是上帝创造的，世上的一切都遵照上帝的旨意。最初的《圣经》，其宗教价值远大于文学价值，但渐渐地《圣经》中的典故广为流传，其中有很多逐渐演变成生活中的口头习语，如"forbidden fruit（禁果）""Judas kiss（犹大之吻，口蜜腹剑）""as old as Adam（很久以前的、极古老的）""not to know someone from Adam（完全不知道他是什么人）""Man proposes, God disposes（谋事在人，成事在天）""God helps those who help themselves（自助者天助）"。对中国文化发展产生重大影响的宗教是佛教和道教。西汉末年佛教传入中国，汉语里便随之出现了一些来自佛教或与其有关的习语，如"一尘不染""不二法则""五体投地""现身说法""回头是岸""借花献佛""放下屠刀，立地成佛""佛要金装，人要衣装""泥菩萨过河，自身难保""在劫难逃""大慈大悲""不看僧面看佛面""平时不烧香，临时抱佛脚""跑得了和尚跑不了庙"等。此外，道教也曾在中国盛行，因而汉语中也有许多直接由道家或道家语录演变而来的习语典故，如"道高一尺，魔高一丈""修身养性""灵丹妙药""脱胎换骨""长生不老""回光返照"，等等。

4. 心理联想

有时，同一种事物或形象在不同的语言文化中会有不同的联想意义。

例如，"醋"在汉语中的比喻联想意义是"忌妒"，因而有"醋劲大发""醋坛子""醋罐子"等说法；而在英语中的"vinegar"的联想意义却是"bad temper"或"being unhappy"。例如，英语说："His resort was delivered with a strong note of vinegar."，意为"他怒气冲冲地进行了回击"。

不同的民族往往用不同的比喻表达同一思想，也就是说，由于联想不同，喻体也多有变化。例如，汉语用"一箭双雕"，英语用"kill two birds with one stone"；汉语说"力大如牛"，英语说"as strong as a horse"；汉语表示一个人大口大口地喝水，常说"牛饮"，英语却说"drink like a fish"；汉语形容一个人愚蠢，说他"蠢得像猪"，英语却说"as stupid as a goose"。类似的还有很多，如：

  胆小如鼠　as timid as a rabbit
  如鱼得水　like a duck to water
  挥金如土　to spend money like water
  多如牛毛　as plentiful as blackberries
  守口如瓶　as dumb as an oyster
  水中捞月　to fish in the air
  瘦得像猴　as thin as a shadow

如履薄冰 to tread upon eggs
棋逢对手 diamond cut diamond

## 四、英汉句子比较

### (一) 英汉句子种类及类型

1. 英语句子种类及类型

句子是由词按语法规律构成的语言单位，用以表达一个完整的、独立的意思。句子是构成篇章的基本单位。句子的种类一般是按使用目的划分的，主要有陈述句、疑问句、祈使句和感叹句。句子的类型是按结构划分的，可大体分为简单句、并列句和复合句三种。

英语句子的建构是遵循一定规则的，并非随意胡编乱造的。例如，"I was very happy to get your letter."讲汉语的人只需说"接到你的信，非常高兴"，就可以把意思清楚地表达出来。然而，凡是懂得英语的人都知道这个英语句子里的"I"是绝对不能省掉的，省掉它，不仅句子的结构不允许，意思也不清楚。人们马上会问："Who was very happy? Who got the letter?"由此可见，英语句子的建构必须遵循语言内部的固有规则，这些规则一般可以通过句子的基本结构来体现。

句子的基本结构也就是基本句型。英语的基本句型主要有六种。一个句子，无论有多长，多复杂，都超不过这些基本句型的范围。哪怕是那些变化多端、一时难以辨认的变异结构，在经过认真分析、琢磨、追根溯源之后，也总能将其归入这六种基本句型中的某一种，真是万变不离其宗。这六种基本句型就是：主语+谓语，主语+谓语+宾语，主语+谓语+双宾语，主语+谓语+复合宾语，主语+系动词+表语，There be+主语。

例如：

① Shirley didn't exercise regularly.

② She opened the curtains to let the sunlight in.

③ They made the boy a new coat.

④ My mother told me to send you the money.

⑤ She has been absent from school for about three days.

⑥ There are many English story-books in the library.

这六种基本句型中每一个句子成分都是构成该句型的要素，是句子的主要成分，缺一不可。

在英语句子中，除了主要成分外，还有一些起修饰作用的次要成分，主要为定语及状语等。这句子成分虽然被称作次要成分，但就其作用来说，并非不重要。在很多句子中，它们都是必不可少的，离开它们，句子就会变得语义不清，甚至毫无意义，如上面列举的六种基本句型里的"regularly""to let the sunlight in""for about three days""many English""in the library"等。很多句子一旦离开这些次要成分，就会像一棵棵原本枝繁叶茂的大树被削掉了树冠和枝丫，只剩下一根光秃秃的主干一样。任何一门语言都不可能仅靠主要成分来构句，不可能每句话都像"I like it"那样简单，简单到除了三个主要句子成分外别无他物的程度。可以说，主要成分构成句子的框架结构，而一个整体建筑不能仅有框架，所以，次要成分跟主要成分一样，都是表述思想所必需的材料。

所谓简单句，是指一个句子里面只含有一套构成句子的基本结构，可以属于前面所述六种基本句型中的任何一种。句中各成分间的关系相互依存，缺一不可，而且，任何一个句子成分都不可能单独构成一个完整的句子。此外，英语句子里会经常出现两个（或两个以上）主语共同拥有一个谓语，两个谓语共同拥有一个主语，或两个谓语共同拥有一个宾语等情况，这类句子仍然属于简单句的范畴，因为两者中的任何一个都不能单独构成一个完整的句子成分（更不能单独成句），必须依附于另外一半，两者并存。

有简单句做基础，并列句的结构是很容易理解的。它是通过连接词把两个或两个以上互不依从的简单句（在并列句中称之为分句）连接起来构成的句子。这种起连接作用的词被称为并列连词。常见的并列连词有："and, or, either or, neither nor, not only...but also, as well as, both...and"，此外，还有表示转折关系的"but, yet, however, nevertheless"，表示因果关系的"so, for, therefore"，等等。有些并列句的两个分句间不用连词，而用分号，个别时候也用逗号。从理论上说，一个并列句可以拆分成两个简单句。但从意思上看，拆开之后的两个简单句很可能关系松散，或语义不明；而连在一起，则不仅关系紧密，而且逻辑关系清楚，因为这些连接词本身大多具有词义。

如果一个句子中的某个（或某些）句子成分不是由单词或短语，而是由另一个句子来充当的话，这个句子就是复合句。这种仅充当某种句子成分的句子叫从句，它所依附的主干结构叫主句。从句可根据其作用，分为主语从句、宾语从句、表语从句、同位语从句、定语从句和状语从句等。复合句中至少含有一个从句。那些较长的复合句中还常常出现从句本身还是从句的现象，也就是说，从句里面套着从句，一层又一层，有时还要外加各类短语使整个句子的结构变得十分复杂。但我们只要把握住了句子的基本结构，也就是熟知基本句型，再长再复杂的句子也会理清头绪，不会出现理解上的混乱。应该说，英语句子的建构是非常严谨的，有时甚至是一丝不苟的。可以说在翻译中，谙熟英语的构句规则对理解原文会起到积极有效的帮助作用。

2. 汉语句子种类及类型

汉语的句子有单、复句之分。单句可以从不同的角度来分类。从句子所表达的内容和句子的语气来看，单句可以分为陈述句、疑问句、祈使句和感叹句四类。从句子的语法结构上看，单句又可分为完全句、省略句、无主句和独语句四类。复句是由两个或两个以上在意义上有某种联系的单句合起来构成的比较复杂的句子。构成复句的单句叫分句。这些分句必须有一定的联系，这种联系可以用语序或关联词语来表示。例如：

①风一吹，朵朵白云从我身边漂浮过去，眼前的景物渐渐都躲到夜色里去。

②只要在什么时候再听到那种歌声，那声音的影片便一幕幕放映起来。

③歌声拖得很长，因此听得很远很远。

复句的结构比单句复杂，意义和容量也比较大。复句的类型是依据分句之间意义上的不同联系来划分的，一般分为联合复句和偏正复句两大类。联合复句的各个分句意义上的联系是平行的，可用来表示并列关系、递进关系、承接关系、选择关系和取舍关系等。如：

①从来就没有什么救世主，也不靠神仙皇帝。

②他不仅会写小说，也会画画。

③村人看见赵七爷来了，都赶紧吃完饭，聚在七爷家饭桌的周围。

④不是你去，就是我去。

⑤咱们宁可受点儿累，也不要再麻烦他了。

偏正复句的各个分句意义上的联系是有主次之分的，表示主要意义的分句叫正句，表示次要意义的分句叫偏句，通常偏句在前，正句在后。偏正复句按偏句和正句之间意义上联系的不同可以分转折复句、条件复句、假设复句、因果复句、目的复句等。例如：

①他的话太感动人了，可惜我不能够照样说出。

②国无论大小，都各有长处和短处。

③如果你肯让我们抄写，我们是很乐意的。
④既然你这么说了，我就跟你去一趟吧。
⑤你快去吧，免得他等急了。

（二）英汉句子结构及特点

1.形合与意合

英汉两种语言之间存在着很大的差异。仅就句子结构来说，一般认为英语较为"严谨"，汉语较为"简明"。这是因为英语注重语言形式上的接应，其句子的组成大多采用"形合法（hypotaxis）"；而汉语则注重行文意义上的连贯，其句子组成大多采用"意合法（parataxis）"。研究形合与意合，对提高英汉两种语言之间的互译质量起着不可忽视的作用。

所谓"形合"，就是借助语言形式手段来实现词语或句子间的连接，也就是在句子的各个成分（包括词、词组、短句）之间使用相应的连接词或关联词语，以表示其相互间的关系。例如，"The gate was opened, and the audience came crowding in."中的"and"，"I'll go to find him after a while"中的"after"，"It looks like a storm, so let's gather up our things and go home."中的"so"，"虽然我使尽全力，但仍然搬不动这块石头"中的"虽然……但"，"即使你去了那里，也不会有什么结果"中的"即使"，"假如我是你的话，我就不会这样做"中的"假如"，等等。这些关联词语把句子间或句子中各成分间的关系表示得一清二楚，这样的句子就叫形合句。

形合句的主要特点是措辞严谨、语意明朗，它可以使语言内部的逻辑关系更清楚，可以使言语间的强调意味更明确。在英语中，那些属于句子或句子以下层面的比较短小的句式多为形合句。这是因为英语较为稳定而多样的形式手段控制着语言要素间的关系。汉语的情况则相反。此外，汉语在较长的语言片段或句式中多使用形合句，尤其在科技文献或叙事性体裁的文章中，不使用相应的关联词语，即不用形合句，往往很难达到理想的效果。所谓"意合"，是指在句子结构中不借助语言形式手段，即关联词语等，而借助词语本身或句子所含的逻辑关系来实现句子间或句子中各成分间的连接，句子间或句子中各成分间的关系往往以语序的先后来表示。意合句是一种独立的、固有的句子，是意义上和句法上统一的整体。它有着自己的套句法联系手段，如采用词语顺序、词汇接应、结构平行、形式重叠以及重复、推理等。例如，汉语中的"别说了！现在说啥都没用！""给我我也不要""巧妇难为无米之炊""知彼知己，百战不殆；不知彼而知己一胜一负；不知彼不知己，每战必殆"；英语中的"The earlier, the better."及"The more you give, the more you will get."等。这些句子根本就不需要"不管""即使""假如"或"if"之类的连接词语，因为句中隐含的逻辑关系已经说明了这层意思。可以说，意合句都比较精练。

意合句的主要特点就是短小精悍，因为它不靠连接词语来完成句子间或句子中各语言成分间的衔接。汉语重意合，所以短句用得多，其中有很多是对偶工整，节奏铿锵，朗朗上口的意合句，真是干脆利落，毫不拖泥带水，而且便于记忆。这些意合句大多是形合句的紧缩形式，是在形合基础上的发展、提高和升华。一句话，它简直就是语言经过长期使用而锤炼出来的精华。英语中也有一些意合句，主要体现在一些片语句式、非人称主语句式和介词短语取代从句的句式中。英语中较长的语言片段也往往采用意合法。

例如：

① The gate was opened, and the audience came crowding in.

大门打开了，观众一拥而入。（比较：大门打开了，于是，观众一拥而入。）

② Even if you go there, there wouldn't be any result.

去了也是白费。（比较：即使你去了那里，也不会有什么结果。）

③ The rain has been plentiful and the crops promise well.

雨水充足，丰收有望。（比较：雨水一直是很充足的，所以，庄稼很有希望。）

④ It is easy to dodge a spear in the open, but hard to guard against an arrow shot from hiding.

明枪好躲，暗箭难防。（比较：明枪好躲，但是，暗箭难防。）

在以上几例中，英语里都有关联词语，都是形合句。同样的意思，用汉语表达，则可以采用意合句，无须借助语言的任何形式手段，因而那些关联词语统统成了多余的东西，贯通全句靠的是"意脉"。

有时，要想增加语言的凝聚力，使读者的意念中心不分散，就只有适当采用形合手段，否则就可能产生语义不明、时间概念模糊、逻辑混乱等问题，而且流畅感和连贯性也会受到极大的破坏。在下面两例中，英汉两种语言都采用了形合法：

① This is not as greedy as it may seem, since this is one way by which it can keep its premium down and continue to make a profit while being service to the company.

这种做法看上去可能很贪婪，但事实并非如此，因为这是一种既能控制保险费上扬又能在为社会服务的同时维持盈利的方法。（语意明朗）

② If it insures a shop and then receives a suspicious claim, it will investigate the claim as a means of protecting itself against false claims.

如果它为一家商店保了险，后来又收到了可疑的索赔要求，它就会调查这项要求，这是使自己免于上当的一种手段。（逻辑关系清楚）

有时，英语用意合句，汉语则用形合句。例如：

① Man's warm blood makes it difficult for him to live long in the sea without some kind of warmth.

人的血液是热的，如果没有适当的温度，人就难以长期在海里活动。

② With all its disadvantages this design is considered to be one of the best.

这个设计尽管有种种缺点，仍被认为是最佳设计之一。

在有些较长的语言片段中，英语反而不受语言形式的束缚，而采用了意合法。而汉语的情况却刚好相反：语言片段越长，越有可能需要一些关联词语。因此，人们在翻译英语采用意合法构成的较长片段或句式的时候，就要根据语言内部隐含的逻辑关系，适当增补连接词语，以明确这种关系，化英语的隐性为汉语的显性，化英语的意合为汉语的形合。例如：

…: that Christmas, which my father had planned so carefully, was it the best or the worst I ever knew? He often asked me that; I never could answer as a boy. I think now that it was both. It covered the whole distance from brokenhearted misery to bursting happiness—too fast. A grown-up could hardly have stood it.

……父亲如此精心安排的那个圣诞节，是我一生中所经历的最快乐的一次还是最糟糕的一次圣诞节呢？他常常问我这个问题。小时候，我总是答不上来。现在，我觉得那年的圣诞节是最快乐的，又是最糟糕的。因为在这一天里，先是令人心碎的痛苦，继而是极度的喜悦，从一个极端跳到另一个极端——变换得实在太快了。就是一个成年人恐怕也难以承受得了吧。

英语和汉语中都有许多成语，这些成语多半为意合句，它们是语言中的精华，其中不乏意义对等者，但也有很多不对等的情况，这时，最常用的手段就是增补一些关联词语，以明确语义。例如，"Sure bind, sure find"相当于汉语的"若想东西好找，事先必须放好"。

2. 主动与被动

英汉两种语言都有主动句和被动句。所谓主动句和被动句就是表示主语和谓语之间关系的形式和手段。但同一语法术语在两种语言中所代表的内容并不完全相同。英语中的被动句是指具有被动语法意义的动词短语作谓语的句子，即谓语中含有助动词 be+ 及物动词的过去分词，这是被动语态的标记。而汉语中的动词没有这种标记，所以，其动词也就没有语态之分，凡是以主语为施动者的句子就是主动句，反之，以主语为受动者的句子就是被动句。

相同之处，一般来说，无论在英汉哪一种语言中，凡是以施动者为谈话中心时，多用主动句，以受动者为谈话中心时则用被动句。当施动者不明或不必说出的时候，两种语言都用被动句表示。例如，英语说："He has been sent to work in London."汉语也说："他被派到伦敦工作去了。"

当强调被动动作或受动者时，两种语言都用被动句表示。但由于汉语的动词无词型变化，只能用某些词语来突出被动意义（有时不用），其中最常见的除了"被"字以外，还有"遭""受""为""挨""让""给""获"等。例如英语说："The discovery is highly appreciated in the circle of science."汉语说："此项发现在科学界受到高度评价。"英语说："The cup was broken by my son."汉语说："那个茶杯让我儿子给打碎了。"

英语和汉语都可用主语表示受动者。有些英语的被动句为强调受动者干脆不提施动者，这类句子在汉译时，可把原句的主语用作译句的主语。这种看似主动语态的汉语句子实际是省略了"被"字的被动句，因为汉语里表示被动意义的句子可以不用"被""为"等字。这种寓被动意义于主动形式的用法是汉语中长期形成的一种表达习惯。例如，"The work must be finished before Christmas.（这项工作必须在圣诞节前完成。）"

当谈话的重心为受动者时，英汉两种语言都用被动句，反之，都用主动句。如：

①他被学校开除了。

He was expelled by the school.

②学校把他给开除了。

The school expelled him.

③ The telephone was invented by Alexander Graham Bell in 1876.

电话是亚历山大·格拉汉姆·贝尔于 1876 年发明的。

④ Alexander Graham Bell invented the telephone in 1876.

亚历山大·格拉汉·贝尔于1876年发明了电话。

英汉被动句一般都不用于肯定的祈使句中。被动结构用于祈使句中时，主要表示要求受话人主动积极地接受某一动作，这一特殊语义限制着被动结构在祈使句中的使用。如果逻辑上没有必要要求别人主动地承受某一动作就不可以使用这种结构。例如：

①当心别让他给骗了。

Be careful not to be deceived by him.

② Don't be discouraged by the difficulties in your work.

不要因工作中的困难而气馁。

相异之处在于：

英汉两种语言分属于不同的语系，它们自身在构句方面的客观事实就是"异大于同"，因而其被动句的相异之处也是大于相同之处的，所以，我们还需把重点放在相异之处加以研究。

英语的被动句有形态标记，汉语则没有。所谓形态标记是指动词的"态"，即时态、语态。英语动词有时态和语态的变化，时态表示动作发生的时间，是属于时间概念的，这里不做详论；而语态是表示施动与受动概念的，分为主动语态和被动语态两种。汉语动词从时态上看，没有什么固定的表现形式，在表示主动被动意义时也不受形式标记的约束，这是由汉语本身的语法所决定的。汉语中主语和谓语动词之间的受事关系可以用多种不同手段来表达。

第一，表示施动者，英语用介词短语，汉语用主语，如：

① I was deeply impressed by his devotion to his research.

他致力于研究工作的精神给我留下了很深的印象。

② The keys to answers concerned are provided in Chapter 10.

第十章提供了有关答案。

③ Mechanical energy can be changed back into electrical energy through a generator.

发电机能把机械能再转变成电能。

第二，英语施动者隐身，汉语施动者显形。

原文中没有提出施动者，但译文在意义上和句法上需要将其提出时，应把意会的施动者提出作主语，常用的有"人们""大家"等；在科技文章中

还常用"本文""本篇"等。

It is generally considered not advisable to act that way.

大家都认为这样做是不妥当的。

第三，英语用被动句，汉语用无主句。

汉语的无主句与英语相比是一种独特的句型。英语中的许多被动句里没有表示出施动者，这类句子在汉译时往往可以把原句中的主语译成宾语，成为汉语中的无主句。一般说来，描述什么地方发生了什么事，以及表示观点、态度、告诫、要求、号召等的被动句，往往译成无主句。

① More highways will be built here.

这儿要修更多的公路。

② Nothing can be done without money.

没有钱就无法做事。

③ Stress must be laid on the development of the electronic industry.

必须强调电子工业的发展。

另外，"It is（was）+ 过去分词 + that clause"句型也常译成无主句或增补泛指主语后译成主动句。例如，"It is said that the explorer died in South Africa.（据说那位探险家死于南非。）

有些英语被动句表示一种过程、性质和状态，与系表结构很相近，在这种情况下，汉语用判断句。例如：

The bridge is named after an engineer.

这座桥是以一名工程师的名字命名的。

第四，英语用被动句，汉语用"把"字句。

"把"字句是主动句，其谓语动词一般应表示处置，由"把"字引出的人或事物是谓语动词所表示的动作的处置对象。与"把"字句类似的还有"使""将""由"等结构。

① The temperature is lowered so that water may be turned into ice.

把温度降低以便使水变成冰。

② The molecules are held together by attractive forces.

分子由引力聚集在一起。

需要注意的是，英语的被动语态与汉语的被动句并不是等同关系，前者属于语态、语法范畴，后者则不然，所以，可用多种手段来表示。

## 五、英汉语篇比较

### （一）英语语篇结构

英语语篇一般是由几个相互关联的段落组成的，每一段阐述一个要点。文章结构具有系统性、严密性的特点。一篇结构完整、脉络清晰的文章应具有三个主要的组成部分：引言段、正文和结尾段。

引言段位于文章的开头，其最基本的作用是引导读者阅读文章的其余部分。引言在全篇文章中所占的比例较小，用于说明文章讨论的是什么问题，将要谈哪些问题等。引言段一般包括两部分：概括性的阐述和主题的阐述。概括性的阐述是指引出文章的主题，简要提供有关主题的背景信息，以引起读者的注意，便于读者了解文章论题的由来，从而对文章的意图和意义产生兴趣。文章主题的阐述就像段落的主题句一样，阐明文章的主题。它包含了正文具体论述扩充的内容，同时也表明了作者的态度、意见、观点。与段落主题句相比，文章主题的阐述更为宽阔，它表达整篇文章的中心思想，并可能表明整篇文章的组织构思方法。主题阐述常位于引言段的结尾处。

文章的正文也称主体，是文章的核心，位于引言段之后。正文一般由一个或多个段落组成，在文中占较大篇幅。作者在正文的写作中围绕引言部分所提出的主题选用相关细节和事实依据说明和解释主题并深化主题，使主题思想得到论证和升华。主题一般由若干个次主题组成，每个段落阐述一个次主题，所以正文中段落的数目一般由次主题的数目决定。正文部分实际上就是通过对次主题的逐一论证达到对主题的论证的。正文部分的逻辑性，如正文内容的安排顺序和层序等，都是依据主题对各个次主题的统帅以及次主题对事实、数据、细节的统帅体现出来的。

结尾段位于文章的末尾，是整篇文章不可缺少的组成部分，是要点总结。它总结归纳文章正文阐述的观点并重申主题，与引言段首尾呼应。由于这是作者展示论点的最后机会，所以结尾段应该警策有力而又耐人寻味。英语语篇思维模式的特点是：先总括，后细节；先抽象，后具体；先综合，后分析。作者往往直截了当地声明论点，然后逐渐地、有层次地展开阐述，非常注重组织、注重理性，主从层次分明，结构环环相扣。例如：

① Is it possible, that this substance, spontaneously and without any previous excitation, emits some invisible, highly penetrating radiation that can pass without difficulty through the cover of the box and the black paper and affect the photographic emulsion?

② It's rare for a European to be honored in the way that rock art expert George Chaloupka was recently by an aboriginal. "He fell in love with our country, our culture and especially our rock art, "said Mick Anderson. The Aboriginal chairman of Kakadu National Park's board of management. "Perhaps more importantly, he also fell in love with our people. This was based on respect for our people and their knowledge. In turn, George has our respect——more than any other European I know."

## （二）汉语语篇结构

汉语语篇的思维模式既包括英语语篇的思维模式，又具有自己的独到之处。总体来说，它是比较灵活的，其论点的提出取决于文章思路的安排，也就是说，可根据文章的内容、性质和论证的方式与方法等因素在最恰当的地方提出论点。根据论点在文章中的位置，汉语语篇模式可分为文首点题、文中点题和文尾点题等。例如：

①近年来，在妇女生活方面发生了最显著的社会变革。在20世纪，妇女专门在家照看孩子的比例已明显减少。19世纪末结婚的妇女当时可能正值二十几岁，一生大概生过七八个孩子，其中有四五个只活到5岁就夭折了。到最小的孩子长到15岁的时候，做母亲的就已经年过半百，也许还能活上20年。在此期间，风俗习惯、机遇和健康等因素使她在一般情况下，不大可能得到有收入的工作。如今，妇女结婚时的年龄已趋年轻化，生育的孩子也少了。通常，最小的孩子长到15岁时，母亲才45岁，还有望再活35年，所以，很可能在60岁退休前得到有收入的工作。即使在家照料孩子，她的劳动强度也因为有家用电器和方便食品而有所减轻。（文首点题）

②记得有这样一部影片，片名忘记了，里面演了四个人在接受警方讯问，内容关系到一个被谋杀的女人的性格和生活方式。四个人都很熟悉这个女人，但是，这个女人向他们每个人展示的都是自己不同的一面。那个爱她的男人看到的是她这个人有趣、聪明和奢侈。那个跟她是同学的女孩儿说她矜持寡言、交友慎重，而且有点儿吝啬。她的老板（这女人是他的秘书）觉得她工作努力，但愚钝，是最不能使人产生激情的女人，更涉及不到谋杀案。她的女房东说她很随和、容易相处，但邋遢，不把金钱放在心上。她

说："我总得提醒她交房租，但我喜欢她。她总是高高兴兴的，有谁遇到了难处，她总是乐意帮忙。"这部电影的意义并不在于揭示谁是谋杀者，而在于如何展示我们大家都在遵循的生活方式：我们都在向不同的人展示自己不同的方面。对于我们大多数人来说，这并不是有意识地欺骗，而是一种变色龙般的应变能力，是一种由于生活在安全感不断受到威胁的社会中而采取的自我保护形式。（文中点题）

③在市场经济中有一个重要的因素，那就是消费者能够借以表达自己的要求并得到生产者的反应的机制。在美国经济中，这种机制是由价格体系提供的。价格体系就是价格随着消费者的相关需求和卖方与制造商所提供的服务而涨落的过程。假如产品供不应求，价格就会被哄抬起来，这样，一些消费者就会被淘汰出市场。从另一方面看，生产较多的产品如果会导致成本下降的话，也往往会使卖方和制造商增加供应量，而这反过来又能降低价格，允许更多的消费者购买产品。因此，价格是美国经济体制中起调节作用的机制。（文尾点题）

英汉两种语言在语篇结构方面有许多相似之处。在语篇的表现形式上，两者都很灵活、多样。无论是英语的语篇还是汉语的语篇都可长可短，而且都具备完整的意义和交际功能。在语篇的结构上，两者都要求具有艺术性，也就是说，在谋篇布局的各个方面，包括开头结尾的照应、段落的安排、内容的详略等，作者都要深思熟虑，精心谋划。

## 第二节 英汉思维方式比较

思维是人的大脑对客观现实的反映过程。现实是思维的基础，也是思维所反映的对象。思维是以语言为中介来反映现实的。它是看不见、摸不着的，不具有直接现实性，因而对其进行研究必须有中介，这个中介就是语言。语言和思维的关系是辩证统一的。语言的发展推动着思维的发展。同时，思维的进步又会促进语言的完善。思维从不同的角度、不同的侧面来观察、反映客观世界，也对客观现实进行多方面的分析与综合。就某个具体民族来说，千万年来世世代代，将对现实的认识凝固成经验和习惯，借助语言形成思想，又赋予思想以一定的模式，这就形成了这一民族所特有的思维模式。对于同样一个画面，各民族可以用自己特有的思维习惯来认识。在语言表达上也就各具特色。一个民族的思维方式不仅影响个人的交际方式，同时，还会影响其他民族的反映，影响翻译文化对原语文化所持的态度：是赞成、欣赏还是贬低、排斥。

著名翻译家傅雷认为，东方人与西方人的思想方式有基本分歧：东方人重综合、归纳、暗示。西方人则重分析、细微、曲折，挖掘唯恐不尽，描写唯恐不周。

翻译不仅仅是一种语言活动，也是一种思维活动，是运用另外一种语言进行的第二次思维活动。思维是人类共有的，但在思维内容相同的情况下，思维的方式和角度则不尽相同，作为思维载体的语言在表达上更是各异。对翻译中的语言表达来说，思维起着决定性的作用，因为不同的思维方式决定了不同的语言表达方式。

概括地说，东方人的思维方式被认为是"具象的""以人为本的""顺势的"，西方人的思维方式则是"抽象的""以物为本的""逆向的"。下面从这几个方面对比一下两种思维方式的差异。

## 一、具象思维和抽象思维

中华文化中的具象思维具有立体有机联系的特征，其在语言上的影响为：从古至今，中国文学中的象征、比喻、假借等修辞方法比比皆是。从《诗经》首篇"关关雎鸠，在河之洲，窈窕淑女，君子好逑"，一直到现代诗歌《致橡树》中"如果我爱你——绝不像攀缘的凌霄花"，比喻之法，随处可见。但在具象思维发达的同时，在中国文化中，逻辑思维相对于西方国家而言很不发达，这一点可以从中西语法研究的发展历程中得到论证。语法与逻辑有着密切的联系，语法发达，逻辑学也相应发达。汉语语法研究直至1898年的《马氏文通》出版，才成为独立的学科，而古希腊早在公元前5世纪就开始了语言理论的研究。

造成中国人具象思维突出的原因是多方面的，象形文字是最重要的原因之一，当我们看到"挺胸凸肚"一词时，如果不认识凸这个字，通过凸的形状也能理解这个词的含义。对比英文"throw out one's chest and raise the belly"，如果不认识 raise 就很难理解该词的正确含义。这两种不同的思维方式直接反映在句子词汇的使用层面上。表现为：英语常用大量的抽象名词来表达实的概念。例如：

The absence of intelligence is an indication of satisfactory developments. ( =No news is good news. )

没有消息就是好消息。

上面例子中的抽象名词 absence, intelligence 和 development 使习惯于具象思维的汉语读者丈二和尚摸不着头脑，给人一种"昭""泛""隐""曲"的感觉，但对习惯于抽象思维的英美读者来说，这问的词义明确，措辞简练。汉语则习惯于使用具体形象的词语来表达虚的概念，给人一种"实""明""直""显""象"的感觉，如成语"画饼充饥""望梅止渴"中的"饼"与"饥"，"梅"与"渴"。

在传统的东方文化中，人们的思维方式基本上是具象的；而在西方文化中，人们的思维方式则是抽象的。体现在语言表达上，在汉语中，除了科技、哲学、政论类文章外，用名词表达抽象概念的情况比较少见，而在英语中的情况则相反。英语说：Wisdom prepares for the worst; but folly leaves the worst for the day it comes. 这里的"wisdom"和"folly"均为抽象名词，一般情况下，前者的含义为"智慧"，后者常用来指"愚蠢"。在这个英语句子里，两个抽象名词作主语，所指意义是"某一类人"。这对于习惯于抽象思维的西方人来说，无论是从句子的意思上看，还是从选词上看，都是非常清楚和精确的，但汉译时，用抽象名词表达的抽象概念必须具体化，否则就不能适应中国读者所熟悉的具象思维习惯。这个句子的意思，用汉语来表达就是：聪明人未雨绸缪，愚蠢者临渴掘井。又如：

① Is Diana a possibility as a wife for Charles?

你说黛安娜嫁给查尔斯合适吗？

② Out of his (Jefferson's) tremendous energy came inventions, books, new ideas and new starts in every field of human endeavor.

他（杰斐逊）精力极其充沛。他发明创造、著书立说、阐发新思想，并在人类努力从事的各个领域中有所开创。

③ There is more to their life than political and social and economic problems: more than transient everydayness.

他们的生活远不止那些政治的、社会的和经济的问题，远不止一时的柴米油盐问题。

④ In line with latest trends in fashion, a few dress designers have been sacrificing elegance to audacity.

有些时装设计师为了赶时髦，舍弃了优雅别致的式样，而一味追求袒胸露体的奇装异服。

⑤花园里面是人间的乐园，有的是吃不完的大米白面，穿不完的绫罗绸缎，花不完的金银财宝。

The garden was a paradise on earth, with more food and clothes than could be consumed and more money than could be spent.

在描述中如果同时涉及抽象和具体事物，汉语习惯以具体事物为中心用抽象事物来修饰具体事物。而英语则相反。如：

① Two high points of color appeared on the paleness of her cheeks.

她苍白的面颊上出现两朵红晕。

② You pass from the heat and glare of a big open square into a cool, dark cavern.

你走进一个炎热的、阳光闪耀的大广场，走进一个凉爽、黑暗的大洞穴。

## 二、主体思维和客体思维

中西方这种思维差异与其哲学根源有关。英美民族较早就接受了古希腊的"神凡二分""主客二分"的哲学思想，主张把物质与精神，社会与自然，本质与现象对立起来。这种思辨性反映在语言结构上就是，英语在交际与书面语中注重事物及过程而非动作的施行者，事物常常被用作主语。中国传统哲学不否认对立，但比较强调"统一"的一面。中国传统文化强调"人与天地万物为一体"，人与人的和谐，人与自然的和谐，以"天人合一"为最高境界。这种文化，不是把客观世界和思维主体对立起来，以外部事物及其客观性质作为思维对象，而是从内在的主体意识出发，按照主体意识的评价和取向，赋予世界以某种意义。这就决定了中国人形成了"以人为中心"来思索一切事物的方法，注重思维形态上的主体性，认为任何行为都只可能是通过人这个主体完成的，因而行为主体"尽在不言之中"。这种思维方式的差异在中西方的文字和语言中有鲜明的体现。

观察下列语句：

① Wrong must be righted when they are discovered.

有错必纠。

② The thick carpet killed the sound of my foot step.

我走在厚厚的地毯上，没有脚步声。

③ The teaching set-up filled me with fear.

我对课程的设置感到恐惧。

④ His departure brought to an end the long period of negotiations and discussions begun in January 1946.

由于他离开此地,从 1946 年一月开始的长期谈判和讨论就结束了。

⑤ Absence and distance make the overseas Chinese feel increasingly fond of the mainland.

华侨背井离乡,远居国外,所以他们在感情上越来越向往祖国。

⑥ If books are not returned to the library on time or renewed before they are due, a fine must be paid.

如果你不按时将书归还图书馆或到期不续借,就得按规定罚款。

上面英文句子用汉语表达时大部分都是主动语态,句子的施动者我、他、他们、你都出现了,而英语句中却没有。

中国文化以人为本,最富人文意识,最重人文精神。这种文化的长期积淀形成了汉民族本体型的思维方式,也就是以人为中心来观察、分析、推理和研究事物的思维方式。西方文化则以物为本,偏重于对自然客体的观察和研究,由此形成了客体型思维方式,也就是把客观世界作为观察、分析、推理和研究的中心。本体型和客体型两种不同的思维方式反映在语言形态上,其明显的标志之一就是在描述事物和阐述事理的过程中,特别是在涉及行为主体时,汉语习惯于用表示人或生物的词作主语(或潜在的主语),而英语则常用非生物名词作主语。例如,英语说:"His name escaped me for the moment." 汉语则说:"我一时记不起他的名字了。"英语说:"A strange peace came over her when she was alone." 汉语则说:"她独处时便感到一种特殊的安宁。"这两个英语句子都不是以施动者为主语的,句式的构建完全符合英美人的思维和表达习惯。我们在译成汉语时则要根据逻辑关系或上下文来变换主语,也就是说,要考虑汉语的思维习惯,以人为本,用人来作主语。否则就会,要么在语感上不顺畅,要么在结构上不规范,要么在意思上不清楚。

例如:

① An idea suddenly struck me.

我突然想到了一个主意。

② Memoranda were prepared in advance of private meetings on matters to be discussed.

在举行个别交谈之前,(我们)已经就所有要讨论的问题预先拟好了备忘录。

③ From the moment we stepped into the Peoples Republic of China, care and kindness surrounded us on every side.

踏上中华人民共和国的国土，我们就随时随地受到关怀与照顾。

④ Not a sound reached our ears.

我们没有听到任何声音。

⑤ Alarm began to take entire possession of him.

他开始变得惊恐万状。

### 三、顺向思维和逆向思维

中西方思维方式差异还体现在顺向思维和逆向思维上。在出于礼貌请别人先做某事时，中国人说："您先请！"，而英美人的习惯表达则是："After you!"在英语里，"back"用来指时间时，往往是指过去，"forward"用来指未来。所以才有了英语中的"to look back on（回顾）""far back in the Middle Ages（早在中世纪）""to put/turn the clock back（把钟表的指针向后拨）""a back issue magazine（过期的杂志）"等。在这方面，中国人的思维方式刚好相反。汉语里的"前"往往指过去，而"后"则指"未来"，所以才有"前不见古人，后不见来者"，"前所未有"，"后继有人"和"好戏还在后面"等说法。

除此以外，在表示两种事物的名词组合上以及表示方位的名词组合上也存在顺向与逆向思维的差异，如：

左右　right and left

东北　northeast

西南　southwest

衣食　food and clothing

钢铁　iron and steel

水火　fire and water

迟早　sooner or later

得失　loss and gain

异同　similarities and differences

中西思维顺势上的差异还体现在观察事物的角度上。也就是说，两个民族有时是从不同的角度来观察相同事物的。例如，中国人说商场里出售的这种货物"打了八折"，是说购买者只需付全价的80%即可。看来，中国人是从实际支付数额这个角度看问题的。相同的意思，英美人则用"a twenty percent discount"来表示,他们是从下调的数额这个角度计算的。还有,汉语里的寒衣"相当于英语里的"warm clothes",一个从御寒的角度、一个从保暖的角度考虑问题。类似的例子还可以举出很多,如:

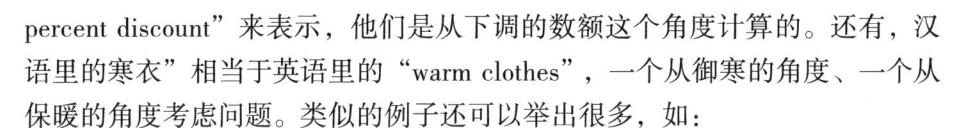

油漆未干 wet paint

乘客止步 crew only

太平门 emergency exit

在翻译时,我们只有注意这些差异才能避免出现表达不当或失误等问题。

### 四、综合思维和分析思维

综合思维(synthesis)是指在思想上将对象的各个部分联合为整体,将它的各种属性、方面、联系等结合起来。分析思维(analysis)是指在思想上将一个完整的对象分解为各个组成部分,或者将它的各种属性、方面、联系等区分开来。在这对思维的基本智力操作中,中国人偏好综合,西方人偏好分析。"由于中国人偏好综合,导致了思维上整体优先,而西方人偏好分析,导致了思维上部分优先的思维操作的特点。"[①]

这两种不同的思维方式,对英语和汉语的结构形态产生了不同的影响:分析型的思维方式使英语具有明显的词形变化,名词有单复数、可数不可数之分,动词有现在式、过去式、过去分词等形式差别,形成多样的语法结构和灵活的语序结构;汉语是意和型语言(parataxis language)。综合型的思维方式使汉语没有词形的变化,注重结构和功能的投射和整合,语法形式的表达主要依靠词汇手段,组词造句中完全依据语义逻辑和动作发生的先后决定词语和分句的排列顺序,体现为一种不太注意形态或形式以语言功能契合为主轴的形式。

在汉语的一句话中,要正确领会其意思,要从整体结构上去看,而不是把目光集中在个别词汇上。尽管在任何语言中都要从整个句子上看其含义,但是,这在汉语里尤为明显。比如,汉语中的"他告诉我","我告诉他","告诉我、他","我"与"他"在这三句话中字形本身没有变化,必须从整体上来看,才能准确地理解其含义。而在英语中,同样意思的同一形式的单词"我(me)"和"他(he)",不论位置怎样摆放(如"He said to me.""To me he said.""Said he to me.")其基本含义不变。

---

[①] 杜秋娜.践行社会主义核心价值观视域下西方文化教学的操作路径研究[M].北京:九州出版社,2018:82.

中国古汉语著作中没有类似今天使用的标点，所以历来认为学会断句是读书的基本要求。在阅读文章时，只有对整个文章理解之后，才能准确断句。应该说这是综合思维的一种表现，此外，它又促进了中国人的综合思维的偏好。美国学者爱德华·霍尔在对比了世界多种书面语言之后，把不同的语言分成高度依靠上下文关系（high context）的语言和低度依靠上下文关系（low context）的语言。他认为，汉语是上下文制约程度最高的语言，一句话的意思要靠上下文的意思才能确定。而英语是上下文制约程度最低的语言，即大多数信息被包含于明确的诸如字词这样的代码中。例如，贾岛的《寻隐者不遇》："松下问童子，言师采药去，只在此山中，云深不知处。"全诗中没有主语，谁在问？谁在回答？谁在此山中？谁不知道谁的去处呢？从单句中看不出来，但纵观全诗，从上下文中就知道是诗的作者在问，童子在答，师傅在山中，童子不知师傅的去处。[①]

## 五、从众归一思维和由一到多思维

东方民族"从众归一"的思维方式往往将句子的次要语义部分放在句首，而将重心放在句子的末尾；西方民族"由一到多"的思维方式往往将句子的语义重心放在句子的开头，而将次要语义部分放在句子的末尾，这是汉英句子内部结构的一个明显区别。例如：

中国的事情能不能办好，社会主义和改革开放能不能坚持，经济能不能快一点儿发展起来，国家能不能长治久安，从一定意义上来说，关键在人。

In a sense, personal form the key to the issue of whether we can do well in China's domestic matters, whether socialism, reform and opening can be adhered to, and whether the economy can grow faster and the country enjoy long-term peace and stability.

原文中用四个连续的流水短句"能不能"提出问题，句末用"关键在人"提出解决办法，句子的语义重心明显落在句末；英译文则将位于句末的语义重心提至句首，以符合英美人的思维习惯。汉语思维的方式是跳动、迂回和环绕式的，思维过程是整体优先（global precedence）；而英语的思维方式是逻辑、直线和推理的，思维过程是解析式的（analytic）。例如，"桌子上面有一本书。"（先整体后局部）英语却说"There is a book on the desk。"（先局部后整体）此外，用英语叙述和说明事物时，习惯于从

---

① 刘艳秋. 跨文化交际与外语教学[M]. 北京：中国科学技术出版社，2007：84.

小到大，从个体到整体；汉语的顺序则是从大到小，从整体到个体。这一差异在汉英句子的词序中被大量地反映出来。例如，时间、地点的排列顺序，组织机构、地理位置的表达方式，人物介绍时职务等的排列顺序，汉语都是从大到小，英语则是从小到大。另外，语序问题也是我们容易混淆的一些问题。例如，汉语中说"高新技术"，而英语则为"new and high technology"；汉语中说"中小学"，而英语则为"primary and secondary school"；汉语中说"文艺界"，而英语则为"art and literary circle"。在此，英语的语序往往和汉语的语序不相同。

英语句子重形合，句子里主、谓缺一不可。因此，英语句法结构完整，具有严格的形式逻辑，比较注重句子结构形式的完整和逻辑的合理，而且英语属印欧语系，曲折形态变化丰富，是有标记的语言，如名词的数、格，代词的格，动词的时态、语态等。而汉语的句子重意合，并不追求形式上的完整，往往只求达意而已。它以语义为中心，靠思维的连贯、语义的自然衔接、前后贯通、首尾呼应来表达一个完整的意思。因此，汉语语序相对灵活，主语只要是明显可知的，往往会省略。例如，"她的心往下一沉，简直站不住了"（后半句省略主语），英语必须说："Her heart sank and she could hardly stand." 又如，"冬天来了，春天还会远吗？"（不用连词），英语却说："When Winter comes around, can Spring be far away?" 思维方式与语言表达密切相关。由于中国人和西方人的思维方式不同，汉英句子结构和表达方式也有很大差异。只有学会用英语思维，才能写出纯正的英文句子，从而正确地用英文表达。

汉语和英语作为人类的语言在本质属性方面是相同的。由于民族文化、民族精神和民族气质的影响，各民族的语言心理思维方式会有所不同。这些差异表现在语言中的各个方面。英汉思维方式的不同在句法上的体现是很明显的。本节分别从综合与分析、形象与抽象、主体与客体、"从众归一"与"由一到多"、顺向与逆向等方面分析了中西思维方式差异。了解和探讨作为语言"深层结构"的思维方式的差异，培养学生英语思维能力，以英语的思维模式学习英语，就能够透过语言现象领会语言实质，掌握语言的内在规律。教师在教学中应当引导学生比较两种思维方式的差异，了解思维方式的差异对语言表达的影响，从而排除汉语思维的干扰，逐渐做到自觉按英语的思维方式来组织句子，自觉地用英语的语言形式来表达意思，即我们常说的用英语思维，用英语表达，从而更好地学习和运用英语。

## 第三节　中西文化比较

中国与西方，虽然都经历了大致相同的社会形态，一路从原始社会、封建社会走来，但却又各具特色。相比较而言，西方社会经济更具有商业性特点，中国社会经济更具有农业性特征。这一点，可以说是中西社会最根本的差异。

中西社会经济的这一差异，首先与地理环境密切相关。西方文明源于古希腊，因而认清古希腊，是认识西方的关键。作为西方古代文明滥觞之地的爱琴海区域，和作为中华古代文明摇篮的黄河流域，其地理环境是极不相同的。

爱琴海区域是指以爱琴海为中心的地区，包括希腊半岛、克里特岛、爱琴海中的各岛屿和小亚细亚半岛的西部海岸地带。在这块区域中，海洋占了大半面积，无数的小岛星罗棋布，海陆交错。爱琴海区域又是一个多山地带，半岛西北部有品都斯山，东北部有著名的奥林匹斯山、中部有巴那撒斯山，南部有太吉特斯山，整个区域山峦重叠，山地为最多。

黄河中下游地区则是一个极有利于农业生产的地区，号称"八百里秦川"的关中平原，沃野千里，西起太行山，东至黄海和渤海的华北平原，面积约30万平方千米。平坦广袤的土地是这个区域的特征。

爱琴海区域群山造成了贫瘠的土地，可耕面积受到极大限制，农业无法在希腊半岛上大显身手。可是当陆地把贫穷送给希腊人时，海洋却赐给希腊人以财富。人们谋求生计、获取财富主要依靠海上的贸易。当时希腊的贸易范围很广，南至埃及和塞浦路斯，北到黑海沿岸，西到西西里岛和南意大利。海上的贸易，促进了古希腊手工业、航海业的高度发展和商业的繁荣。当时最重要的手工业中心是雅典，它在冶金、造船、武器、皮革、建筑等方面最为发达。科林斯能出产最好的纺织品和毛毡、地毡，米利都则以制造家具著名。商品经济的高度发展，最终形成了以工商业城邦为中心的古希腊社会经济的商业性特征。

农业高度发展与商业的萎缩是中国传统经济的特征，其原因也无不与自然条件相关。就国内而言，中国各地自然条件十分有利于以农业为主的多种经营和因地制宜地发展家庭手工业，经济上自给自足不需要大规模的商品生产和商品交换，仍可满足家庭日常生活和社会各方面的一般需求，就国外而言，当时中国的东北面是草原，西北面是内陆荒原，而西面的巨大高原只有一些生产水平低下、消费水平很低的游牧部落散居于其间，西南面和南面的邻邦，也是一些与世隔绝的小民族，转向东南面至东面则是一望无际的海洋。这种特殊而极端的地理位置，也使古代中国不可能利用对外贸易来刺激和促进国内商品生产，因而中国古人最重视的便是农业生产。

自古希腊为西方社会的商业性特征奠定基础之后，西方社会便和中国社会有了显著的不同特征。在历史进程中，古希腊的灭亡，古罗马帝国的兴起，非但没有改变西方社会的商业性，反而由于帝国的扩张、进步促进了世界性贸易的开展和工商业城邦的兴盛。意大利商人的足迹遍及提洛岛、巴尔干、小亚细亚和高卢。而城市也是在罗马帝国初期就达到了前所未有的繁荣，意大利和各行省的新旧城市都发展起来了，过去被夷为废墟的迦太基和科林斯也都恢复了生机，各地城市成了内外贸易的大小中心。古罗马帝国灭亡后，欧洲城市曾一度萧条，但很快又重新恢复起来。以城市为中心的商业贸易成为欧洲中古时期社会经济的一大特色，著名的城市有威尼斯、热诺阿、佛罗伦萨、比藏、布鲁日等。这些商业中心城市的经济发展同时也大大地促进了文化发展，伟大的文艺复兴运动正是从这些商业城市中刮起的。随着城市商业经济的壮大，欧洲社会商业型特征日益突出，17世纪的法国君主亨利四世，也不得不采取重商政策，奖励工商业，发展世界贸易。现代资本主义商品社会正是西方数千年商业性社会合乎逻辑的发展。

西方社会的商业性特征和中国社会的农业性特征，皆对各自的社会政治及文化心理产生了决定性的影响。随着手工业和商业的兴起，古希腊产生了一个力量强大的工商业奴隶主集团，他们凭借雄厚的经济力量，要求建立一个有利于工商业发展的民主政权。经过长期反复的斗争，这些被称为民主派的工商业奴隶主取得了政权，开始制定并施行古希腊的民主制度。在被马克思誉为希腊内部极盛时期的伯里克利执政时期，古希腊的民主制度趋于完善。伯里克利实行扩大民主的政策，执政官不仅由抽签产生，而且向所有等级的公民开放。公民会议的规模空前扩大，所有成年公民皆可参加讨论议案。古希腊的民主制从商业经济中产生，反过来又极大地促进了商业经济的发展，形成了古希腊文明的商业性特征。

而中国的农业型经济，则产生了与之相适应的宗法制度。从事农耕的人们聚族而居，长期固定生活在某块土地上，很少迁徙和流动，在血缘关系的基础上逐渐形成了以宗法关系为基础的"家"，随着贫富的分化和阶级的出现，又以"家"为基本细胞建立了"国"。周代的分封制就是依据宗法原则建立的。周代的统治者还规定同姓百姓百世不得通婚，以便与异姓百姓通过婚姻的纽带而建立某种亲戚关系。这样一来，统治者不仅在大小统治者之间编织成上下有别的宗法经线，也在人民中间排列成长幼有序的宗法纬线，从而将上至最高统治者，下至庶民百姓都罗列在一个紧密的宗法系统里。封建制代替奴隶制后，宗法系统直接导致了封建专制集权制度的形成和发展。封建专制制度又反过来促进了中国社会农业性的进一步强化。因为，在宗法关系网和重农抑商政策的双重牵制之下，人们很少有可能背井离乡去从事农业以外的其他工作，从而保证劳动力集中于农业，对农业经济起到了巩固的作用。

　　西方文化是鼓励人们去冒险、创新。亚里士多德拉起了造反的旗帜，公然反对自己的老师柏拉图的文艺思想。意大利诗人但丁是中世纪后期的伟大诗人，他的《神曲》中有对当时的宗教的不满，他把古代希腊的伟大诗人荷马、哲学家亚里士多德等人放在地狱之中，尽管知道这些人对西方文化有巨大贡献，但是但丁认为他们的罪过在于们生活于耶稣之前，当然只能是异教徒了，所以必然有罪。这其实也是对希腊文明的一种排斥。与西方文化相比，中国文化具有封闭性和保守性，"鸡犬之声相闻，老死不相往来"，人们只肯安贫，不肯冒险。早在汉朝，统治者就"罢黜百家，独尊儒术"，提倡"天不变，道亦不变"的保守思想。儒家的"乐而不淫，哀而不伤"的文学思想，被奉为万世不易的金科玉律，提倡听天由命，安时处顺，无为而无不为。孔子的"克己复礼"，"君子忧道不忧贫"，老子的"见素抱朴，少私寡欲"，"不上贤，使民不争"，孟子的"养心莫善于寡欲"，庄子的"同乎无欲，是谓素朴"，都是这种农业经济社会乐天安命特征的理论升华。

　　古希腊人在冒险的途中与可怕的大自然搏斗，用自己的智慧去战胜强大的自然界。要战胜大自然，就必须了解大自然，揭开大自然的奥秘，于是就产生了发达的自然科学。早在希腊毕达哥拉斯等学者中，数学已经是最重要的思想认识工具，欧几里得几何学的建立为数学几何学提出了重要的模式，人类通过自己的观察与分析，将自然的规律性表现掌握在手，并加以利用。中世纪之后，实验方法进入科学，使科学得到长足发展，并成为人类社会中举足轻重的力量，成为一种生产力以及以科学精神分析事物的重要的思想方法。

　　不同的民族有着不同的文化，这是由不同民族所处的社会环境、生活环境、地理环境等决定的。文化是一个复杂的系统，包含相互作用的各种成分。文化是多元化的，是包容一切的。因为它的范围广泛，所以至今还没有形成关于它的核心理论。它可以从不同角度进行探讨，并得出截然不同的定义。也就是说，迄今为止，各国学者对它的解释都不尽相同。其中最为经典的，是英国文化人类学家爱德华·泰勒在其1871年出版的《原始文化》一书中首次把文化作为一个中心概念提出来，并且将它的含义系统地表述为：文化是一种复杂休，它包括知识、信仰、艺术、道德、法律、风俗以及其余社会上所能获得的能力与习惯。具有"现代文化之父"之称的美国人类学家克鲁克洪给文化下的定义是：文化是历史上所创造的生存式样的系统，既包括显形式样又包括隐形式样，它具有整个群体共享的倾向，或是在一定时期中为群体的特定部分所共享的。韦氏国际大辞典第三版对文化所下的定义是：某一时期、某一民族的概念、习俗、技能、艺术、体制等。各门学科从不同的侧面对文化所下的定义林林总总，不少于250种。

在中国的辞书中，一般对文化有广义和狭义两种理解。广义的文化指人类社会历史实践过程中所创造的物质财富和精神财富的总和。在广义论者看来，文化几乎无处不有，无所不包，从生态学、物质文化、社会文化、宗教文化到语言文化。狭义的文化指社会意识形态，以及与之相适应的制度和组织机构；有时也特指教育、科学、文学、艺术等方面的精神财富，以与政治、军事等方面的知识和设施相区别。狭义论者认为，文化只属于意识形态范畴。它指人类精神的总和，包括艺术、传统、习惯、社会风俗、道德伦理、法的观念和社会关系等。不管是广义的文化还是狭义的文化，都包含许多层次和方面，天文地理、人情风俗、俚语方言、历史事件、小说人物等，五花八门，应有尽有，因而具有广泛性、历史性、交变性和多维性。但大休说来，文化的范围应该包含以下三个层次：第一，物质文化，它是通过人们制作的各种实物产品表现出来的，包括建筑物、服饰、食品、用品、工具等。第二，制度、习俗文化，它是通过人们共同遵守的社会规范和行为准则表现出来的，包括法规、制度以及相应的设施和风俗习惯等。第三，精神文化，它是通过人们思维活动所形成的方式和产品表现出来的，既包括价值观念、思维方式、审美趣味、道德情操、宗教信仰，也包括哲学、科学、文学艺术方面的成就和产品。

由此看来，文化的辐射范围甚广，纷繁复杂，包罗万象，凡人类所创造的一切经验、感知、知识、科学技术、理论以及财产制度、教育、语言等都属于文化现象。大则如宇宙观、时空观、人生观、价值观,小则如衣食住行、婚丧嫁娶,一切社会的生活方式、行为方式、思维方式、语言方式、等级观念、道德规范等,都属于文化的范畴。

文化具有一贯性、持久性的特点,渗透于社会生活的各个方面。其内涵涉及生活的方方面面,并且具有相当的稳固性,进而形成一个民族的传统力量和民族性格,对民族的发展影响深远。文化具有民族性,也就是说,每个民族都有自己独特的文化。文化的内容通过民族形式的表现,映射出鲜明的民族色彩。不同民族由于历史背景、宗教信仰、风俗民情、社会条件、思维方式以及语言结构的不同,便产生了不同的文化,而各民族的文化传统和背景又是通过该民族的语言来表现的。语言是文化的重要组成部分,是文化的主要表达形式和传播工具。美国著名人类学家古迪纳夫在《文化人类学与语言学》中指出,一个社会的语言是该社会的文化的一个方面,语言和文化是部分与整体的关系,语言作为文化的组成部分,其特殊性表现在:它是学习文化的主要工具,人在学习和运用的过程中获得整个文化。不同民族之间通过不同的语言进行交际时,无论是语言的内涵或者外延,都不可避免地渗透着各民族文化的特质。因此,语言实际上既是文化的一种表现形式,又是一种社会文化现象。两种不同的民族语言相遇,实质上是两种不同的民族文化的相遇。在语言的交际过程中,两个不同国家或民族的人能否相互交流,不仅取决于他们对于语言本身的理解,而且取决于对语言所负载的文化蕴意的理解。各民族之间的文化都具有普遍的共性,同时又具有各自特殊的个性。这些差异主要体现在价值观念、审美观念和思维方式等方面。

## 一、价值观念比较

价值观念是民族心理的重要组成部分,深深地植根于人们的思想观念中。价值观念依附于不同的民族文化,所以具有非常鲜明的民族性。反映在语言上,某些词的词义在一种民族文化中是褒义,在另一种民族文化中却是贬义;在一种文化环境中是可以接受或受人欢迎的,而在另一种文化环境中却使人难以接受甚至令人生厌,如英语中的"working class",并不等同于汉语中的"工人阶级"。在中国,"工人阶级"具有很高的社会地位,颇受尊敬;而在资本主义国家,"working class"却是最下层的阶级。

英语中的"individualism"跟汉语中的"个人主义"也不是一种对应的关系。在下面的例句中可以明显地感受到两者之间的差异。

（卢嘉川）"但是，你这些想法和做法，恐怕还是为了你个人吧？"道静蓦地站了起来："你说我是个人主义者？"

（Lu jiachuan）"Are you sure your thoughts and wishes aren't determined by personal considerations?" Dao Jing sprang to her feet, "Do you mean that I'm an individualist?"

在汉语中，"个人主义者"是只顾自己，不管他人和集体利益的自私自利者，带有明显的贬义。而在西方，人们普遍重视个性的发展，把"individualism"视为实现自我价值的积极表现，是"拼搏进取"的同义语，具有明显的褒义。上面的英语译文中用"individualist"来表示显然是不合适的，按照西方文化的价值观念，英美读者必然会对此产生误解，而改成："egoist"，就不会产生误解了，因为这个词的意思是"自私自利者"，是个贬义词，与汉语中的"个人主义者"在语义和语体色彩上都非常接近。

还有，从民族学和社会学的角度来看，在中国数千年封建社会里，汉民族逐渐形成了一种以血缘关系为基础的宗法社会制度。在这种社会结构中，家族构成了社会的基本单位，人们极为重视血缘关系。"子孙满堂""多子多福"是人们的普遍心愿。家族承传、延续香火是人们的首要职责，这才有"不孝有三，无后为大"这种传统的价值取向。一个家族没有子嗣是最大的不幸，骂人"断子绝孙"是最恶毒的咒语，其本意尤指诅咒对方没有儿孙（注意此中对女性的歧视）。而在西方社会中，这种观念相对淡薄。对那些刻意追求自我价值、现世幸福的年轻人而言，尤其是那些独身主义者和丁克家庭，"断子绝孙"竟然成了主动的选择。

## 二、审美心理比较

审美心理也是民族文化心理的重要组成部分。在语言文化方面表现为对节奏韵律、词汇选择、句型结构、修辞技巧、篇章布局，乃至文学作品中的人物语言、形象刻画、心理描述等方面的接受或排斥、认可或否定、喜欢或厌恶、欣赏或反对的心理趋向。

汉民族历来有求偶对称的审美心理，崇尚对称工整所造成的形式美。中国古代四方形的城池、北京的四合院民居、故宫、庙宇中的四方形大殿等，无不浸透着"对称工整"的审美取向。

在汉语里，为了追求句子结构的平衡、气势或音韵节奏，我们常使用四字结构，其中有许多是由两组同义词组成的四字结构，如"花言巧语""甜言蜜语""油嘴滑舌""随波逐流""咬牙切齿""自吹自擂""精疲力竭""土崩瓦解"等。

中国人一向追求对称美。四字结构的行文风格，形式整齐悦目，音调抑扬顿挫，语气连贯自然，语意贴切准确。西方读者则认为我们辞藻堆砌，华而不实，颇有故弄玄虚之感，因为他们的审美心理崇尚行文结构的简洁美。我们来看下面这段描述。

中华大地，江河纵横；华夏文化，源远流长……轻快的龙舟如银河流星，瑰丽的彩船如海市蜃楼。两岸那金碧辉煌的彩楼，连成一片的水晶宫，是仙境？是梦境？仰视彩鸽翻飞，低眸漂灯流霓，焰火怒放，火树银花，灯舞回旋，千姿百态。

The divine land of China has its rivers flowing across; the brilliant culture of China has its roots tracing back long. The light-some dragon-boats appear on the river as though the stars twinkle in the milk way. The richly decorated pleasure boats look like a scene of mirage. The splendent awnings in green and gold chain into a palace of crystal. Is this a fairy-land or a mere dream? Looking above, you can see the beautiful doves flying. Looking below, you can see the sailing lamps glittering. Cracking are the fireworks, which present you a picture of fiery trees and silver flowers. Circling are the lantern-dancers, who present you a variation of exquisite manner.

我们将译文与原文做一下对比，就可以看出，译者紧扣原文，字比句对，照直翻译。然而，一位美国新闻工作者提出的意见是"full of hyperbole（充满了极度的夸张）"，认为这不仅让人不知所云，还令人发笑。由此可以明显地看出东西方不同的文化审美心理。有趣的是，上面这段的英语译文拿给一位教翻译课的英语教授翻译成中文，得出的译文如下：

华夏神州，宏伟江川纵横交错，灿烂文化源远流长……轻快的龙舟在水中荡漾，晶莹的繁星在银河中闪烁；绚丽多姿的彩船犹如海市蜃楼，金碧辉煌的彩篷与水晶宫绵绵相连。究竟是仙境？还是梦幻？举目仰望，美丽的白鸽在蓝天翱翔，俯首低眸，明亮的漂灯在随波逐流。好一派：爆竹烟花齐绽放，火树银花不夜天，神灯转尽人间舞，百态千姿领风骚。

这段译文不仅用了很多四字结构，还用了很多七字结构。有什么办法呢？汉语叙事就是这样，这是汉语的风格，它符合汉语的审美情趣。但在汉译英时，译者一定要考虑西方读者的审美情趣，正确处理表达习惯上的一些差异。再看下例：

江岸上彩楼林立，彩灯高悬，旌旗飘摇，呈现一派喜气洋洋的节日场面。千姿百态的各式彩龙在江面上游弋，舒展着优美的身姿，有的摇头摆尾，风采奕奕；有的喷火吐水，威风八面。

High-rise buildings ornamented with colored lanterns, and bright banners stand out along the riverbanks. On the river itself, gaily-decorated dragon-shape boats await their challenge, displaying their individual charms to their hearts content. One boat wags its head and tail; another spits fire and sprays water.

原文辞藻华丽，描述生动，场面壮观。如果直译，过多的修饰语会使译文累赘冗余，令人厌读，产生适得其反的效果，所以必须根据西方读者的审美情趣，删去"呈现一派喜气洋洋的节日场面""风采奕奕""威风八面"等词句，通过"gaily decorated"和"displaying their individual charms to their hearts' content"，以简洁明快的语句表达龙舟赛场壮观热烈的气氛和千姿百态的龙舟风采。由此，我们可以明显地看出东西方不同的文化审美心理和情趣。

## 三、其他方面比较

文化差异可以表现在各个方面，除了价值观念、审美观念、思维方式以外，还表现在自谦、称谓、颜色、习语、谚语、文学典故、宗教信仰、动植物、气候、地理、自然条件和社会习俗等方面。这些差异对翻译来说，无疑构成了障碍。

说到自谦，中国人常用"下官""贱内""寒舍""拙作"等词语，英语中则没有；汉语中有"三叔""大姑""老舅""表姐"等称谓，如果要一个英国人来区分，岂不是太难为他了？

在文学作品的翻译中，遇到这种汉民族特有的自谦情况时，往往需要进行淡化处理。例如：

我讲的《中国小说的历史的变迁》在今天此刻就算终结了。在此两星期中，匆匆地只讲了一个大概，挂一漏万，固然在所难免，加以我的知识如此之少，讲话如此之拙，而天气又如此之热，而诸位有许多还始终未听完我的讲，这是我之非常抱歉而且感谢的。

这是鲁迅先生《中国小说的历史的变迁》讲演稿的最后一段。杨宪益、戴乃迭干脆将其删节不译，因为是过谦的客套话，译出反倒使人觉得啰嗦。

如果要译，仅译出"Thank you for listening."足矣。

还有，西方文明多与大海结缘，如英语里有很多与航海有关的说法，反映在翻译作品里，往往需要根据译入语文化做一种转化处理。例如：

to rest on one's oars　歇歇手

to keep one's head above water　使自己免受灭顶之灾

be in the same boat with　处境相同

clean the deck　清除障碍，准备开始工作

all at sea　全然不知所措

中华儿女在黄土地上悠悠千载的劳作使汉语和黄色的农耕文化结下了不解之缘，也令其与承载着蓝色航海文化的英语相去甚远。根据实际情况，翻译时可采用直译法，直接反映译出语文化，亦可采用意译法，经引申意义表达出来。例如：

拔苗助长 try to help the shoots grow by pulling them upward；spoil things by excessive enthusiasm

青黄不接　when the new crop is still in the blade and the old is all consumed；temporary shortage

瓜熟蒂落　when a melon is ripe it falls off its stem；things will be easily settled when conditions are ripe

这就是为什么中国人说"挥金如土"，英国人则说"spend money like water"。

各民族在历史长河中形成了各自不同的文化习俗，这种带有本民族特色的文化习俗由于不被其他民族所熟悉，很容易产生误解。当一种语言转换为另一种语言时，往往由于文化背景和民族心理素质不同，潜在的背景因素引起的心理联想也会存在差异。比如，在英汉两种语言中都有"龙"这个说法，但两者的意义不尽相同。在中国古代传说中，龙是一种能兴云降雨的神异动物。在中国封建时代，龙是帝王的象征，皇帝被称为真龙天子。因此，汉语中的"龙"被赋予神圣、至尊、吉祥、非凡等各种褒义。在西方神话传说中的"dragon（龙）"却是一只巨大的蜥蜴，长着翅膀，身上有鳞，拖着一条长长的蛇尾，能够从口中喷火。根据圣经故事，"dragon"是魔鬼的化身，罪恶的象征。由于英语中的"dragon"是令人恐惧的形象，所以常常被用作贬义。可见，"龙"和"dragon"在中西文化中的形象意义、情感意义以及联想意义的差异是很大的。

然而，全球化的到来使越来越多的说法为不同的文化所接受。例如：

dark horse 黑马
crocodile tears 鳄鱼的眼泪（猫哭老鼠，假惺惺的同情）
an olive branch 橄榄枝
sour grapes 酸葡萄
the cat's paw 猫爪子（被当作工具利用的人）
to wash hands 去洗手间
black humor 黑色幽默
kill two birds with one stone 一石二鸟（一箭双雕）
to be packed like sardines 塞得像沙丁鱼罐头（挤得像芝麻酱里煮饺子）

这说明人类共同的知识在逐渐增加，各民族之间的文化差异在相对减少，文化融合的趋势不但拉近了不同文化，而且提高了不同语言之间的适应性。

语言是文化的一部分，也是整个文化的基础，还是文化的镜像反射，透过一个民族的语言层面，能够展现出这个民族绚丽多姿的文化形态。

语言和文化密不可分。有一种语言就有一种文化，没有语言，文化不可能起作用；没有语言，文化也不可能代代相传。语言离不开文化，语言只有在相应的文化中才有意义；文化也离不开语言，离开语言的文化是不可想象的。语言是人的一种行为，是一种社会现象，它与文化有着共同的属性。语言又是文化的载体，是传播文化信息的重要渠道。文化则靠语言保存和传承。一些物质文化虽然可以不用语言，但离开语言时间久了便难以延续下去。此外，语言与思维的关系这一理论问题跟文化的关系非常密切。文化的进步要靠人类的智慧，这显然离不开思维，而思维的成果要用语言表述，要靠语言交流，因而文化的进步一刻也离不开语言。因为语言是文化的载体，所以各种文化因素都应在语言中找到根据。这就是说，研究文化离不开语言，研究语言也离不开文化。

不同的民族有不同的文化渊源，从历史、种族、宗教到风土人情、思维习惯、表达方式等各方面无不存在差异。根据沃尔夫的语言决定论，语言不但影响思维，而且决定思维。反过来看，思维方式的不同也导致语言表达方式不同。一个民族的文化是一个完整的体系，其影响渗透到该民族语言的方方面面。语言，包括语言的使用方式在内，不能超越文化而独立存在，也不能脱离一个民族流传下来的、决定这一民族生活面貌和风俗习惯的信念体系。文化的发展能够推动和促进语言的发展。同样，语言的发达和丰富是整个文化发展的必要前提。正因为文化和语言有这样一种特殊紧密的关系,所以人们通常把语言称作文化的载体,认为其是反映民族文化的一面镜子。

虽然有些文化是以实物来体现的,与语言无直接的关系,如现代社会的各种家电产品,但要生产或使用这些实物,必须与作为交际工具的语言打交道。人们通常所说的茶文化、酒文化、食文化之类是介乎实物文化和制度、习俗两个层次的。这些文化的体现既涉及实物,又涉及习俗。比如,茶文化不仅与茶叶、茶具、用水、炊具、燃料有关,还与烹茶方法和饮茶方式有关。要对茶文化加以表述,也得通过语言。至于精神文化,它的形成和表达更是离不开语言。语言存储了前人的全部劳动和生活经验,语言单位,特别是语词,体现了人们对客观世界的认识和态度,记述下了民族和社会的历史发展进程,所以,后人必须通过学习语言才能掌握前人积累下来的文化。儿童在习得民族语言的同时,就是在习得这一民族的文化,习得这一民族的文化内容和文化传统。

由于文化具有鲜明的民族性,即文化个性,不同的文化之间自然会呈现不同的文化形态,这种文化形态差异反映到语言层面上,则表现为语言差异。正因为如此,任何跨文化的研究,如比较文化、翻译、外语教学等,都不能只从本国文化的接受心理去考察语言差异,而应兼顾文化差异,从文化差异去研究语言差异,才能有效地把握语言与文化之间的内在联系。

# 第四章　外语教学中的语言与文化

众所周知，关于语言和相关文化不可分割的辩论，以及关于要不要在外语教学中导入文化的争议都已成为历史。但是，对于如何在外语教学中实施文化教学这个问题的探讨方兴未艾。新观念、新方法、新建议层出不穷，众说纷纭，百家争鸣。对于外语教育工作者而言，一是应明确外语教学中的文化具体指什么，二是应该考虑通过怎样的教学策略使外语和相关文化进行有机融合。本章将对外语教学中的语言与文化进行探讨。

## 第一节　国内外文化教学概述

### 一、相关理论研究

20世纪80—90年代，随着语用学和社会语言学的发展，外语教学不再被简单地视为语言学习的本身，更强调跨越不同文化差异的交际过程。鲍姆格拉茨提出将外语文化的观念和含义结合于母语文化中，能使人们转变观念，认识认知差异，有助于人们对外语文化的接收和移情。巴特也进一步指出语言和文化的不可分割性，主要体现在四个方面。

第一，语言习得的过程因文化差异而不同。

第二，本族语学习者在习得语言的同时，掌握了其本族语文化的副语言手段。

第三，交际的核心不仅在于语法内容的输入，还在于社会文化知识的传输。

第四，成为有能力的交际者是通过在特定的社会环境中的语言的交流实现的。

他的观点阐述了外语学习者在语言学习过程中必然经历的复杂多样的跨文化因素。文化和交际是不可分割的，文化是交际的基础。他认为主要有三个方面的变量对交际过程产生制约作用。一是条件因素：各种外在客观环境的变量；二是个人因素：各种内化的个人因素决定或影响交际者对交际行为的选择；三是文化因素：各种观念、意识形态间接影响常规的交际行为。

### （一）语言和文化研究中的功能主义

语言学家斯特恩（Stern）研究"text"（语文），即语言的外壳，但这种研究必须置于他们所处的语言学环境，或者"context"（上下文）之中，也就是联系围绕语言的多种因素；同时，也必须置语言研究于他们所处的情景上下文之中，也就是来联系非言语性的组成因素，这些因素孕育于言语产生时，诸如说话个人、话题所及和事件本身等。韩礼德在弗斯理论的基础上进而提出一个更为系统化的概念。这些概念在理论上更为有力，同时应用于描写自然语言时也更加有用。在他看来，语言学描写包括三个层次：内容（substance）、形式（form）和上下文（context）。语言学研究的三个分支刚好与这三个层次相呼应：语音学和音位学研究语音内容，语法学和词汇学研究语言形式，语义学研究语言形式和非语言事件有关的上下文。原则上来说，这个理论旨在扩大结构主义语言学所能解释的语言现象的范围，但是实际上这种理论要解决的特别问题是区分哪些概念适用于描写某种特定语言，哪些概念通用于所有的语言。

韩礼德等人的功能主义语言观对后来出现的语言功能意念大纲影响颇深。语言研究中的功能主义是与文化研究中的功能主义一脉相承的。弗斯对语言研究的观点在很大程度上是受到了马林诺斯基（Malinowsky）的影响。马林诺斯基曾经在南部海域做过人类学研究，他发现对该地区岛屿的语言和文化只有在当地文化情景与上下文中才可能得到真正的理解。因此，他主张语言研究必须与文化研究相结合，重语言结构而轻语言意义是不可取的，语言的意义与文化紧密相关。马林诺斯基和布朗（Brown）是两位极有影响力的英国人类学家，他们的文化研究方法虽然不同，但都被称为"功能主义"（Functionalism）。对布朗来说，被研究的社会结构或者互联网络，就如同生物学的组织结构一样。研究的任务是调查整体社会的各个部分如何协调工作和发挥功能。他采取社会学的方法，将不同的文化加以比较，揭示社会的结构和发挥功能的过程，所以他的理论又被称为"结构功能主义"（Structural Functionalism）。

马林诺斯基则追求更为崇高的方法来研究文化和社会，涉及生物、智力和个体的情感生活。他认为一种文化必须满足三个需求：个人的基本需求、社会的工具性需求以及个人与社会的象征性和混合性需求。对这三种需求的回应构成了文化。人类学的研究必须包括这三个层次，这对一个人的研究是必不可少的，因而也必然涉及文化心理问题。马林诺斯基的人类学理论被普遍称作"功能主义"（Functionalism），他的主张对语言文化教学"兼并模式"以后出现的两种新模式都有不可估量的理论意义。

### （二）社会语言学的影响

从美国结构主义语言学可以看出，长期以来语言学的关注点始终是语言的形式部分。用乔姆斯基的话来说，语言学原则上注重的是"在一个完整同一的言语社团中的理想的说话者和听话者"。这个针对理想化的语言形式特点的批评是击中要害的，尤其是在语言分析方面。可是这并不能解释说话者并不是理想化的，言语社团也不是同一的语言现实。从20世纪60年代起，一些语言学家，如海姆斯（Hymes）和菲什曼等，决心探讨在社会中使用的语言的复杂现象，并与其他社会科学的学者携手共同研究，促使了社会语言学的产生和发展。总的来说，斯特思认为，社会语言学的研究方向可以归纳为三点。一是将普通语言学或理论语言学的方向引导到社会中去研究语言；二是将母语使用者的语言能力的概念扩大到由抽象语言研究转变为语言实际使用的交际能力概念；三是对言语社团的研究，它直接从社会学派生而出，又被称为"语言社会学"。

率先提出语言应当置于使用语言的社团中研究的是美国的社会语言学家拉波夫（Labov），他一反过去仅仅注重纯粹的和抽象的语言形式的传统，把语言学家的注意力拉向活生生的日常言语中去。众所周知，从索绪尔开始，语言就分成"抽象"和"具体"两部分，索绪尔将前者称为语言（language）而把后者称为言语（parole），并认为语言学研究的重点是前者，而不是后者。到了乔姆斯基的时候，语言依旧被分成"抽象"和"具体"两部分，不过采用了新名词，前者被称作能力（competence），后者被称作行为（performance），语言学研究的还是前者。

拉波夫不赞同这种观点，他认为有充分理由相信日常生活中为母语使用者使用的交际言语才是语言学应当关注的重点。他自己做了许多实际调查，提出社会语言学的变体是一种语言特征，这种语言特征是与社会情景上下文中的非语言特征息息相关的：说话人、听众和场景等。拉波夫的研究不仅揭示了描写语言的复杂性，同时也给外语教师提出了实际教学问题：我们是否有必要坚持教一种理想化的"标准"目的语？交际文化学（ethnography of communication）是社会语言学的另外一个主攻方向，目的在于研究社会场景中的个人交际活动。它将对话语结构性之单一的研究延伸到对社会场景和交际动作的参与者的综合研究，其重点放在语言行为的人际功能和语言形式与社会意义的关系上。对言语社会功能的关注意味着语言分析不再停留在孤立的片言只语上，而是将言语放在社会情景的上下文中，首先作为人际间的社会行为，其次才是言语的形式，所以交际行为不再被简单地视为语言信息交流，而是一种具有社会意义的片段剪影，是参与者根据事先约定的社会规则和功能各自用言语进行交流的一种表演。社会语言学家雅各布森（Jakobson Robinson）和海姆斯分别推出自己用以分析言语的行为模式，尽管大同小异，但大致上都包含了以下七个方面。

第一，说话者和听话者；

第二，信息或言语行为；

第三，接触渠道和社会关系；

第四，情景上下文；

第五，话题与信息内容；

第六，语言符号和言语的形式；

第七，功能。

菲什曼认为，将语言置于社会中研究和将交际视为社会活动的方向仅仅是语言使用和语言行为在微观层次上的反映，然而语言社会学却是在宏观层次上的研究。它的研究重点在于言语社团和语言是一种机制。从这个角度出发，社会语言学应调查国家、地区、城市以及他们与社会结构、社会阶层和语言变体的关系。这种方法比较接近社会学传统的研究兴趣范围，并与历史和政治科学交叉。显而易见，社会语言学在这个领域内的发现也为语言文化教学新模式打下了一定的理论基础。

**（三）语言能力和交际能力**

交际能力（communicative competence）是交际语言教学的理论核心。但交际能力的概念一提出的时候，以往文化在语言教学中的位置立刻出现了理论基础的动摇。乔姆斯基（Chomsky）在1965年将语言一分为二：能力（competence）和行为（performance）。能力仅仅指语言系统，也就是"理想化的说话者和听话者"应当知道的东西；行为则主要是指涉及解释和产生言语的各种心理因素。换言之，前者关系到产生的句子是否符合语法，后者关系到产生的句子是否能被接受。这种狭隘的观点首先受到坎贝尔（Compbell），韦斯和海姆斯的严厉批评。他们认为这种观点没有给在情景和话语上下文中使用的言语的适当性或社会文化意义留下半点儿余地。

坎贝尔认为重要的语言能力是产生和理解话语，不是从语法的角度来说，而更重要的是在情景上下文中的合适性。在他看来，语言不应当被认作是一个独立的自身系统，而是与文化紧密相连、不可分割的。根据海姆斯的意见，如果一种语言理论和交际语文化的理论相结合，那么由乔姆斯基的理论而派生出来的两个标准，即合乎语法性（grammaticality）和可接受性（acceptability），应当用四个因素来代替。

第一，某话语在形式上是否（在何种程度上）可能；

第二，某话语在表达手段上是否（在何种程度上）可行；

第三，某话语在使用和鉴定的上下文中是否（在何种程度上）合适；

第四，某话语在实际操作中是否（在何种程度上）真实可行。

海姆斯的建议拓宽了"能力"这个概念，因为它超越了狭窄的定义的语言学和认知心理学的范畴，延伸至人类学和社会学的领域。文化将在解释交际机制的过程中得到解释，所谓"合适性"（appropriateness）也必须与语言和文化两者结合起来考虑。在对交际能力做进一步解释时，菲耐（Fanale）和斯温（Swain）提出了一个更为复杂的框架，假设交际能力由三个部分组成：第一个是语言成分，专指语法知识；第二个是社会文化成分，包括了社会和文化的知识；第三个被称作策略成分，即言语和非言语性的交际策略与技巧，用以弥补交际中有可能发生的障碍和误解。后来，菲耐修改了这三个组成部分，总结为四项能力元素：语法、社会语言学、话语和策略能力。菲耐的总结实际上揭示了语言使用的诸方面都取决于文化。因此，如果外语教学的注意力集中在培养交际能力上，那么语言教学和文化教学就会很自然地结合在一起，因为交际能力包含了社会和文化的成分。

（四）后结构主义哲学思潮

从索绪尔的语言学起始，于20世纪50年代末60年代初在法国兴起的结构主义具有一个明显的特征，即世界是一个庞大的结构体，处在这个世界里的人们所观察到的一切也必定受这个固定的框架所限制，因而推断出来的结论也必然符合这个结构框架所决定的规律。20世纪80年代和90年代被称为后现代主义或后现代结构主义的年代（post structuralist era），不少学者对寻求一个有普遍意义、能在各国通用的语言文化结构的可能性不再持有乐观态度。事实上，过去那种以国为界来确定某个民族文化的时代在许多地区已一去不复返，所以就确定某个民族的文化来说，已变得越来越困难，甚至于变得几乎不可能了。与结构主义相反，后结构主义哲学反对固定模式，提倡冲破结构框架的束缚，强调世界的多元性，怀疑所谓绝对真理的存在，从而促进人们思想的解放。法国后结构主义的代表人物福柯（Foucault）认为，在每一个社会里，话语的产生总是遵照一定数目的程序，按部就班地被控制、选择、组织和推广。话语模式的形成同时也是一种塑造人们对外界世界的认识和形成观念的行动，也就是说，人们根据习以为常的语言和行为来限定自己。福柯提出了引人注目的"话语"（discourse）说。从这点上来说，我们在使用我们的语言时，并非自由自在，不顾一切。后结构主义的哲学思潮对西方的教育改革影响颇深，认识到传统和习俗对教学的束缚，承认社会的多元化，了解主流文化对非主流文化的冲击，从而打破条条框框和各种传统与习俗所造成的约束，提倡多元共存，这正是西方教育改革的一个潮流。语言文化教学作为教育的一个重要的部分，无论从第一语言和第二语言的角度来说，都受到了后结构主义哲学思潮的巨大影响。

### （五）语际语语用学理论

语际语言（interlanguage），又称中介语或过渡语，指的是学习外语的人所使用的非纯正的外语，通俗地讲，就是不地道的外语。语际语语用学是20世纪80年代兴起的一个新的语用学分支，在近二十年的时间里已有大量成果问世，这些成果主要包括以下内容：非母语使用者对目的语的言外之意和礼貌原则的判断和理解、非母语使用者的言语行为、情景因素对选择语言形式和语言策略的影响、语用失误、语用迁移、目的语语用能力的形成和发展、教学对目的语语用能力形成和发展的作用等。语际语语用学研究是从对母语使用者的言语行为的研究借鉴而来的，因而它还包括话语顺序（discourses sequencing）、会话技巧（conversational management），以及工作场合会话的研究等。上述这些研究都是以实证语用学，尤其是言语行为、跨文化语用学以及言语交际社会语言学（interactional sociolinguistics）研究为基础的，其研究成果对外语教学起着非常重要的作用。"语际语语用学"这一术语来自英语，英语术语是"interlanguage pragmatics"。Interlanguage 这一术语是心理语言学家塞林格（Selinker）指出的，指的是第二语言学习者在学习第二语言过程中所掌握的目的语。塞林格认为，语际语系统是一种既不属于母语也不属于目的语的特殊语法系统，这种语法系统只能在二语习得环境下出现。塞林格对语际语的研究只局限于其语法系统。而国际语际语用学则是在塞林格的语际语言研究的基础上增加的一个新的层面，即语际语的语用研究。语际语言语用研究是关于人们使用第二语言时的具体语用行为同他们的母语或第二语言的关系的研究。从这个意义上说，它可归属于第二语言习得研究。又因为"语际语语用学"是从语用学的角度来研究语际语的，而语用学研究的许多论题都与文化有关，因而语际语的研究又必然涉及两种语言和文化，所以，语际语语用学又属于跨文化语用学。

　　语际语语用学是对语际语言的语用学研究，它可以分为广义的和狭义的两个方面。狭义的语际语语用学指的是对非母语使用者语际语言的语用现象和特征，以及这些现象和特征的形成和发展规律进行研究的一门学问。广义的语际语语用学还包括母语使用者通过语言接触而形成的跨文化语际语语体、语际语形成和变化的条件、语际语和源发语的关系和语际语的交际效果等的研究。狭义语际语语用学研究的内容在第二语言习得的研究中最受重视，对外语学习的作用也最大。何兆熊在其《新编语用学概要》一书中将卡斯佩（Kasper）和赫尔（Hull）关于语际语语用学的研究成果归为四类，即语用理解、语言表达、语用迁移和语用失误。

　　其中，"语用迁移"指的是外语使用者在使用目的语时受母语和母语文化的影响而套用母语的语用规则现象。根据对交际的作用，语用迁移可分为正迁移和负迁移。正迁移指的是外语学习者在用目的语进行交际时套用母语语用规则获得成功，而负迁移则相反。语用迁移也可按照语用学研究的两个侧面分为语用语言迁移和社会语用迁移。语用语言迁移主要是指外语学习者在使用目的语时套用母语的语言形式。例如，日语表示不同意可以用疑问句，但日本人讲英语时表示不同意也采取这一句式的话就会产生负迁移，因为英语通常不用疑问句表示不同意。社会语用迁移指的主要是外语学习者在使用目的语时套用母语文化中的语用规则以及对语用参数的判断。迄今为止，对语用迁移的研究大多集中在负迁移上，对正迁移的研究较少。

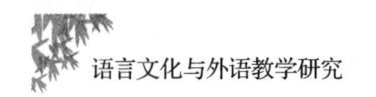

## 二、国内外文化教学发展现状

### （一）美国的文化教学

美国外语教学界对文化教学的关注始于20世纪60年代。1960年，外语教学东北会议将文化教学选定为当年会议的主题，并将会议报告一书出版。1972年和1988年东北会议又举行了第二次和第三次以文化教学为主题的研讨会，尤其是第三次会议着重研讨了语言和文化如何在课堂教学中有机结合的问题，会议论文集中反映了当时文化教学的研究成果。

1996年，美国教育部修改了外语教学的全国标准，确定了文化教学的核心地位。外语教学中的文化教学和跨文化交际培训成为美国文化教学的两大阵地，这两个领域相互沟通，有机结合，取得了丰硕的教学成果，不仅使学生学习外语的积极性大大提高，而且美国年轻一代的大国沙文主义和唯我独尊的思想也得到了很大的改善。这无疑使美国这样一个多元文化的社会变得更加宽容。

### （二）欧洲的文化教学

欧洲的语言文化教学是在与美国极为不同的历史和社会背景下发展起来的。第二次世界大战结束后很长一段时间，欧洲的外语教学受美国听说法和西欧视听法的影响，将语法结构作为教学重点，并同时开设文化课程，文化被当作背景知识，文化教学与语言教学相脱离。随着国际合作和交往的增加，尤其是1951年欧盟的诞生，交际法教学的兴起，欧洲开始进行了一系列大规模的语言教学改革和文化教学研究。12位来自英国、法国、德国三国的研究者在Tangle会议上的发言构成了第一部论文集。该论文集集中体现了当时英国、法国、德国以及奥地利等国对外语教学中文化教学研究的兴趣。其中，法国的扎雷特（Zarate）提出了两种互补的文化教学模式，即传统的文化知识传授和较新的体验式学习以及本族文化与目的语文化的对比；德国的巴特强调了参观和交换访问学习的方式对于了解目的语国家文化和本族文化的重要性；英国的威多森（Widdowson）着重探讨课堂文化教学实践，他区别了语言与文化之间各种不同类型的关系，如象征意义（symbolic meaning）和所指意义（indexical meaning），并指出后者在外语教学中起着更为重要的作用。然而，欧洲的文化教学研究很少涉及世界其他国家和地区的文化，只是以欧洲大陆和英国为研究对象，最多加上美国。显然，这种研究有些片面和狭隘。相比之下，美国的研究则显得更开放、更具包容性。

### （三）中国的文化教学

相对于美国和欧洲国家的相关研究来说，中国对文化教学持过分谨慎的态度。虽然有关外语教学中文化教学的论著和论文有很多，许多外语教师也在时间允许的情况下，根据自己的兴趣向学生谈及一些文化主题，开展一些文化学习的课堂活动，但是，由于缺乏科学配套的文化教学大纲和系统的教材，这些教学活动都局限于零星的文化知识的介绍，远非真正意义上的文化教学。

正如国内外语界许多人指出的那样，在我国外语教学中外语的文化因素，特别是交际文化，在很长时间内未得到应有的重视。但是，我国学者邓炎昌、刘润清曾在词汇、短语、日常对话、典故、敬语与谦辞等方面对英汉语言文化做了比较全面的对比。在语用学研究中，不同文化对语言运用的影响受到了研究者的重视，我国学者何自然等曾对中国英语学生的跨文化语用失误进行了调查与分析。学者王振亚为考察外语学习者外语知识和文化知识之间的关系，曾做过实验研究，对若干外语学习者分别进行了文化测试和语言测试。结果显示，我国学生的英语知识和英语文化知识之间不但不存在相关关系，而且文化知识水平还很低，这说明我国的文化教学亟待加强。

## 第二节　语言文化教学的模式探讨

### 一、语言文化教学中的几种模式

自从中国 20 世纪 80 年代初出现的文化热引发了一场对语言文化教学的大讨论以来，学者在"文化语言学"为旗帜的理论探索中，对语言与文化的关系问题进行了多角度、多方位、多层面的研究。关于要不要在外语教学中导入文化教学的争论已经成为历史，而对于如何在外语教学中实施文化教学这个问题的讨论可谓众说纷纭，方兴未艾。

语言文化与外语教学研究

争论的焦点首先在于外语教学中"文化"究竟指的是什么。据有关文献记载，人类学、心理学、社会学各门学科从不同角度、不同侧重点去研究文化，就"文化"这个科学术语的解释一直争论不息。英国传播学家威廉（R. Williams）经过总结归纳强调指出，任何完整的文化定义必须包括如下三个方面：第一，理想性的，文化被解释为一种具有绝对的和世界性价值的人类完美状态与过程；第二，记录性的，文化被解释为人类智慧与创作的主体，详尽记录了人类过去的思想与经验；第三，社会性的，文化被解释为一种特别的生活方式，这种方式代表了在习俗与日常行为中特定的意义和价值观。然而，从外语教学的角度来看，文化的定义不仅要考虑完整性，而且必须考虑其可行性。任何语言课程都有内容和时间上的限制，都不可能把包罗万象的文化尽列其中。因而他指出，所谓完整性和可行性都是相对而言的。

那么，外语教育者应通过怎样的教学手段使外语学习者通过语言习得而习得文化呢？对于这个问题有着不尽相同的解答，因为学术界对语言和文化的关系本身就存在不同见解。不少学者持与萨丕尔—沃尔夫假说的语言决定论和语言相对论相同或相近的观点，认为语言与文化水乳交融，没有语言就谈不上文化；认为文化心理作为一种文化哲理既影响语言构造又受到语言构造的制约和强化，足见文化生存形态通过它所孕育的文化哲理，既影响了语言构造，又通过语言展示了自己的风貌。显然，要了解一种文化必须了解其语言，要了解一种语言，也必须了解产生这种语言的文化。另一种观点则认为，语言虽然在某些方面的确能反映一个社会的文化，特别是其词汇，但是语言与文化之间的关系却被严重夸大了。语言的构造不能反映不同文化的思维，因为语言是一个开放系统，人的思维也具有无穷的创造性，根本不受句法或语言的任何方面规则的约束。既然如此，了解文化和了解语言不必互为条件。部分学者据此认为，虽然语言中有些部分可以反映一种文化所特有的对于事物的主观解释，但是语言结构不能决定文化心理，反之，文化心理也不能制约甚至影响语言结构，因而外语教学应当以语言联系和建立新的语言行为模式为重，文化的学习则可以用普通的知识传授课程来进行，因为文化教学可以通过与其相关的语言来教学，也可用另一种与其没有内在联系的语言来教学。我们对外国文化的了解不一定要在掌握了与之相关的外语之后才能达到，也就是说，文化教学是可能以独立的方式存在于语言教学之外的。

## （一）兼并语言教学模式

第二次世界大战期间，一种跨学科的"地域学"（Area Studies）出现在美国的许多大学校园。"外语不再是一门独立学科，而是与有关某特定地区的政治学、历史学、地理学、文学等其他人文科学和社会科学共同组成的一种跨学科群体"，这是第一次将地域文化和语言公开兼并的尝试。至此，语言教学实现了从传统的语法分析法到始于二十世纪二三十年代的以科学理论为基础的自然法（直接法），再到受益于各学科主导理论发展的兼并法的历史性转变和科学发展。

兼并模式最大的优点是其可行性，在语言课程中加进有关目标文化的内容能大大节省时间，有效促使学习者在较短时间内了解目标文化的主要内容。该模式最明显的特点是文化教学在外语教学中完全明朗化。然而，该模式中语言教学和文化教学是以"兼并"方式相结合的，也就是说，把文化学习附加到语言课程上。根据这一"以知识为中心"的概念，文化似乎是某种外在的物质存在，需要被人为地导入本来很纯粹的语言教学中。它的根本局限在于仅仅依赖外加的文化知识，却没有将其实际运用到交际中去。我国外语教学需要新的跨文化交际能力培养的理念，并且应以文化意识的培养为中心。

## （二）交际语言教学模式

交际语言教学法在世界各国流行之时，正值我国改革开放之际。交际法作为当时最新的语言教学法一传入国内就立刻引起了外语教学界的普遍重视。这一模式进一步强化了语言文化不可分割的观念，文化教学和语言教学由母语者使用目的语交际而自然有机地结合在一起了。语言和文化的内在联系也由语言形式如何负载文化内容及文化如何左右语言的使用而充分地反映出来。相较前一种模式，这种从"语言知识中心论"发展成"文化行为中心论"的观点是一个重要的进步，标志着语言文化的真正融合，而不是一加一的兼并。该模式最大的缺陷就是这种自然的融合偏向于采用以功能和意念为主线的教学大纲来代替以语言结构为基础的教学大纲，从而使文化教学实际上处于一种漫无目的的状态。因为该模式假设社会文化因素在交际实践中必然起作用，强调文化教学是在自然而然的过程中进行的。然而，在某种程度上，文化能力和交际能力有一定的区别，文化能力主要涉及社会文化行为和事实，较少涉及语言形式。交际能力这一概念最初是由美国社会语言学家海姆斯提出来的。其中，海姆斯的"交际能力"可以概括为一个人对语言知识和能力的运用，主要包括语法能力（grammatical competence）、社会语言能力（sociolinguistic competence）、语篇能力（discourse competence）和策略能力（strategic competence）。

### （三）跨文化语言教学模式

基于以上两种模式的主要弊端，外语教学界学者提出不能将外语降低为一种纯粹的教学法和应用型专业，越是要往文化科学的方向来建构外语研究专业，它就越应带有普遍性。雷曼将跨文化交际研究的理论运用到语言文化教学，将文化教学称作语言教学的"第五个维面"，与听、说、读、写四项基本技能不可分割。由跨文化交际研究而引发的各种文化教学，兼取了前两种教学模式的主要特点，对外加的语言文化课程和交际能力训练都给予相应的位置，将"知识"和"行为"有机地联系了起来。它摆脱了以往将文化教学的重点放在目的文化单一方面的误区，把学习者的本民族文化作为不可或缺的文化教学内容，从而确定了双向文化教学的方向。特别需要强调的是，该模式确立了学习者本民族文化在外语教学中的重要地位，使学习者在保留了自己文化身份的同时了解和研究目的文化。

在跨文化教学模式中必然要涉及如何处理本土文化与目标文化的关系。在这方面历来有两种错误倾向存在，一是"全盘目标文化化"，二是"本位文化化"。按照舒曼对文化教学的区分，大致有三种策略：文化同化（Assimilation）、文化保存（Preservation）和文化适应（Adaptation）。"文化同化"是指放弃本土文化的生活方式和价值观而采用目标文化的生活方式和价值观，也就是上面提到的"全盘目标文化化"。"文化保存"是指保存本土文化的生活方式和价值观而拒绝目标文化的生活方式和价值观，即"本位文化化"。"文化适应"是指在吸纳目标文化的某些成分的同时，也力图保存本土文化的生活方式和价值观。以上这三种策略应分别应用于不同的外语学习者。对于学习涉外专业和将来从事涉外工作的学习者而言，不仅要掌握和了解本土文化，同时也要做到超越自身文化的界限，采取"文化适应"的策略。而对于大部分普通的学习者而言，则无须刻意去克服"本位文化中心论"，只要掌握和了解目标文化的一般知识即可。

文化舱（Culture Capsule）被认为是目前为止针对普通学习者了解目标文化最有效的教学手段之一。跨文化教学模式相对前两种模式来说无疑是适应时代潮流和需要的进步。然而，这种模式仍处于变化发展中，必然具有其自身的局限性。为了帮助不同文化的人们互相了解，就必须概括文化差异，必然要建立某种文化定型；然而这些定型对文化差异的"标签化"或过分概括又可能人为地制造屏障，妨碍文化间的交流和理解。尤其是在学习一种全新文化的最初阶段时，学习者有对目标文化的固有认识，这势必会对学习造成障碍。

由于学生在不同学习阶段的语言水平和学习进展决定了语言文化教学计划的设计应具有阶段性，以上论述的三种语言文化教学模式在教学实践中可分别应用于不同的教学阶段。在学习者学习的初级阶段，可采用兼并模式，一方面进行语言教学，另一方面讲授一些目的语文化常识。考虑到学习者在此阶段的语言能力较低，人们必要时可采用其母语来教授目的语文化，以提高其学习兴趣，增强学习动力，从而为下一阶段打好基础。到了外语学习的中级阶段，学习者的语言水平已有所提高，此时的目的语文化应采用目的语或双语来教授，同时使学习者在交际行为中应用和领会文化知识，这个时期的学习更应偏重于采用交际语言教学模式。在外语学习的高级阶段，学习者文化知识的掌握和交际能力的培养都已达到了一个较高层次，此时文化教学更应注重过程而不只是内容。跨文化语言教学模式包括以探讨文化课题和解决文化冲突为主的多种教学策略，侧重于通过跨文化交际和互动学习来培养学生解决实际问题的能力。

（四）语言文化教学的"分离式"

西方对语言教学中文化教学的重视可以追溯到19世纪末，在美国现代语言协会起草的一份报告中，第一次提到欧洲文化应作为欧洲语言教学的一部分。其后，在英国，一个由首相指定的国家委员会根据他们的工作起草了一份名为《现代学习》的报告，该报告对文化因素尤为强调。第二次世界大战后，文化教学受到各国语言教学界的普遍重视，其涵盖的范围也更加广泛，从"大写的字母C文化"扩展到"小写的字母c文化"，将人们的生活方式、行为规范、风俗习惯和社会关系等也包括进来。但是，在语言教学的交际法兴起之前，语言文化教学基本上是一种"分离式"：将文化看作一种可以和语言剥离开来的"知识"，在语言教育的课程设置中加入这一"知识"课程。反映在语言教学的实践中，往往体现为两大倾向：一是"重语轻文"；二是重语法形式，轻功能内容。这也是中国传统型的外语教学中的典型做法。

## （五）语言文化教学的"附加式"

语言交际法教学的引入和盛行使中国的外语教学经历了一场持久而深刻的变革，语言与文化的"研究热"也推动着语言文化教学进入了一个新的阶段。越来越多的外语教育工作者意识到文化教学是外语教育不可分离的部分，当前外语教学中一个越来越为人们所接受的观点是，成功的二语习得与第二文化习得是相辅相成的。语言教学交际法将文化视为"行为"，以培养学生的"交际能力"（communicative compentence）为目标，这种做法能很好地革除传统的外语教学中常见的"哑巴英语"和"聋人英语"的弊端。但在当前的语言文化教学实践中，还存在一个认识上的"误区"，那就是将文化看作听、说、读、写这语言"四会"能力之外的"第五技能"，也就是说这种语言文化教学的模式仍然是将文化附着于语言教学上的"附加式"。有必要指出的是，这种文化教学的"附加式"与交际法的几个经典文件对文化教学的认识不无关系。

斯温（Swain）将交际能力一分为三：语言能力、社会文化能力和交际策略，而被交际法有关论文经常援引的美国外语教学协会《关于外语能力测试标准的暂行规定》更是明确地将"文化修养"规定为"听、说、读、写"之外的"第五技能"。国内学者在论及语言文化教学时也常采用"外语教学中的文化导入"或"外语教学中文化因素的处理"等论题。这充分说明，虽然文化在外语教学中的重大作用已为人们所普遍认同，但人们还是习惯于将文化作为外语教学的一个附加部分来处理。

## （六）语言文化教学的"融合观"

长期以来，在语言文化教学中，人们都持有语言/文化二分观点。这种"二分法"（dichotomy）可以在语言研究和语言教育的历史中找到其历史渊源：现代语言学之父索绪尔在奠定现代语言学基础时采取的就是语言/言语二分法；语言学大师乔姆斯基也将语言二分为语言能力/语言运用。但在语言文化教学中是否同样适合采取这种"二分法"呢？著名语言文化教育研究专家克拉姆西（Kramsch）在其1993年出版的《语言教学的文化环境》（*Context and Culture in Language Teaching*）一书中，对外语教学中诸多的"二分法"进行了深入的分析和批评，认为这种"二分法"阻止了人们采取多层次及多维度的眼光去观察一个问题的整体，相反，促使人们局限地停留在仅仅采取一种线性的、非左即右的方法。例如，似乎强调了语言，实则轻视了文化；强调了交际，实则牺牲了语法教学。卡拉姆西认为，要走出这种"二分法"的困境，应该把语言和文化看作"一个硬币的两个面"，使语言文化教学融合为一体。这就是语言文化教学的"融合观"。

## 二、英语教学中文化教学的目标定位

### （一）提高跨文化交流意识

长期以来，第二语言和文化习得被认为是一个归化于"目的语文化"的过程。就一语习得来说，近似于本族人的语言地道性也许无可厚非，但就第二文化习得而言，归化于"目的语文化"的"文化同化"现象不应当视为英语教学的成功之处。事实上，不仅习得者自己对这种"文化同化"往往在情感上很难接受，而且目的语社会也同样不一定会接受所谓"同化"了的英语习得者。文化教学的目的并非要让学习者变得越来越"外国化"，而是要通过外国语言文化学习的"跨文化对话"让学习者具备跨文化的交流意识和理解意识（cross-cultural awareness），做到母语文化与第二文化的互动（interaction）。

### （二）文化融合的目标：1+1>2

在目的语的学习过程中，目的语与母语的水平相得益彰，目的语文化与母语文化的鉴赏能力相互促进，学习者自身的潜能得以充分发挥。这种"生产性"的学习模式对英语教学中的文化教学来说同样是一种最佳模式。从中可以看出，在英语教学中，文化教学的目标并不是要让学习者归化于目的语文化（即"削减性学习"），也不是两种文化在学习者身上的简单累加（即"附加性学习"），而是要让母语文化和第二文化在学习者身上形成互动，让学习者具备文化创造力。

## 三、英语教学中文化教学体系的构建

英语教学不应只停留在听、说、读、写四项基本语言技能的培养上，而应以交际能力的培养为目标，这种观点已为当前英语教育界所普遍认同。英语教学的任务是培养在具有不同文化背景的人们之间进行交际的人才。但正如国内英语界许多人指出的那样,"在我国英语教学中,英语的文化因素,特别是交际文化,在很长时间内未得到应有的重视。"当前国内学生的英语交际能力与他们在英语考试中的高分并不相称的现象,在很大程度上要归因于对跨文化因素的掌握不够。

### (一)构建英语教学中文化教学体系的必要性

第一,国内英语教育界长期以来对与英语教学密切相关的文化教学不够重视。过去,我们一直受语法翻译法、听说法等主导教学思想的影响,重视语言形式,而不重视语言运用,对语言习得与文化习得的密切关系更没有充分的意识。即便是在目前的交际法教学实践中,"穿新鞋,走老路"的情况实际上还在一定程度上存在,教师往往习惯于把重点放在语言形式的教学上,而对交际能力的培养和跨文化因素的教学则流于形式。

第二,与国内语言理论研究重点的导向和语言与文化研究的现状有关。在过去一个时期,国内语言学研究以内部语言学为主流,语言的结构形式也就成为我们英语教学的重点。近十多年来,外部语言学的研究(包括语言与文化和跨文化交际的研究)逐渐兴盛,于是英语教学中的文化问题也日益引起研究者的重视。虽然语言与文化的相关研究正在向更深层次发展,但总的来说,研究的系统性和深度还不够。而且,尽管高校和中小学教师中有不少人去过英语国家考察,但他们占整个英语教师的数量比例尚小。许多英语教师仍然缺乏对英语国家文化的了解。由此可见,由于观念上对跨文化因素的教学不够重视,缺乏系统的理论研究作为基础,英语教学中的文化教学已成为公认的难题之一。因此,在教学思想上加强对文化教学的重视,同时加强语言与文化研究的系统性,并构建英语教学中的文化教学体系,已成为目前亟待解决的一个问题。

### (二)构建英语教学中文化教学体系的可行性

正如前文所说,文化的意义很宽泛,这种研究对象的复杂性使得语言与文化的研究较难以形成体系。但是否因为这样,英语教学中的文化体系构建就不可行了呢?答案当然是否定的。这主要有以下两方面理由。

其一,文化虽然意义宽泛,但并非不可把握。文化研究者发现,每种文化都有反映其本质的"文化核心"。所谓"文化核心",是由一套传统观念,尤其是价值系统构成的。语言与文化的研究，往往以此为根本出发点，最终又以此为归着点。因此，这种可以把握的"文化核心"的内容即可成为构建文化体系的基础。

其二，英语教学中的文化因素主要涉及"交际文化"。"交际文化"指的是两个不同文化背景的人进行交际时，直接影响信息准确传递（即引起偏差或误解）的语言和非语言的文化因素。在语言与文化研究中和英语教学领域内对这部分"交际文化"进行系统总结，是切实可行的。

### （三）构建文化教学体系的基本原则

构建英语教学中的文化体系，既要注意体系构建的科学性，又要着眼于这一体系在英语教学实践中的可操作性。

1. 重点明确

我们注意到，在国内的语言文化研究中存在这样一种现象：简单罗列中外文化对比的种种细节，而不加以系统的科学考察；更有甚者，做出的只是一些牵强附会的"对比"。在构建英语教育中的文化体系时，应避免这种倾向，要系统归纳影响到英语交际能否有效进行的跨文化因素，以利于教学实践的操作。

2. 注意文化体系与语言体系的密切联系

语言与文化水乳交融，切不可割裂开来。文化体系的各方面要能渗透到语言教学的各环节中去，使两者得到有机结合。

3. 对比中外文化的异同

跨文化交际的目的是为了交流，为了增进相互理解而进行一种"对话"。我们重视文化差异，并非为了简单的排斥或盲目的模仿，而是要让学生具备跨文化的交流意识和理解意识。

4. 要构建成一个开放式的体系

文化始终处于多元状态和变化发展之中，试图对文化做归纳性的描述，多少会有"一家之言"的倾向。有鉴于此，应尽量少做规定式的构建，以免让学生形成"文化定式"（cultural stereotypes）的倾向。

### （四）英语教学文化体系的基本内容

英语教学中的文化教学体系应以英语民族的交际文化为突破口，以公开的文化和隐蔽的文化为主线，并注意对比本民族的相关交际文化。作为一个完整的体系，它应涵盖以下三个方面的基本内容：跨文化交际模式，目的语文化背景知识，目的语的民族心理、价值观念和思维方式等。国内的语言与文化及跨文化交际的研究涉及以上三个方面，并已有大量研究成果，较有代表性的有：胡文仲、贾玉新等关于"跨文化交际"的系列论著，王宗炎主编的"外国语与外国语言文化丛书"，邓炎昌和顾嘉祖同名为《语言与文化》的两部论著，以及对外汉语界关于中英语言文化对比的系列论著等。充分参考国内已面世的这些相关研究成果，并按以上三个方面加以系统总结，不失为当前英语教学中文化体系构建的一条可行之路。

以上三个方面内容可分别应用于文化教学的不同阶段。在英语教学的"初级阶段"，文化教学应以"跨文化交际模式"为主，主要包括：典型的语言、非语言交际模式和主要的社会语用规则。在英语教学的"中级阶段"（大学非英语专业和英语专业低年级），文化教学应以学习"目的语文化背景知识"为主，主要包括：语言（特别是词语）的文化内涵、语体文化和英语国家的人文地理、风俗习惯。在英语教学的"高级阶段"（英语专业高年级），文化教学应以了解"目的语的民族心理、价值观念和思维方式"为主，这一阶段的内容涉及深层和隐蔽的文化，如英语民族的时间观、空间观和价值观等，教学目标较前两个阶段也有所改变，主要着眼于培养学生的文化洞察力、文化理解力乃至文化创造力，即能够实现在两种文化之间的互动。

当然，所谓"阶段侧重"，并不意味着三个方面内容的截然分开。其实，作为文化体系的组成部分，这三个方面内容是相互交融的，而且，英语教学的每一阶段都有可能会涉及这三个方面的内容。构建英语教学中的文化教学体系尽管是一项较为复杂的系统工程，但它不仅可以促使语言和文化研究更具系统性，而且有利于英语教师和学生对文化进行系统的教学，进而提高学生运用英语进行跨文化交际的能力。这一体系的构建成型，必将促进英语教育中文化大纲的制订，填补我国只有词汇、语法、功能大纲，而没有文化大纲的空白。这对于消除我国英语教学中的积弊，提高英语教育水平，有着深远的意义。

# 第三节　外语教学中的母语迁移

## 一、语言迁移的研究

从 20 世纪 60 年代兴起至今的半个多世纪的时间内，二语习得研究领域经历了以对比分析为主导理论模式和以中介语假设为主导理论模式的两个历史阶段。随着该领域理论模式的转移，对二语习得中语言迁移现象的研究经历了从二十世纪五六十年代前期的兴盛到 20 世纪 60 年代后期、20 世纪 70 年代的衰落，再到 20 世纪 80 年代中后期的崛起这样一个曲折和反复的过程。回顾这一历史过程不难发现，在二语习得研究领域中，研究者对语言迁移的认识经历了一个从片面逐渐走向全面、从肤浅逐渐走向深刻的过程。而研究者对语言迁移全面、完整的认识，对理解二语习得的本质是至关重要的。

通常说的"语言迁移"中的"迁移"二字并非二语习得的专用名词，它实际上是心理学的一个重要概念，是指目标语和其他任何已经习得的（或者没有完全习得的）语言之间的共性和差异所造成的影响，即先前所学的语言及经历，主要是母语及母语学习经历对学习新语言的影响，如果这种影响是积极的，就叫正迁移，反之，起阻碍作用，产生消极影响的，就叫负迁移，又叫干扰。在第二语言习得研究领域，语言学家和心理学家发现，母语对目标语习得的影响主要表现为学习者在用目标语进行交际时，往往会借助母语的语音、语义、语法规则和文化习惯。如果某个外语结构在母语中有对应结构，在学习中就会出现正面的"迁移"现象，即母语中的这一结构直接转移到外语中。相反地，如果某个外语结构在母语中没有对应结构，或母语某个结构在外语中没有对应结构，或两种语言中的对应结构有差异，就会产生反面的"迁移"。母语的负迁移，会导致语言错误及学习困难。

## 二、语言迁移对外语教学的影响

在二语习得中，语言迁移现象涉及各个层面，如语音、词汇、句法、语用等。

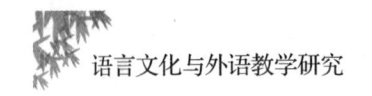

## （一）语音层面

语音迁移是语言迁移中最明显的方面。英语中有很多发音，如 /b//t//d//p/ 等与汉语相应的音相似，因而说汉语的英语学习者发这几个音时不会有太大困难，容易形成正迁移。但是，英语是一种"语调语言"，主要依靠语调来区别字义，用语调来辨别句义，而汉语则属于"声调语言"，以声调区别字义。两种语言音素的不对应现象使中国学生在发音上有着很多困难。例如，有些学生把 interesting/ˈɪntrəstɪŋ/ 的音读成 /ˈɪntrəstɪŋ/。这是因为汉语的双音节词、多音节词大多数落在最后一个音节上，英语则不同。学生受汉语的影响往往按照汉语的重音习惯来读英语单词，并且英语的某些音素不在汉语中，如 /æ//θ//ð//ʃ/，所以 cat、thing、their、hare 常被读成 /ket//sin//aer//ser/。英语中的爆破、辅音浊化、连读重音等，也往往会令学生犯难，容易导致语音方面的迁移。此外，地区的方言对英语发音的影响也很明显。例如，在测试中，湖北很多地区的学生 n 和 l 不分，而英语中的 /n/ 和 /l/ 的发音位置恰恰与汉语相同，因而他们无法分辨出 night 和 light 的差别。

## （二）词汇层面

英语的词汇极为丰富，一词多义、一词多性的现象非常普遍。二语习得者在处理和运用英语时，很容易受母语的影响，因而出现各种词汇的错误，如词性错误、词汇搭配错误、词义误用等。例如，中国式英语表达常把"笔记本电脑"（personal computer）说成"notebook computer"；把"跑车"（sports car）说成"run car"。由于英汉两种语言在可数名词与不可数名词的划分上有差异，学习者常犯以下错误，把"一个女警察"（a policewoman）说成"a woman police"，"几本书"说成"some book"，而不在 book 后加 s。

虽然英语和汉语属于不同类型的语言，但是它们在动作动词的语义学范畴词汇化上表现出许多共同点。这两种语言的词汇化模式基本上互相匹配，而且是一种持续的、系统的对应。因此，语际词汇的相似性在二语词汇习得中具有正面作用，学习者的母语和目标语在类型学上互不相关的情况下，也可以发生正迁移。

## （三）句法层面

英语和汉语属于两个不同的语系，句法结构差异较大。英语的语序多为主语+谓语+宾语，而汉语的语序多取决于句子的意义，因而主语与动词的次序比较灵活。句法的差异造成了语序、表达结构和关系从句等方面的句法迁移。比如，中国学生习作里的错句，按汉语语法规则把句子"我昨天去超市买东西"翻译成"I yesterday go to supermarket to buy things."汉语没有严格意义上的形态变化，而相对来说，英语的语序、形态的变化比汉语丰富和复杂，英语学习者往往会在省略、一致、词序、回避、重复等方面犯错误。

句法的负迁移还表现在对连词的使用上。汉语句法结构中常有"因为……所以……""虽然……但是……"等一类的连词短语，而在英语句法结构中却不存在这种连词并用的情况。中国学生受汉语影响而出现了连词并用的负迁移现象。例如，"Although he is young, but he is fearless."中就出现了由于汉语负迁移的影响而造成的连词并用错误，此句应为"Although he is young, he is fearless"。

### （四）语用层面

由于中西方文化习俗的差异，中国学生在用英语进行交际的过程中，会受到汉语和中国文化的影响，从而误用汉语的语用规则，出现语用迁移现象。比如，我们生活中常见的寒暄、致谢、抱歉、谦让等都带有一定的民族文化模式。比如，中国人在交往过程中，往往会问及对方的年龄、职业、收入、婚姻、家庭状况，但如果向外国人问"How old are you?"或"How much do you earn every month?"，对方会认为是在粗暴地干涉他们的个人隐私，从而造成不快。再比如，西方人一般将别人的赞美视为对自己能力的肯定，在交际中趋于接受，一般会说"Thank you！"，而中国人却一般比较含蓄、谦虚，不会正面承认。

## 三、语言迁移对外语教学的启示

既然语言迁移在第二语言习得中起重要作用，并且又不可能消除来自母语的干扰，那么在语言教学中，教师应该通过教学使母语的干扰降到最低限度，并促进母语的正迁移，以提高英语教学的成效。

第一，在教学方法中注重对语际共性和异性的平衡。在第二语言习得中语际共性促进第二语言的学习。因此，在外语教学中，教师采取的方法应注重平衡对语际共性和异性的讲解。在一个更加平衡的教学方法中，教材不但要注重语际异性，而且要同时注重语际共性。这不仅是可行的，也是可取的。可行性表现在无论学习者的母语和目标语在类型学的差异有多大,语际词汇共性都会出现并在语言学习中被广泛地应用;可取性是指如果教师更加详细地分析两种语言子系统。例如,分析语际的共性,就可以增强学习者的学习信心和学习动机;但如果只强调两种语言的异性,学习者就会形成一种错误的概念,认为母语在外语学习中只能起到阻碍作用。

第二,减少汉语的使用比例,营造英语交际环境,强化英语交际。英语教师在有限的时间里要减少使用汉语,给学生创造更多的联系和使用英语的机会,减少过多使用汉语而造成对学生英语思维的负迁移干扰,注重对学生英语思维和交际能力的培养。教师尽可能地给学生提供听、说的实践机会,通过大量的英语练习使学生逐渐习惯英语的表达形式,自觉克服来自母语的不良影响,养成用英语进行思维和交流的习惯,提升用英语进行理解和表达的能力。

第三,在鼓励学生学习英语的同时,教师应要求他们不要忽视对母语知识和文化的学习,提高学生对文化差异的敏感性,提高他们的跨文化交际能力;训练学生形象思维、逻辑思维、判断分析、综合概括等方面的认知能力,从而相应地促进学生英语学习能力的提高。正确认识语言迁移,在一定程度上就等于对二语习得的本质有了正确的认识。对母语在外语学习中的作用有一个正确的认识,对提高外语教学质量有着极为重要的意义。外语教师在教学中应注意区分母语与外语在音、词、句、意等方面的本质不同和差异,帮助学习者提高对英汉两种语言的差异和共性的认识,从而提高学习者学习英语的积极性和主动性。外语教师应该培养学生英语思维的能力,加强文化教学,引导学生正确认识二语习得中的语言迁移现象,逐步减少母语的负迁移,提高英语教学的水平。

## 四、母语文化在英语学习中的负迁移

"迁移"(transfer)属于心理学范围,是指学习过程中学习者已有的知识或技能对新知识或新技能的获得所产生影响的现象。语言迁移理论提出于20世纪50年代,它是指在第二语言或英语学习中,学习者在用目的语交际时,由于不熟悉目的语规则而自觉或不自觉地运用母语语音、词义、结构规则或文化习惯来处理目的语信息的现象。当母语的某些特征同目的语相类似或完全一致时,往往出现正迁移,正迁移只有通过比较背景不同的成功学习者才能确定,这些比较往往能看出跨语言相似在哪几个方面发生正迁移。词汇相似有利于英语阅读能力的提高,元音系统相似可以使辨音容易一些,句法相似有利于语法习得，写作系统相似有利于学习者较快地提高目的语习作水平。而当母语与目的语的某些特点不同时，学习者在使用目的语进行交际时，借助于母语的一些规则就会产生负迁移现象。负迁移与目的语常规（norms）相异，正迁移有利于英语学习，负迁移则阻碍英语学习。

英语学习中负迁移现象不仅出现在语音、词汇和语法等语言系统本身的几个层面上，而且在语用层面上也普遍存在。

### （一）语音层面上的负迁移

从语言的语音系统角度来看，英语和汉语属于两种不同类型的语言。英语是一种主要依靠语调来区别句子意义的"语调语言"（intonation language），而汉语则属于以声调区别字义的"声调语言"（tone language）。这两种语言在音位的数量及其组合方式上是不完全一样的。这些音位系统上的差异往往是造成中国学生语音迁移的主要原因。

由于汉语音节中没有辅音群，辅音之间总有元音隔开，所以不少中国学生遇到辅音连缀时，常常在中间插上一个元音。英语既有以元音结尾的开音节词，也有以辅音结尾的闭音节词。然而，汉语的"字"（音素或单音节词）都是单音节词，基本上都属于开音节的，元音或次元音结尾占绝大多数，只有少数以辅音结尾。由于汉语的这种语音上的特征，中国学生往往容易在读英语闭音节词的时候，在结尾的辅音后面不自觉地加上一个元音。例如，把 work 读成 worker，把 bet 读成 better。又如，中国学生经常把 thin 读成 sin，把 blow 读成 below，这是因为英语中有 /θ/ 这一音位和 /bl/ 这类辅音音位组合而汉语中没有所造成的负迁移。

根深蒂固的汉语发音习惯所造成的母语迁移现象是英语语音学习中的一种不利因素，这种语音负迁移往往十分顽固，学生基本上无法达到使用这种语言的本族人的水平。因此，英语教学对语音的要求不能过分强调，不能强求完全纯正的英语语音，语音教学应以满足英语交际为目的，对于能区别意义的音位必须重视，而对于非音位的无区别意义的语音差异不必过分要求。

### （二）词汇层面上的负迁移

词汇层面上的负迁移情况比较复杂，大体说来，较多地体现在词的含义和词语的搭配两个方面。

第一，词的概念意义（或外延意义）不同或它所指范围大小不等而造成的负迁移。例如，英语"intellectual"一词与汉语"知识分子"这个词组，两者在概念意义上都是指"有知识、有文化的人"。但它们所指的范围却不尽相同，在英语中，"intellectual"是指高级的知识分子，不包括在校或刚毕业的大学生在内；而在汉语中，"知识分子"所指的范围要广得多，不仅包括了大学生，有时连中学生也包括在内。

第二，词的内涵意义不同引起的负迁移。有些词和词组虽然在不同的语言中它们的概念意义相同或相近，但其内涵意义却相差甚远。造成这种现象的原因与语言的文化背景有很大关系。例如，英语中的"propaganda"一词和汉语的"宣传"一词，它们的内涵意义是不同的。英语的"propaganda"带有贬义，是指把自己的偏见强使别人信服的意思，而汉语的"宣传"一词通常用作褒义，如"宣传党的方针政策"等。

### （三）句法层面的负迁移

学生由于对目的语的句型掌握的不多，在表达新的意义时，常常依赖母语的句法知识。当同一意义母语和目的语的句法表现形式相异时，便会产生句法层面上的负迁移。中国学生在句法层面上的负迁移情况比较复杂，基本上有以下几个方面。

1. 在时间意义的表达上

时间意义的表达，英语是反映在动词的时态上，也就是说，时间的表达是在动词的形式上表现出来的，而汉语则依靠表示时间的副词（如"曾经""正在""已经""将要"等）作状语和利用虚词"了""着""过"等做补语这一语法手段来体现，动词本身则无任何变化。这种句法表达上的差异使学生在用英语表达时间意义时，很容易受汉语语法习惯的影响而产生下面这类不正确的用法。

What do you say to him?

I have given the book to him yesterday.

They go there with us last week.

2. 在语序上

英汉两种语言在语序上也有较大的差异，如句法功能上起定语作用的短语或从句在汉语中通常前置，而在英语中则后置。又如，某些副词，尤其是表示频度的副词，如"总是""经常""几乎""通常"等，在汉语中的语序是比较固定的，经常位于动词的前面；而在英语中，其语序则取决于谓语动词的类型。下例中，副词 often 语序的误用是受汉语的影响造成的。

He often is the first to come to school.

他经常是第一个来上学的。

3. 在连词的使用上

汉语的句法结构中常有"因为……所以……""虽然……但是……"等一类的连词短语，而在英语的句法结构中却不存在这种连词并用的情况。下例中的这类由于受汉语影响而产生的连词并用的句法负迁移现象在学生中很普遍。

Because it was raining, so I had to stay at home.

Though the task was difficult, but he finished it on time.

## 五、语言僵化现象

语言僵化说这一概念是由英国语言学家塞林格（Selinker）首先提出的，他认为无论学习者年龄有多大，或所接受的目的语指导有多少，一个特定的学习者都会在与目的语有联系的过渡语中出现僵化的语言现象。根据塞林格的定义，过渡语指的是英语学习者的介于母语及目的语之间的语言体系。该语言体系是处于母语及目的语之间的一个连续体上的，它兼有学习者母语和目的语的特征，并逐渐向目的语靠近，它是由母语者创立的一种语言体系，亦被一些语言学家称为"语际语"或"中介语"。有研究表明，人类母语保护系统越完善，接受英语的内在阻力越大。大学生已经掌握了完备的母语知识，对接受英语产生了一定的抗拒力，因而他们学习英语比较困难，甚至产生语言僵化现象。这主要表现在以下三个方面：借用母语模式、沿用目的语模式、运用已学会的词和语法表达意义。例如，中国学生常用"woman"来代替"women"，将公寓大楼"apartment complex"一律说成"building"。还有些学生完全按照中国人的思维模式来造句，导致学生的英语口语和写作能力较差。英语教学课堂上大量的语言灌输使学生成为被动的语言接受者，囫囵吞枣般地学来的知识来不及消化和吸收，无法进行有效的语言反馈，只能照搬语法知识，机械地学习，造成他们学得的英语带有中国地方色彩，而非地道的英语。

# 第四节  外语教学中的文化因素

## 一、英语教学中文化因素的影响

### (一) 英语阅读课中文化因素的影响

在英语阅读理解过程中，反映文化背景知识的部分可分为以下几个层次。

1. 文化内涵词

英汉两种语言的词汇反映出各自独特的文化价值观念，语言和文化不可能截然分开，一种文化的价值必定在属于该文化的语言词语中得到反映，英语里有些词的字面意义和其背景意义相差很大。例如，英国民俗中只有"sheep"（绵羊）是善良的代表，它能为人们提供羊毛，换来财富，深受人们的喜爱；而"goat"（山羊）则是淫荡邪恶、性情好斗的。在希腊神话中，好色淫乱的"森林之神"也是长着山羊腿的怪物。了解这些知识对于阅读理解中出现的"the sheep and the goat"，人们就会很容易将其理解为"好人和坏人"。以多义词为例，当学生遇到一个多义词的时候，他们往往首先想到这个词语与他们的民族文化相关的意义，而忽略了这个词语所处的具体语境是以西方文化为背景的。王逢鑫《英汉比较语义学》一书中有这样一个实例：中国的读者一看到"dragon"就联想到"龙"，一看到"green dragon"就联想到"苍龙"。大多数中国读者不知道"green dragon"其实是一种观赏植物。因此，中国的读者在遇到"green dragon"一词时，应将其置于具体的语境中来加以理解，否则在一段描述花园景致的文字中突然跑出一条"龙"来，就显得不伦不类、令人费解了。

2. 穿插在文章中的社会文化意识

英国人和中国人对西风（west wind）和东风（east wind）的感受完全相反，在文章中这两个词所表达的意思有着明显的地理文化差异。汉语中，"东风"使人想到温暖和煦，草长莺飞；而西风则正好相反，有一种砭人肌骨的味道。然而英语的情况却与汉语相异，巴特曾经写道"biting east winds"（刺骨东风）。关于西风，弥尔顿这样写道："And west winds with musky wing(带有芳香翅膀的西风)"。两种风在中西语言中的味道截然不同。这是因为中西方自然环境的差异,中国地势西高东低,西部高山,东部大海,东风吹来,舒适无比;而来自西伯利亚的西北风,则寒冷刺骨。英国是岛国,东风来自欧洲大陆北部,故而寒冷;西风来自大西洋,温暖宜人。在阅读理解时,了解英语中的西风和汉语中的西风的差异,学生便会很容易把握文章的思路,从而正确理解文章的内容。

## (二)英语听力课中文化因素的影响

听力理解的过程是对语言信息的解码和意义再构建过程的结合。在这个过程中,除了要求学生积极参与外,学生的社会文化背景和语用学知识同样重要。马利和查莫在1990年公布了他们的一项调查,结果发现听力理解好的学生和差的学生在使用学习策略方面呈显著差异。听力好的学生会根据上下文推断意义和运用背景知识辅助理解,尽量排除听力理解过程中母语负迁移的干扰。听力差的学生总是受某种思维定式的干扰——即用母语的某种约定俗成的思维方式去考虑它、理解它和判断它。这种负迁移会对记忆的产生、保留以及对语言信号的解码产生障碍。

## (三)英语写作课中文化因素的影响

汤普森认为,汉语是话题突出语言,而英语属于主语突出语言,两者的结构特征存在差异。话题突出现象是汉语有别于其他非话题突出语言,特别是英语的一个重要特征。在英语中,几乎所有句子的主语都必须出现在动词前并与动词在数方面互相呼应。在汉语里,主语的概念似乎并不具有如此重要的地位,然而话题概念在解释汉语语篇时却十分重要。英语和汉语在句子基本结构方面的差异直接影响到学生的英语写作,中国学生的作文里存在过多使用话题突出英语句子的倾向。王振亚认为,英语动词有时态差别,这意味着英语动词有表达时间的功能,除非必需,写英语句子时,一般不用时间状语。汉语动词表示时间的功能弱于英语,因而汉语时间状语的出现频率要远远高于英语时间状语。例如,许多学生在作文中经常会写"She is reading now."其中多余的时间状语就是英语和汉语时间状语在使用频率上的差异造成的。我国学生也有在表达复数概念时过于依赖词汇手段的倾向。在英语中,表达复数概念的语法词素是强制性的,必须加在任何表达复数概念的可数名词之后，而词汇手段是非强制性的，不必要时可以不用，但在汉语中，表达复数概念的语法手段"们"在使用上受到很大限制。人们不可以说"八位教师们"，也不可以说"花儿们"。当表达复数概念的语法手段受到限制时，词汇手段的重要性自然就会增加。英语和汉语的这一差异往往导致学生在写作时写成"some years ago"这样的表达方式。实际上，"some"（词汇手段）是不必要的，英语国家的人只说"years ago"。

## 二、文化因素在英语教学中的重要性

与语言同根生同根长的文化对于母语习得者来说是习而不察的。因为人们在习得第一语言的过程中，已经形成了一种自我认同，也就是母语习得者在母语习得过程中，已经无意识地获得了其母语中所蕴含的文化。"自我认同"在英语学习中无疑有一种负迁移作用，形成一种"自我疆界"。他们往往在无意识的情况下用自己的母语知识学习英语，用自己熟悉的文化知识以及已经形成的思维方式学习目的语、衡量目的语文化。刘长江认为这种母语及母语文化负迁移的作用给英语学习带来的干扰，在很大程度上影响了目的语的学习。正如吕必松先生所说，语言系统中的文化因素同样是语言能力和语言交际能力的一个构成要素。语言的功能是多方面的，其中最本质和最主要的当然是交际功能。

用英语交际，只知道语音、语法、词汇知识是不够的，还必须懂得英语交际所必需的文化背景知识，以确保在交际中正确理解和表达。近年来，人们对语言与文化、文化与交际之间的关系认识在逐渐深入，人们开始肯定语言与文化的不可分割性以及文化因素在跨文化交际中的重要性。在众多研究中，基本上是强调目的语文化的导入，目的语文化教育几乎被看作英语教育中文化教育的全部内容，而且所涉及的项目又往往局限于一些社会风俗习惯等，这是对文化教育的片面理解，英语教育过程实际上是目的语文化和本族文化兼容并举的过程。事实上，人们学习英语的目的是为了双语文化的交叉交际，这种跨文化交际既可能因为彼此缺乏对对方文化的了解而出现交际失误，也有可能因为不会使用英语进行文化表述而导致交际中断。那种认为母语文化对英语学习关系不大或母语文化虽然重要但却没有必要将其包含在英语教育的看法应该摈弃。英语教育要将两种文化进行比较教育，发掘母语文化在英语学习中的正迁移作用。

束定芳、庄智象认为，本族文化在英语教学中至少有两个重要作用：一

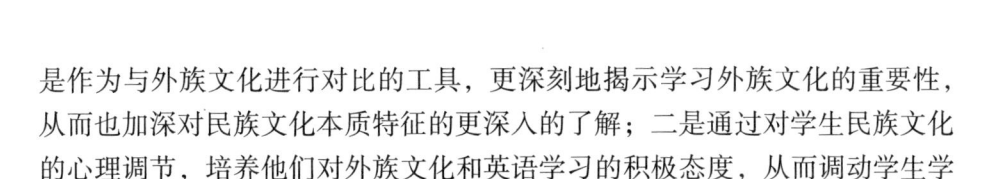

是作为与外族文化进行对比的工具，更深刻地揭示学习外族文化的重要性，从而也加深对民族文化本质特征的更深入的了解；二是通过对学生民族文化的心理调节，培养他们对外族文化和英语学习的积极态度，从而调动学生学习英语的积极性，提高目的语文化和母语文化的鉴赏力。

## （一）培养学生文化能力的重要性

首先，英语教学的目的是培养学生的交际能力，美国社会语言学家海姆斯认为，交际能力有四个重要参数，即语法性、适合性、得体性和实际操作性，其中适合性和得体性实质就是语言使用者的社会文化能力。菲耐和斯温认为交际能力包括四个方面：语法能力、社会语言能力、语篇能力和策略能力。其中，社会语言能力是指在各种不同的交际场合下，语言使用者能够根据话题、说话人身份、交际目的等多种因素，恰当地理解和表达话语，这与海姆斯的适应性和得体性有着相似的内容，其实也就是社会文化能力。由此可见，在英语教学中，培养学生的交际能力就包括培养他们的社会文化能力或跨文化交际能力。

## （二）文化教学的基本原则

文化教学不等同于英美文化的导入。在历史的进程中，社会的发展、民族的交往和文化的传播为语言间的相互影响和相互渗透提供了条件和基础，不能单纯地把一种文化强加在另一种文化上面。在跨文化交际教学中树立平等交流意识、求同存异，交际双方要变换视角，跳出自我文化价值的束缚，透彻地了解双方的民族文化心理，应以对方的文化价值观来看待和评价对方的所作所为。

在文化教学中要坚持以下几个原则。

1. 对比原则

文化教学中的对比原则就是将本土文化和目的语文化进行对照、比较，在找出相同点的同时，更重要的是发现差异。文化教学使用对比原则可以加深对目标文化的认识，了解不同国家、不同民族的思维方式、价值取向，可以帮助解释不同的文化行为，从而避免用自己的标准去要求、去解释别人的行为。有比较才能有鉴别。通过对比，学生可以提高区别可接受的文化和不可接受的文化的能力，防止生吞活剥地将目标文化吸收下来。此外，文化能力是交际能力的一个组成部分，使用对比原则还可以提高交际能力。

2. 吸收原则

舒曼区分了文化教学中的三种典型策略：文化同化、文化保存和文化适应。按照舒曼的说法，所谓"文化同化"就是放弃本土文化的生活方式和价值观念而采用目标文化的生活方式和价值观念。所谓"文化保存"就是指保存本土文化的生活方式和价值观念而拒绝目标文化的生活方式和价值观念。所谓"文化适应"就是指在采用和融合目标文化的某些成分的同时也力图保存自己的生活方式。本研究所探讨的吸收原则就是在认同目的语文化中对母语文化有益的东西的同时，对其进行加工、改造、变革、同化，使目的语文化中有益的部分逐渐变成母语文化的一部分。文化教学的吸收原则，换句话说，就是鲁迅先生所倡导的"拿来主义"原则。当然这种"拿来"不是生吞活剥地吸收，不是不加区别地兼收并蓄，而是要经过一个去粗取精、去伪存真、由此及彼、由表及里的改造过程。

3. 相关性原则

相关性原则是指所有文化教学内容都应和教材内容有关。教师在进行文化教学时，一定要传授和课文内容相关的文化信息，该信息要与学生所学的语言知识紧密联系，而不是任意的或漫无边际的；同时，还要考虑将来学生有可能从事的职业，文化教学内容要和语言交际实践紧密结合，文化教学不单单是向学生传授文化知识，而且最重要的是通过文化教学使学生正确理解和掌握语言知识，并能得体地进行跨文化交际。

4. 阶段性原则

一般来说，在体验一种新的文化的过程中，人们通常要经历四个阶段，即陌生阶段（the tourist phase）：感受全新的文化；危急阶段（the crisis phase）：意识到两种文化的差异而感到不知所措；调试阶段（the adjustment phase）：逐步接纳两种文化的差异并开始认同新的文化；还原阶段（the back to normal phase）：在接纳新文化的过程中恢复到自如的状态。人们在处于还原阶段时，并不意味着已经完全接受了新的文化，而只是说明在一定程度上的适应性。以上四个阶段可以称之为"文化移入"（acculturation）。文化移入的第三阶段不仅是学习者感受最佳感知的社会距离的阶段，而且是学习者感受最佳认知和情感紧张的阶段，学习者经受了学习语言的必要压力，从而有力地推动了语言学习。

阶段性原则实际上就是要求文化的内容的引入应遵循循序渐进的原则。

根据学生的语言水平、接收和领悟能力来确定文化教学的内容，由浅入深，由简单到复杂，由现象到本质。同时在贯彻阶段性原则时，教师还必须注意文化内容本身的内部层次性和一致性，不至于使教学内容显得过于零碎。词语文化与话语文化相比，话语文化所涉及的因素往往要比词语文化复杂，但词语文化内部也有非常复杂的情况并涉及文化的各个方面。因此，在安排教学内容时，教师要充分考虑到这些方面的因素，做出合适的选择。

### （三）文化教学的基本内容

文化教学的内容包括文化的表层内容和深层内容。文化的表层内容主要包括：语言（特别是词语）的文化内涵、语体文化和目的语国家的人文地理、风俗习惯。文化的深层内容主要包括目的语国家的民族心理、思维方式、时间观、空间观和价值观等。文化教学的表层内容以"学习目的语文化背景知识"为主；文化教学的深层内容主要着眼于培养学生的文化洞察力、文化理解力，乃至文化创造力（即能够实现在两种文化之间的互动）。

1. 发现和寻找文化的共性

由于人类的思维基本相同，人们对社会和自然界有着相似或大体一致的看法。因此，在彼此不同的背景下产生的文化也有着许多共同之处，这就为文化交流奠定了基础。因为不同文化之间有文化重合（culture overlapping）现象，英汉文化也有很多共同点。例如，在英语中"patriotic""diligent""kind""noble""intelligent"都是褒义词，它们在汉语中的对应词"爱国的""勤奋的""善心的""高尚的""智慧的"也都是褒义词。而"traitorous""lazy""cruel""mean""stupid"在英语中是贬义词，它们的汉语对应词"叛国的""懒惰的""残忍的""卑鄙的""愚蠢的"也都是贬义词。词汇是褒义的还是贬义的不仅仅是语言问题，实际上主要是文化问题。词义的褒贬反映了一个民族或人群对词汇体现的行为或思想的评价。上面的英语词和它们对应的汉语词在褒贬义上的一致反映的是英汉民族对与这些词有关的行为或思想的评价是一致的。英语中表示四季的词"spring""summer""autumn""winter"分别对应汉语"春""夏""秋""冬"。说明英汉民族对四季的划分是一致的。

例如，英语中有句谚语"Every potter praises his own pot."（卖罐子的都夸自己的罐子好），汉语中虽没有完全相同的说法，但也有对等的谚语"王婆卖瓜，自卖自夸"。二者对同一认识的出发点虽不同，但反映的本质却一致：每个人都不愿说自己差。再如，英语中的"All lay load on the willing horse"与汉语中的"人善被人欺，马善被人骑"更是如出一辙。比喻是一种修辞格，反映的是人类的思维方式、情感反应方式和认知方式。英汉民族经常在相同的本体（tenor：指思想上的对象，即被比喻的事物）和喻体（vehicle：指用来比喻的另一事物）之间建立类比关系。例如，as free as a bird（像鸟一样自由）、as fat as a pig（胖得像猪）、as hard as steel（坚硬如刚）、as meek as a lamb（像羔羊般温顺）、as timid as a mouse（胆小如鼠）。

英汉民族的非语言交往也有共同点。英汉民族都用点头表示"同意""赞同"，用摇头表示"反对""怀疑"。英汉文化都是非接触性（non-contact culture）文化，谈话的人之间距离较大，很少有身体接触。汉民族属于高语境文化，英国则介于高语境和低语境文化之间，情感不外露，性格比较内向，做事谨小慎微。这些文化重合现象对英语教学有明显的辅助作用，英语教学的基础就是文化的共通性或偶合性。理解两种文化或比较两种文化，只有在找到它们之间的共性的基础上，才有可能进行比较研究。

2.加强中西方文化差异的比较

每一种文化都有自己约定俗成的交际习俗与礼仪，如果在跨文化交际中不了解目的语日常言语交际的惯用准则，常常会造成交际失误。正如托马斯所说，语法错误从表层上就可以看出，受话者很容易发现这种错误。这种错误一旦被发现，受话者便会认为说话者缺乏足够的语言知识，因而可以得到一定程度上的谅解。语用失误却不会像语法失误一样被看待。如果一个能说一口流利英语的人出现语用失误，他很可能会被认为缺乏礼貌或不友好。他在交际中的失误便不会被归咎于语言能力的缺乏，而会被归咎于他的粗鲁或敌意。因此，在英语教学中要加强中西文化差异的比较，让学生认识到本族文化和目的语国家文化之间的异同，给学生提供一个了解所学语言国家的人和生活方式的机会，让学生学会容忍和尊重所学语言国家的文化和风俗。文化教学还可以扩大学生的视野，培养他们的个性。正如兰德尔所说，在英语教学中，文化学习将最终导致思想的解放，更加扩大国际间的理解和合作，尊重和欣赏所学语言国家的价值观和人们的生活方式（In English teaching, cultural learning will ultimately lead to a liberation of the mind, to greater international understanding and cooperation, and toward an appreciation of, or at least respect for other people's ways and values.）。英语教学应该在学生掌握扎实语法的基础上，提高学生的文化意识、语言敏感度、改善交际策略，在特定的语境下，让学生进行得体的跨文化交流，最终目的是提高学生的语言能力和跨文化交际能力。文化教学中的对比原则就是将本土文化和目标文化进行对照、比较，在找出相同点时，更重要的是发现差异。欧洲杰出的理论家艾柯（Eco）于1995年访问中国，在北京大学发表演讲时精辟地指出，了解别人并非意味着去指明他们和我们相似，而是去理解和尊重他们和我们的差异。换句话说，不同文化之间既有相似之处也有不同之处。在教学实践中，要有意识地将中西文化进行对比教学，带领学生认识和比较中西文化的异同，使其使用英语表达中国文化的水平、基础英语水平以及对外国文化的了解同步提高。在国际交流中，中国人使用的英语体现的应该是中国文化，而非英美文化。因此，在英语教学中加强对中国传统文化的传授是十分必要的。这不仅有助于抵御英美文化的冲击，保持中国文化身份，而且有助于加深学生对母语文化的理解和对外来文化的宽容理解和尊重，从而弥补中国学生对西方文化知识匮乏的不足，真正提高跨文化交际能力。

3. 适当增加文化测试内容

针对中国学生对中国文化及其英语表达的陌生感，学校可以在考查学生的英语语言基础知识之外，在测试中适当增加一些文化内容试题，尤其是应该添加一些涉及中国文化或中外文化差异的内容，如中国特色文化词汇的英语表达，有关中国文化话题的英语作文，甚至以中外文化比较为主题的英语小议论文。此外，英语测试中对文化内容的考察形式不应拘泥于书面表达，也可以采用口头表达的方式，如英语口语测试等。

# 第五章　外语教学与文化的融合

如今，世界各国交流日益频繁，很多人处在跨文化交际的语境中，不同国家的人以多种不同的方式和渠道借助语言进行交流，不同国家的文化在交流中既互相碰撞、互相冲突，又互相渗透、互相融合。这一时代的特征势必要求以思想和文化交流为目的的英语教学也要进行历史性的转型。我国传统英语教学的困境在于将语法、词汇、修辞等语言本身的特征作为教学的主线贯穿于教学的全过程，而忽略了语言最基本的交流功能。不同母语背景的人与人之间的交流不仅仅是语言的交流，也是文化的交流，而文化的多元化常常是彼此交流的障碍，本章就外语教学与文化的融合进行进一步探讨。

## 第一节　文化要素在外语教学中的价值

### 一、英语与汉语之间的关系

#### （一）迁移现象

汉语是中国人的母语，少年儿童在开始学习英语时已经能够比较好地使用汉语进行交际。也就是说，他们已经掌握了一定量的汉语词汇和基本语法，具备了使用汉语进行听说和读写的能力。而英语是作为一门外语来学习的目标语。在谈到母语和目标语之间的关系时，人们经常谈到的是"迁移"的问题。在迁移现象的研究中，有三种主要的理论，包括对比分析假说、标记理论和认知理论。对比分析学派认为，母语和目标语的差异会导致负迁移的发生。瓦恩里希（Weinreich）指出，两种语言（母语和目标语）相似引起正迁移；两种语言相异引起负迁移。拉佐（Laco）也指出，学生在接触一门外语时会发现该语言的有些特征相当容易掌握，而另外一些特征则极其难掌握。其中，与其母语相似的成分简单，而相异的成分困难。除母语和目标语的异同之外，在考察语言的迁移问题时，还要考虑母语在什么阶段、在什么条件下影响目标语的学习。埃利斯（Elis）指出，有两个重要的非语言因素对母语知识何时会干扰第二语言习得的过程起着决定性作用：一是环境，二是学习阶段。从学习阶段来看，在初学阶段，学习者由于缺乏足够的目标语知识，在表达中往往更多地依赖母语，因而这一阶段有可能较多地出现母语知识的负迁移。中国学生在学习英语的过程中，语言迁移表现在语音、词汇和语法等各个方面。

1. 语音迁移

语音迁移是语言迁移中最为明显也是最为持久的现象。埃利斯指出，人们普遍认为第一语言对第二语言习得具有很强的影响，最为明显的证据就是第二语言学习者的外国口音。英语和汉语分属不同的语系，两者在语音方面存在很大的差异。第一，汉语是一种声调语言，用四声辨别不同的意义。而在英语中，语调起着非常重要的作用，这一点很容易给我国操北方方言的学生造成特殊的语音语调困难。第二，英语和汉语的音素体系差别较大，两种语言中几乎没有发音完全一样的音素。有些音素虽然类似，但是发音部位也有细微的差别，这一点很容易导致负迁移的产生。

2. 词汇迁移

初学英语的人很容易认为英语与汉语的词汇存在着一一对应的关系，每个汉语词汇都可以在英语中找到相应的单词。其实，一个单词在另一种语言中的对应词可以有几种不同的意义，因为它们的语义场不相吻合，呈现重叠、交叉和空缺等形式。例如，汉语中的"重"一词在英语里有"heavy"与之对应，但是"heavy"的意义与"重"一词并不是完全吻合的，在英语中，我们可以发现诸如 a heavy box, a heavy smoker, heavy rain, heavy traffic 等表达方法，并不是汉语中的一个"重"字所能解决的。初学英语的人往往会把汉语的搭配习惯错误地移植到英语之中，于是出现了 big rain, busy traffic 等不合乎英语表达习惯的句子。英汉两种语言文化的差异也会导致两种语言词汇意义的差异。除少量的科技术语、专有名词在两种语言中意义相当之外，其他词汇的含义在两种语言中都或多或少地存在着差异，这些差异都有可能导致负迁移现象的发生。

3. 句法迁移

句法就是组词造句的规则，也就是传统所说的语法。英汉两种语言在句法方面有一些相同之处，同时也存在着很大的差异。首先，汉语是一种分析性语言，没有严格意义上的形态变化，主要通过词序和虚词的使用来表达各种句法关系。英语则具有许多综合语的特征，与汉语相比，英语的语序比较灵活，形态变化较多。英语和汉语的这种差异很容易导致中国英语学习者学习困难，尤其是对于初学者来说，他们很容易受到汉语的影响，在使用英语时忘记词汇形态的变化。例如，名词的单复数、代词的主格与宾格形式、动词的时态变化等。其次，英语重形合，句子中的词语和分句之间常通过语言形式手段（如关联词）来表达意义和逻辑关系。汉语则重意合，其意义和逻辑关系往往通过词语和分句的意义表达。例如，If you don't go, I won't go either。这一英语句子中使用了连词 if，而相对应的汉语连词"如果"则可以不用，直接说"你不去，我也不去"。在口语和非正式的文体中，汉语通常不像英语那样频繁使用连词。受此影响，中国学生在使用英语时常按照汉语的习惯仅将一连串的单句罗列在一起，不用或者很少使用连词。最后，英语和汉语在静态和动态方面也呈现出一定的差异。英语倾向于多用名词，因而叙述呈静态，而汉语多用动词，其叙述呈动态。例如，"He is a good eater and a good sleeper"，这个句子中只用了 eater 和 sleeper 两个名词，而相对应汉语应该是"他能吃能睡"。如果要求学生把这个汉语句子译成英语，他们首先想到是"He eats and sleeps well"。英语名词化的特点使许多中国学生感到不适应，在写作中这一点表现得最为突出。

迁移并非总是坏事。有时候，由于英汉两种语言之间存在着很多相似或者吻合的地方，中国学生在学习英语时可以利用已有的汉语知识促进英语的学习。例如，汉语中的形容词都位于它所修饰的名词前面，而英语也同样如此。当学生学习了 beautiful 和 flower 两个词之后，就会很自然地说出"a beautiful flower"。

### （二）社会功能问题

与汉语和英语的关系这一问题相关的还有语言的社会功能问题。一个民族的母语是其民族的特征之一，母语教学对于培养学生的爱国主义情感具有重要的意义。如果因为学习外语而忽视了对母语的学习，那会导致严重的后果。在新加坡，许多有识之士指出，新加坡20年来母语教育的失败是社会凝聚力低的原因。由于新加坡学校普遍实行英文教育，在这种环境下长大的新一代华人子弟思维西化，他们汉语水平很低、讨厌学习汉语并连带讨厌它所承载的华人文化，所以，出国读书成了新加坡年青一代的必然选择。实际上，在我国国内，类似的问题也同样存在，一浪高过一浪的出国潮与此也存在着一定的关系。

### （三）需要注意的问题

1. 在全社会重视英语教学的同时，绝不要忽视汉语的学习

经济的全球化和科学技术的国际化正在成为新的时代特征，英语作为国际交往中最为重要的交流与沟通的工具，其重要性已经为越来越多的人所认识。目前，中国人学英语的热情空前高涨，从呀呀学语的幼儿到白发苍苍的老人，英语学习者不计其数。从幼儿园一直到大学，英语教育都是教育主管部门和学校领导所关注的重点问题之一。与此同时，剑桥少儿英语、全国公共英语等级考试、全国大学英语四六级考试等国内外各个层次的考试也为英语学习的热潮推波助澜。另外，为了满足人们学习英语的需求，各种各样的教学方法，丰富多彩的学习用书、音像制品和软件也应运而生。这无疑是一件好事情，对于创造良好的英语学习环境，培养具有国际竞争能力的高素质人才，提高我国在国际竞争中的实力，推动中外交流，增进我国人民与外国人民的沟通具有重要的影响。但是，这样的环境很容易给人们，尤其是中小学生（包括许多家长在内），造成一种错觉，认为英语比汉语还重要，从而忽视汉语的学习。不重视英语是错误的，但因为重视英语而忽视了对自己母语的学习也同样是不正确的。

2. 克服负向迁移，促进正向迁移

在对待汉语和英语之间的关系方面有两种截然相反但都不可取的态度。一种是依靠汉语来教授英语，这显然是不可取的。英语教学的目的，首先是培养学生使用英语进行交际的能力。这种能力只有在学生大量地接触英语和使用英语的前提下才能获得。而英语教学的课时有限，要想在有限的课时内最大限度地使学生接触和使用英语，就必须尽可能地使用英语进行课堂教学。使用英语进行教学具有两个方面的益处：一是创造英语的氛围；二是尽可能地避免汉语的负向迁移。对于中国的英语学习者来说，汉语是他们的

母语，在学习英语时会自觉或不自觉地与汉语进行比较，如果在教学过程中过多地采用汉语，学生就会很难摆脱对汉语的依赖，养成一种以汉语做"中介"的不良习惯，在听说读写等语言活动中会不断地把听到的、读到的及想要表达的英语先转换成汉语，这样就很难流利地使用英语，也不可能写出或讲出地道的英语。另外一种是完全摆脱汉语，全部用英语教学，这不仅难以做到，而且也是不可取的。在英语教学中应该充分发挥汉语的积极作用，促进汉语和英语之间的正向迁移。在英语课堂上使用汉语要注意以下几点。首先，汉语作为教学手段，使用方便，易于理解，但是不能过分。在解释某些意义抽象的单词或复杂的句子时，如果没有已经学过的词汇可以利用，可以使用汉语进行解释，另外也可以对发音要领、语法等难以用英语解释的内容使用汉语进行简要的说明。其次，利用英语和汉语之间的比较，可以提高教学的预见性和针对性。对于英汉两种语言相同的内容，学生学起来比较容易，教师只要稍加提示，学生就很容易掌握。但某些内容为英语所特有，学生学起来比较困难，教师应该有针对性地将其作为教学的重点，适当增加练习量。对于两种语言中相似但是又不相同的内容，学生很容易受到汉语的干扰，教师在教学过程中要多加注意。

## 二、文化要素在外语教学中的价值

### （一）具有较高的实践价值

我国是一个有5000年文明历史的古国，我们的老祖先给我们留下了丰富的文化遗产，与此同时，西方的古希腊、古罗马也有着几千年的文化流传至今，我们在汲取自己国家文化的同时也应该学习西方的文化史，取长补短，这对于完善我们的文化，促进我们国家的政治和经济的发展都有很大的作用。西方文化史是从古希腊文化讲起的，涉及古希腊文化、古罗马文化、中世纪的宗教文化、文艺复兴、宗教改革和启蒙运动的理性文化、现代社会的多元文化等。

古希腊文化中最主要的是古希腊战争、古希腊艺术和古希腊神话。古希腊文化作为古典文化代表，在西方乃至世界上都占有极其重要的地位，其灿烂程度、影响力、长久的生命力似乎只有中华文化方可比拟。古希腊文化的主要特点是理想主义、人文主义、理性主义、悲剧性和雄伟性。古希腊一个重要的美学思想就是"和谐是美"。古希腊人很早就提出黄金比例的观点，并运用于绘画和雕刻。文艺复兴的核心思想就是人文主义。希腊人重视个人价值，追求自由、享乐，希腊神话中就经常出现半神半人的英雄。希腊人也是奔放的，拥有所谓的"酒神情绪"。希腊人的理性色彩也是比较突出的，他们将其运用到哲学上，思考世界的本原，探讨悖论的逻辑；运用到科学上就是研究杠杆、滑轮、浮力，发现物理的奥秘。希腊人还研究自身的追求与命运的矛盾，这就形成了悲剧。《荷马史诗》就是悲剧的代表，阿喀琉斯和赫克托耳是两种典型的悲剧人物。前者是自身追求与命运的矛盾体，后者是自身思想与国家使命的矛盾体。悲剧不是侧重写悲，而是写悲壮雄伟。希腊的史诗戏剧大多体现英雄主义色彩，抒情性较强。

古希腊流传至今最有价值和最具影响力的就是古希腊哲学了。早期的希腊哲学集中在辩论与质询上，同时为现代科学与现代哲学铺设了道路。早期的希腊哲学家对后世产生的影响从未间断，从早期穆斯林哲学到文艺复兴，再到启蒙运动和现代的普通科学，其中最为后世所称道的哲学家就是苏格拉底、柏拉图和亚里士多德。柏拉图受教于苏格拉底，并教导了亚里士多德。他们的作品，虽然在许多基础的方面有关联，但在风格和主旨方面却截然不同。柏拉图最著名的作品陈述了一个关于伦理学、形而上学、推论、知识和人类生命的概要观点，其突出的思想是通过直觉所获得的知识总会留下困惑和不纯的观点，而且对所谓沉思的心灵能从世界中获得"真实"的知识感到厌烦。这样的知识不仅有伦理的重要性，还有科学的重要性。我们可以把柏拉图视为一个唯心主义者和理性主义者。相比之下，亚里士多德更重视从感观获得知识，而且相对更多地获得经验主义者的现代标签。因此，亚里士多德为之后发展进入科学的时代做好了准备。苏格拉底重视伦理学，是古希腊第一个提出要用理性思维寻找普遍道德的人。他是道德哲学的创始人，强调道德是由理性指导的。在欧洲哲学史上，他最早提出了唯心主义的目的论，认为一切都是神所创造与安排的，体现了神的智慧与目的。他提出了"自知自己无知"的命题，认为只有放弃对自然界的求索（因为那是神的领域），承认自己无知的人才是聪明人。

古罗马文化也是世界古典文化中的瑰宝。它继承了古希腊文化，在哲学、文学、建筑等方面为全人类创造了巨大的精神财富。希腊文明分为三个时期，它形成于公元前800年至公元前500年的黑暗时代，经历了古典时代（公元前500年至公元前336年）和希腊化时代（公元前336年至公元前31年）。公元前146年，希腊被罗马攻克。希腊文明也就被罗马文明所取代。

罗马从政体上看是统一的，实行联邦民主制，较早地开创和实践了民主的概念。这与由各个城邦组成的松散的希腊是不同的，而且古罗马的军事实力是非常强大的，与同时期东方的汉王朝一样，都是各自世界中的最强者。因此，在打下广大疆域的同时，它也继承吸收了其他文化的精髓，包括迦太基文化、腓尼基文化、日耳曼文化、埃及文化以及早期基督教文化等。罗马文化最重要的特征就是质朴务实的传统美德、热爱祖国的强烈情感、虔诚敬神的宗教态度、遵纪守法的习惯风气和求实致用的精神。另外，古罗马的政治体制、文学艺术、建筑等方面也都有古希腊文化的特点。我们都知道唯心主义是哲学上的两大基本派别之一，是与唯物主义对立的理论体系，它在哲学基本问题上主张精神、意识第一性，物质第二性，即物质依赖意识而存在，物质是意识的产物。西方的文化侧重于唯心主义的文化体系，而唯心主义又分为主观唯心主义和客观唯心主义。主观唯心主义把个人的某种主观精神如感觉、经验、心灵、意识、观念、意志等视为世界上一切事物产生和存在的根源与基础，而世界上的一切事物则是由这些主观精神所派生的，是这些主观精神的显现。中国宋明时期的陆王学派所谓的"心即理""吾心即是宇宙""心外无物""心外无理"，英国的贝克莱所谓的"存在就是被感知""物是观念的集合"等观点，都是有代表性的、典型的主观唯心主义和唯我论观点。客观唯心主义认为，某种客观的精神或原则是先于物质世界并独立于物质世界而存在的本体，而物质世界（或现象世界）则不过是这种客观精神或原则的外化或表现，前者是本原的、第一性的，后者是派生的、第二性的。中国宋代程朱理学的"理"、古希腊柏拉图的"理念"、德国黑格尔的"绝对观念"，都是这种作为世界本体的客观精神或原则。客观唯心主义也是宗教的一种比较精致的形式，宗教则是客观唯心主义的一种粗俗化的形式。西方的文化在全球的各方面中都有体现，还有一些已经成为人们日常生活中不可或缺的一部分，所以了解西方文化是必要的，也是很有意义的。同时，西方文化对我们国家的政治经济以及文化有一定影响，在许多方面还是很有借鉴价值的。总的来说，开展西方文化的教育教学是很有必要的。

## （二）有利于充分认识中西文化差异

文化就其本质而言是人类的生存方式和价值观。在人类千差万别的生存模式和价值观中，中国文化和西方文化两大迥异的文明形态与冲突及其富有戏剧性的历史命运，更是引起了东西方学者的高度关注和认真思索。延续了

5 000年，从未中断，给世界以巨大影响力的中华文明，在其漫漫发展的历史长河中，其优秀传统是什么？其留给后人的负面影响又有什么？如今在世界上借助于资本和科学技术优势处于强势地位的西方文化，其精华和糟粕又各是什么？对于这些问题的认识，只有把它们放到人类文明发展演化的大背景下，放到全球文化多元共生的大视野中，才能得出清醒的判断。那么，遵循怎样的逻辑起点才能进一步把握某一文化系统的特征与性质，并正确鉴别其中积极与消极的因素呢？马克思说："人们自己创造自己的历史，但是他们不能随心所欲地创造，并不是在他们自己选定的条件下创造，而是在直接碰到的、既定的、从过去继承下来的条件下创造。"到目前为止，学术界比较通行的逻辑起点是站在文化的地域和民族特征的基础上，把对东西方文化不同的文化传统的剖析和文化基本精神的比较作为统摄整个文化比较的中心线索。在彼此的文化比较中，从东西方文化形成的背景与基础入手，通过分析不同文化赖以产生的不同地理条件以及在此基础上形成的原初生产方式及经济社会结构模式等文化景观，由此导引出对不同民族精神的初步探讨。在此基础上，再选择一些在文化系统中有着最普遍联系和广泛影响的文化现象展开具体分析。通过对东西方文化在上述诸方面基本异同的比较，我们对东西方文化的不同总体价值在文化诸要素中的体现有一个系统的把握，进而全面认识东西方文化精神在文化演进中产生的积极或消极作用。通过对中国文化和西方文化的比较研究，纷繁复杂的各种文化现象可以透过世界呈现在我们面前，使我们廓清其本质，从而理性地看待西方文化。

  任何一种文化都通过传承而延续，通过创新而发展。传承是文化存在的形式，创新是文化进步的灵魂和发展的动力。从历史的角度看，中华文明之所以能够长期延续而没有衰亡和湮灭，就在于这种文化善于传承和创新。通过对中西方文化的深入比较研究，我们既可以领略西方文化"人文主义、理性主义、探索精神"等魅力，也能体会中华文化"天人合一、和谐中庸、务实求真"等博大精深。中华文明历史悠久、博大精深，是世界文明史上、发展史上唯一没有中断过的文化，为中华民族的发展，为整个世界的进步作出过卓越的贡献。从这个意义上看，我们必须在文化建设的过程中进行文化传承。但是由于各种各样的历史和现实的原因，中国文化存在着糟粕和落后于时代的东西。从这个意义上说，我们必须进行文化创新，必须拿出文化创新的勇气，增强文化创新的自觉意识。有比较才有鉴别，有鉴别才能知道哪些东西需要传承，哪些东西需要创新。对中西方文化的比较研究能够进一步使我们对如何进行文化传承和创新做出更加理性的判断和选择。比较将会从一个更为合理的角度为我们进一步了解和学习中西文化提供一种参照，提高我们对中西方文化的理性认识。

总之，我们一方面要结合时代精神继承和发扬中华优秀传统文化，另一方面也要积极吸收西方文化的优秀成果，把两者有机结合起来。

## 第二节　外语教学与文化教学

### 一、外语教学的文化教学要素

#### （一）外语教学的文化教学史

外语教学中的文化教学可以追溯到中世纪早期，那时传统的古典文献课不仅系统介绍罗马帝国的历史和地理，而且介绍古时人们的日常生活。19世纪末至20世纪上半叶，语言教育理论家的著作及政府报告（如德国和英国）均体现出对文化因素的清楚意识。英国的背景研究、法国的文明、德国的区域研究等都是语言教学中的文化教学。很多学者如拉科（Laco）、布鲁克思（Brooks）、拜拉姆（Byram）、克拉姆契（Kramsch）、劳（Lao）都曾探讨过如何通过外语教学来进行文化教学。

外语教学法的各种流派也都没有忽视文化教学。西欧古典语法翻译法一直采用所学外国语国家的原文名著作为主要教材，同时简要介绍所学外语国家的文学史和名作家生平等知识。现代直接法的代表人物贝力子、叶斯珀森等，都主张外语教学应有文化背景方面的内容。情景法英语教材中有不少目的语文化的片段描述（涉及的主要是大的文化），交际法教学涉及的是交际文化。现在，文化教学目标在一些国家（如法国、英国等）的外语教学的文献中已经有明确的规定。

中国真正关注外语的文化教学是从1964年的一个重要政府文件《外语教育七年规划纲要》的颁布开始的。在此文件中，外语教育者达成了共识，即外来文化应该在外语教学中占有合法地位。自20世纪80年代起，中国掀起了文化热。学者们先是介绍国外文化教学的研究成果，而后又结合中国实际提出了自己的文化教学观。王振亚提出将交际能力扩展为包括非语言行为能力在内的交往能力。徐盛桓以新格赖斯会话含义理论为理论框架提出了常规关系模式（the model of stereotypical relation）。他认为语言运用中所用到的常规关系，是语言系统和知识系统相结合的产物。这一结合，可能为语言和文化的沟通提供一种沟通的渠道，进而为语言教学同文化教学的沟通提供一种渠道。陈申提出了文化教学的最终目标应该是培养学生的"文化创造力"。"文化创造力"一方面要求文化教学不能只顾内容，应当同时重视教学过程；另一方面要求对教与学的关系也要做适当的调整，把调动学的积极性放在首位，不仅从教的角度，而且从学的角度去考虑外语教育中的文化教学。

总之，我国外语教学的趋势发生了变化：教学目的从单纯的语言技能训练转为更广意义上的文化理解和文化意识的提高；教学内容从对文化的较为狭窄的理解转为较为宽泛的理解，即文化指群体生活方式的总和；教学路子或方法从注重结果转为开始注意过程；教学视角从单向的目的语文化转为母语文化和目的语文化的互动。这些变化体现了文化教学受到越来越多的重视，文化教学在语言教学中的重要性已经得到普遍认可。

### （二）文化教学的内容

文化教学应该教什么？有些学者如伦斯（Lons）、拜（Bye）认为语言和文化都有盲点。汉迪（Handy）提出的四间屋理论，对文化的这些特点表述得较为清楚：一号屋里的文化是不同文化背景公认和共有的；二号屋里的文化为来自目的语文化的人所认识，但来自母语文化的人认识不到；二号屋里的文化双方都无法看到，是个文化盲点；四号屋里的文化为来自母语文化的人所认识，但来自目的语文化的人认识不到。汉迪提出跨文化教学者应该以帮助学习者走出一号屋，走进其他的屋子为目标。也就是说二号、三号、四号屋里的文化应该成为文化教学的内容。

克拉克洪（Kluckholn）和莱文（Levine）都认为文化具有隐含性。莱文认为文化隐含的部分要比暴露的部分多。他把文化的隐含性比喻为冰山，其大部分隐藏在水下。正如冰山那样，个体文化的绝大部分影响是无法看见的，暴露于外的文化通常不会造成跨文化障碍；而隐含的部分则对行为和交际具有重要的影响。因此，文化盲点、隐形的或隐含的文化应该作为文化教学的主要内容，因为它们是交际中容易引起文化休克的部分。

斯坦恩（Stern）认为具体的文化教学包括六个方面：地点、个人和社会方式、人民和社会、历史机构、艺术、音乐以及其他主要成就。另外，他还谈到文学也应该作为文化教学的内容。谷启楠根据查斯顿（Chastain）提出的14项文化项目和查尔斯·莫里斯（CharlesMorris）对语言的三分法即符号关系、符号意义、符号运用，结合我国实际，把外语课的内容分为表层结构和深层结构。前者用于初级阶段的教学，共10点内容：日常交际所必需的项目、礼貌用语、手势语言、日常各种场合的典型会话、衣食住行的习惯、学生的日常生活、业余文体生活、节假日活动、家庭关系、亲友关系。后者用于高年级的教学，也包括10点内容：社会制度、经济制度、法律制度及主要法律、世界观及人生观、宗教信仰、价值观念、态度、与社会的合作、现代科技成果、禁忌。

从上述各种文化教学内容可以看出，文化教学内容包罗万象，既包括大写的文化，又包括小写的文化，它是一门杂学。因此，文化教材只有具有明确性、灵活性、阶段性、系统性、可操作性等特点，才能满足实际教学的需要。

1. 文化教学大纲的制定

现代外语教学大纲中一般会有词汇表、语法项目表、功能意念表、语言技能表等。这些附表规定了外语教学的内容，是外语教学与测试的依据。但目前的外语教学大纲中还没有文化项目表，这就意味着文化教学没有依据，无章可循，教师只能凭自己的理解、体会随机地介绍，讲多讲少，讲或不讲，完全由教师依照个人的兴趣予以取舍；至于文化测试就更谈不上了。要使文化教学真正落到实处，并在外语教学中起到它应有的作用，外语教学大纲中需尽快明确文化项目表，针对文化能力制订出具体的、科学的、系统的要求和目标，这样广大英语教师在文化教学过程中就有了教学与测试的依据，从而使文化教学上升到系统化、科学化的高度。

2. 教材的编写

教师的教学活动都是围绕教材展开的，为了更好地开展文化教学，在编写教材时，不仅要注重培养学生的语言能力，也应该注重对学生跨文化交际意识的培养。在选材方面，可以选一些具有文化特色、反映文化差异的材料，并且能够系统地反映不同方面的文化内容，如日常行为、风俗习惯、民族性格、价值观念等。同时，在设计练习时，也应该遵循贯彻文化教学的原则，尽可能地为学习者提供更多的可理解性输入。目前教材的练习题中，语法和词汇的练习比较多，笔者认为可适当地加入一些涉及文化信息方面的题

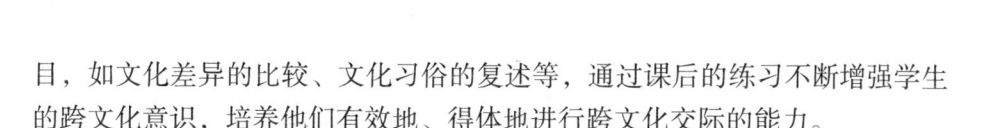

目，如文化差异的比较、文化习俗的复述等，通过课后的练习不断增强学生的跨文化意识，培养他们有效地、得体地进行跨文化交际的能力。

3. 教师的角色

目前在语言教学领域，"文化导入"一词较为流行。在教学实践中，教师也比较强调目的语文化知识的传授，但文化教学并不等同于文化导入。因为在文化导入中，学生是被动地接受文化知识，而学生对文化现象的主观认识及其思维过程和行为能力无法得到训练，更谈不上跨文化意识和跨文化思维的培养，而这些正是交际者在复杂变幻的跨文化交际活动中迫切需要的东西。因此，教师应改变长期受结构主义语言学影响而形成的传统教学法，充分发挥学生的主体作用，积极引导学生进行建构学习，让学生在建构学习中形成一定的文化感知能力，从而具备真正意义上的文化能力。

如何引导学生进行建构学习？在文化教学实践中，学生在学习一篇英语原文课文时，实际上就是在经历一次跨文化交际。教师在对这篇文章进行语言教学和文化知识、文化行为的讲授和训练外，可以采用问题解决、案例分析、问题讨论等多种方式来引导学生去思考这篇文章的隐含信息，如课文为什么（why）而写、为谁写和是谁写的（who）、课文内容与自己所处的文化环境有何相关（how relevant），这时学生就是在进行一种"文化"的建构学习。这种学习不是单纯的知识灌输，而是在教师的引导下，学生对接触到的跨文化知识的主动建构与主观理解。这样的语言学习过程同时也是文化学习的过程，是思维方式和文化价值观的学习与训练过程。教师通过引导学生建构学习，有助于学生跨文化意识的提高、文化知识的积累以及文化调适能力的发展。

4. 教学活动的开展

（1）角色表演

在课堂教学实践中，进行角色表演是提高学生跨文化交际能力的有效手段之一。听说课是学生进行角色表演的好机会。教师为学生创造一个模拟的交际语境，如机场、餐馆、校园，在这些交际语境中，学生进行诸如问候、点菜、接打电话、赠送礼物等训练。这不仅能够帮助学生更好地理解文化差异，而且进行了口头交际的训练，在实践中培养了符合交际准则的行为习惯。

（2）充分利用多媒体开展文化教学

教师可以根据课程安排，适当地播放一些原版英文影片或歌曲给学生观看欣赏，因为影片或歌曲本身就是一种文化某个侧面的缩影。教师可以有目

的地引导学生注意某些文化现象,注意了解和学习非语言交际的方法和手段。此外,教师还应该鼓励学生课后阅读一些英文报纸、杂志和英文原版小说,在阅读中积累有关文化背景、社会习俗、社会关系等方面的知识。教师也可以布置几个文化话题,让学生去收集相关材料,然后在课堂上组织讨论。

(3)开展动态参与活动

在互动性课堂教学中,教师和学生的角色都是动态的。互动式活动可分为启动、展开、深入和结果等阶段,以便促进学生跨文化意识的进一步提升。第一阶段,教师是设计者,根据学生、语言材料等因素,设计活动的形式、语境和任务;学生也应参与设计,使课堂活动更能体现他们的兴趣需求。第二阶段,教师主要是组织者和辅导者,负责帮助和指导学生参与活动,同时教师也是参与者,他们与学生形成平等关系创造轻松和真实的交际环境;学生主要是活动的参与者,但也应是组织者和辅导者,比如,组织自己的小组活动,帮助同伴参与活动等。第三阶段,教师主要起学习促进者的作用,激发学生参与和学习的欲望,促使学习活动继续下去;学生应该是问题的发现者,他们积极想象、探究和创新,把活动推向更高层次。第四阶段,教师是评价者和观赏者,他们积极评估学生的活动,鼓励学生持续发展;学生不仅是成果的评价者和观赏者,还要逐渐适应自主学习和自我评价的模式。[①]

### (三)跨文化交际能力的具体内容

跨文化交际能力是指谈话参与者在交际行为中选择的能力,目的在于成功达到交际的目标。许多国内外学者都在讨论跨文化交际能力包含的具体内容。基姆(Kim)和古迪孔斯特(Gudvkunst)就是其中的代表人物。他们认为,跨文化交际能力包括认知、情感和行为适应能力。有了这三方面的能力,交际者就能适时改变先前的文化习惯以适应不同的文化情境。与此同时,交际者能创造性地贯通文化差别。然而基姆和古迪孔斯特的研究兴趣只停留在心理学领域而没有注重交际时语言的分析和使用。在实际交流中,毋庸置疑,任何有深度和广度的交际都离不开语言。因此,我们应该从语言使用的角度去分析跨文化交际能力的内容。

众所周知,"交际能力"这一概念最初是由美国社会语言学家海姆斯(Hymes)针对乔姆斯基(Chomsky)的"语言能力"提出来的。海姆斯提出

---

① 江利华.论任务型教学中的互动性英语课堂[J].江西教育科研,2006(07):73-75.

的交际能力可理解为一个人对潜在语言知识和能力的运用。吉哲民、李冬梅指出，交际能力是一个人运用语言手段（口语、书面语）和非语言手段（体势语、面部表情等）来达到某一特定交际目的的能力。许力生教授指出，跨文化交际能力可借用卡内尔（Canale）和斯温（Swain）提出的交际能力构成模式进行分析。与海姆斯相比，卡内尔和斯温提出的交际能力模式内容更加充实，涵盖面也更加广泛，表述更贴切，更符合交际和教学实际。卡内尔和斯温提出了教学模式以语言学、教育学理论为依据，紧紧围绕教学中的语言及语言交际能力，以构建交际能力的合理框架。其框架为语言交际能力，包括语法能力、社会语言能力、语篇能力和策略能力。

1. 语法能力

根据卡内尔和斯温的观点，语法能力（grammatical competence）指掌握语言代码本身的知识，它包括词汇、拼写、语音和结构句的规则。语法能力是正确理解和表达信息的基础。没有语法能力做后盾，交际能力就不可能成立。掌握基本语法规则对成功的目的语交际非常重要。语法的学习不是死记硬背一些规则而是充分利用各种机会把学到的规则运用到实际的交流中去。语法能力在很大程度上是独立于语境的，不受制于特定的文化，这可以说是不争的事实。语法习得和文化习得没有必然的联系。

2. 社会语言能力

社会语言能力（sociolinguistic competence）强调"话语被正确理解的程度"。更确切地说，社会语言能力就是能根据各种语境因素恰当地运用与理解适合于不同社会场合和环境的言语。交际者可根据交际对象的不同、社会语境的不同而改变他们的词汇、句法和非语言行为等。这种能力需要交际者对文化差异具有敏感性，其文化"浓度"显然很高。由此看来，社会语言能力是一种需要花费时间、精力去慢慢培养的能力。许力生教授的观点是获得社会语言能力，就是获得一种文化能力，并且社会语言能力要比语法能力重要得多。前文提到的人们在相互交往时对语法错误比对语用失误往往更为宽容，就是一个很好的例证。跨文化交际的双方即使语法能力相同，却可能会因为不同的社会语言能力而产生误解、矛盾和冲突。

3. 语篇能力

语篇能力（discourse competence）指在不同的文体中，如记叙文、议论文、科学报道、商业信件中能够组合语法形式写成一个整体的口头或书面报告。从定义可以看出，与社会语言能力相比，语篇能力好像和文化的关系不那么直接。实际上,语篇能力是曲折地反映了书写者的基本文化模式、思考模式以及他们所属文化的特定信仰和价值观。即使是使用同一种语言,来自不同文化的人们常常会有不同,有时甚至是截然相反的语篇构建方式。胡文仲教授在他的专著《跨文化交际选读》中提到一位在韩国任教多年的美国教师罗伯特·诺顿(Robert Norton),这位教师在读了他的韩国学生的作文以后,认为思路不清晰、要点不突出、条理混乱、让人迷惑不解。其实,美国学生倾向于在文章的前一部分提出主题思想,而韩国学生倾向于在文章的结尾提出主题。问题并非出在英语本身,而是不同的思维模式决定了不同的语篇结构。英语的语篇结构主要呈直线型,汉语篇章主要呈螺旋形。所谓直线型即段首往往有一个主题句,然后再按照这一条直线展开,对主题分点说明来发展中心思想,而螺旋形则有含蓄、委婉、间接、迂回的特点。

4. 策略能力

策略能力(strategic competence)指在实际交往中,运用各种交际策略去应付和解决由外在条件或其他方面能力欠缺而导致的交际困难与问题。语言能力较差的学生如果有效地运用交际策略也会得到满意的交际效果。这里的交际策略包括手势、表情、释义以及请交际对象重复所说内容或说得慢一些等。尽管交际策略的选择和使用也会受文化背景的影响,但和其他三种能力相比,策略能力的文化浓度最小。研究表明,策略能力可进行从母语到目的语的正迁移(positive transfer)。跟社会语言能力和语篇能力的迁移不一样,这方面的迁移因为它的文化浓度小,会有助于跨文化交际双方的沟通和理解。总的来说,基本的语法能力是任何语言交际的基础,从某种程度上说,交际者的语法能力决定了交际的深度和广度。没有一定的语法能力,跨文化交际是不可能实现的。而因为社会语言能力的文化浓度很高,获得就相对困难。许多交际问题的出现也是因为缺乏相应的社会语言能力。语篇能力牵涉到各自文化中深层核心的部分,所以具有语篇能力也就能根据所使用语言的语篇规则形成口头或书面报告。策略能力相对来说是比较容易获得的一种能力。

5. 行为能力

我们所讨论的跨文化交际能力不应只是以上四个方面的能力。因为卡内尔和斯温所构建的语言交际能力模式虽然更进一步贴近语言教学实际,但似乎还没有超脱母语教学的范围,与以不同文化背景为特征的第二语言教学的要求仍有一定的距离。因此,赵爱国、差雅明提出跨文化交际能力除上述四种能力之外，还应具备行为能力（behavioral competence），即社交能力、非语言交际能力、文化适应能力。

社交能力涉及社交形式、交际方式、交际态度、交际对象、交际环境、交际目的等多种因素，可变性和不确定性很强，所以，只能在教学中用不同的教学形式让学生具有一定的社交能力。非语言交际能力的培养指身势语，包括身体及其各部位的姿势，如手势、表情、动作等。从交际角度来看，非语言交际能力通常是伴随着言语交际产生的，是民族文化、文化习俗和交际礼仪在交际个体身上的客观反映。教学中应注意给学生指出目的语人士惯用的身势语文化，不然，纵然学生能说出流利的目的语，却误用母语文化的身势语，这样就势必会影响交际目的的达成。

文化适应能力在外语教学上属更深层次的范畴，它是学生通过外语学习而获得实际交际能力的关键制约因素。这种能力一方面要求学习者对目的语文化与自身现有知识进行等值条件下的转化，另一方面又要求无条件地但又积极地理解、吸收与本土文化不同的信息。文化适应能力是在语言知识的传授、言语技能的训练和交际能力的培养过程中不断获得的知识和能力"内化"而生成的。当然文化适应能力受到各种因素的制约，包括知识结构、心理状态、生活经验和个性发展。

培养学生的跨文化交际能力应是外语教学的最高目标。外语教学要使学生在有限的时间内获得一定的跨文化交际能力，除了培养学生的语法能力、社会语言能力、语篇能力、策略能力，还必须通过有效的方式对学生的行为能力进行专门的培养和训练。

## 二、外语教学的文化教学潜力

现代语言学在经历了描写主义和科学主义研究阶段之后，迎来了人文主义的研究时代。描写主义通过观察、分析大量的语言材料来发现语言规律；科学主义对语言及语言使用的抽象化、形式化、理想化状态进行描述和说明。两种研究方法揭示了语言的内部规律，增强了语言学的科学性，使语言学发展成为一门公认的、科学的、领先的学科。然而，这两种方法的致命弱点是它们不能揭示语言最本质的东西，即语言的人文性。文化语言学就是采用人文主义的研究方法，将语言与文化联系起来，将语言研究与民族文化、民族思维方式联系起来，使语言学打破形式主义的自我禁锢。对语言进行纵横结合的立体研究，使其焕发出新的活力。文化语言学的产生和发展体现了 20 世纪和 21 世纪交替之际，科学发展的大综合和多学科交叉渗透的普遍趋势。文化语言学是一门研究语言的文化性质和文化价值的综合性的语言学科，它汲取和借鉴了很多相关学科的研究成果和方法，以尽量多的不同类型的语言为研究对象，所以它具有广泛的综合性。文化语言学的学科任务就是要揭示语言的文化性质和文化价值，并把语言与人类思维的特点联系起来，进而探索人类高级思维活动的特点。

文化语言学是在中国特有的条件下产生的。中国语言资源和文化资源丰富，特别是汉语语言文字丰富的文化内涵更是无数古今文人和学者创作的源泉和研究的对象，丰硕的成果为文化语言学的产生做好了铺垫。另外，长期以来处于现代语言学边缘的汉语语言研究，既发展了我们自己的以文字、音韵、训诂为主的语言学传统，又参照了西方科学的语言学方法，因而我们的语言学具有兼收并蓄、全面多样的优势，为文化语言学的产生和发展创造了条件。

然而，我们承认文化语言学在中国产生和发展的同时，并不否认西方语言学界在语言与文化关系研究方面的成就。尽管西方文化语言学尚未形成独立的学科体系，但是来自文化学、社会学、语言学，尤其是社会语言学、语用学和交际学的研究者都从不同角度为文化语言学的建立和发展添砖加瓦，这使得西方语言和文化关系研究具有极大的灵活性和广泛性。他们不仅研究语言、文化及社会之间的相互关系，还注重探讨文化在语言使用，即交际中的作用，并且强调采用跨文化的、对比的方法进行语用语义和篇章分析。

## 第三节　母语文化在外语教学中的应用策略

### 一、大学英语教学中母语文化缺失现象分析

在过去，对目的语的教学只是单一的学习语言技能，而后发展到学习交际能力，进而发展到现在的学习跨文化交际能力。而文化是跨文化交际中极其重要的概念，是影响跨文化交际的最重要的环境因素。在对 120 名英语专业学生的调查中发现，有 80% 的学生在用英语交流的过程中存在母语文化失语的现象，而完全不存在的不到 2%。这说明学生在母语文化的英语表达上确实存在相当大的问题，也反映出英语教学在母语文化教学这一方面是十

分欠缺的，而学生也的确需要更好、更有效的方法来提高跨文化交际能力。无论是高等学校英语专业还是非英语专业的本科学生，所使用的教材都是根据相应的教学大纲制定的，可以说大同小异。《大学英语教学大纲》对大学英语教学的目的是这样设定的：培养学生具有较强的阅读能力和一定的听、说、读、写、译能力，使他们能用英语交流信息。其后的每一项规定中都没有涉及母语文化教学。而英语专业的课程设置在专业知识板块要求学生必修英美文学、英语国家概况等课程，但对中国文化没有做出任何要求，甚至鲜有涉及。此外，大学英语四级和六级考试作为大学生英语水平的衡量标准，涉及的文化知识考查几乎都是关于英语国家的，鲜有出现中国文化。最新的《英语专业八级考试大纲》做出的最大调整，就是增加了人文知识项目，目的在于更全面地检查英语专业高年级学生的专业素质。这些都重点要求并考查学生掌握美国、英国、加拿大等英语国家的历史、地理、政治、文化等情况，并没有选材为中国文化的内容。根据此次调查，有一半以上的学生认为现在所使用的教材中对母语文化的涉及非常少，30%左右的学生认为在低年级的基础英语教育中母语文化还有所涉及，但高年级后几乎就没有了。

## 二、大学英语教学中母语文化缺失的原因

### （一）忽视母语文化的正迁移作用

在语言的学习过程中存在迁移现象。相关调查研究结果表明，80%的非英语专业学生可以用英语介绍圣诞节、情人节、愚人节等西方节日及其来历，却不知道如何向外国朋友介绍中国的端午节和清明节等传统节日。当所有人被问及能否用英语介绍一个中国的传统节日及其文化时，几乎所有的学生不约而同地选择了"春节"，而对于春节的介绍也仅仅局限于看电视、吃饺子、送红包，若再进一步询问如何制作我国的传统美食——饺子，所有的学生都一笑了之，不知如何回答。对于西餐中的美味"培根"张口就来，却不知中国美食"腊肉"的英文译法；可以就"汉堡包""披萨""奶酪"滔滔不绝地讨论，却在"老北京炸酱面""北京烤鸭""猪肉包子"上交了白卷；可以和外国朋友谈论耶稣、基督教、清教徒，但对于女娲补天、大禹治水、佛教却只停留在儿时的认知上；当我们为简·奥斯汀的《傲慢与偏见》写着入木三分的评论时，早已忘却了鲁迅对国人的《呐喊》。上述的种种都反映出我国英语教学的弊端：过分注重对目的语文化的输入，反而忽视了母语文

化的补充。诚然，外语学习者在学习的过程中首先要了解和掌握的当然是目的语文化，目的语文化的引导和输入在促进外语习得和应用上远远要比母语文化的输入和补充更快更直接。但这绝对不等于有些研究者提出的"学习外语就先要脱离母语文化的影响"，这样的观点直接导致了外语学习者对母语文化吸收的匮乏，是外语学习过程中致命的缺陷，也是绝对不可取的。

### (二) 主要的英语教材中母语文化内容比例失衡

目前我国的非英语专业所采用的英语教材主要是《新视野大学英语》和《大学英语》(全新版)。在我国高校普遍采用的英语教材中，中西方文化比例失衡的现象十分严重。涉及中国文化元素的课文内容微乎其微。教材的绝大部分内容都体现和引入了英美国家的物质文化、精神追求和习俗制度，教材中频频出现"美国梦""民权运动""西方教育"等方面的内容，而跨文化交际中与目的语文化同样重要的中国文化的英语表达则被忽视了。在外语习得过程中，学习者不可能完全摆脱母语文化而汲取目的语文化，这种对中国文化输入的极大缺失所导致的结果就是学生们不能做到对中国传统文化的相关内容的有效输出，从而不可能真正实现跨文化交际的根本目的，即目的语文化和母语文化的双向交流。外语在一定程度上变成了目的语文化的语言工具，这样的结果已经脱离了我国外语教育的根本目标。

## 三、大学英语教学中母语文化渗透的意义

### (一) 母语文化渗透有助于提高学习者的主观能动性

在多年的母语学习之后，当学生学习一门新的语言时，他们完全暴露在教材呈现的西方文化之下。若在大学英语教学中适当引入中国文化知识，在教材中适当增添有关中国文化的内容，并用英语去讲授，将会使学生产生亲切感，真正把自己看作这门语言的使用者，真正想去使用这门语言。这样可以激发学生学习英语的兴趣。在此过程中，融合性动机比工具性动机更能产生有效的学习效果。

### (二) 母语文化渗透有助于实现跨文化交际

在大学英语教学中渗透中国文化，可以为学生提供用英语阐述本土文化

的机会，使世界共享中国的文化精髓，提高中国文化对世界文化的影响力。在跨文化交际中，如果仅仅谈论西方文化并不会引起外国人的兴趣。相反，介绍中国文化、探讨中西文化的差异却能够成功、有效地进行交际。这样，学生就能够以相关的本土或国外的背景知识为契机，使自己获得双重语言，能够尊重并理解学习新语言时形成的文化差异和多元文化现象，创造性地处理交际双方之间的语言文化差异，避免由忽视语言的文化内涵而导致的社交语用失误。

### （三）母语文化渗透有助于防止大学生民族文化身份缺失

在英语学习中，学习者自觉或不自觉地浸入西方文化之中，很多学生逐渐忽视中国的传统文化，反而对西方文化现象的兴趣日益浓厚。在大学英语教学中渗透中国传统文化，可以为学生提供深入认识母语文化的机会，唤醒学生的民族文化意识。对于熟悉母语文化知识的学生而言，如果在英语学习过程中能够同时学习到西方和中国文化，并本着彼此尊重的原则进行科学对比，那么他们不仅可以更好地掌握英语知识，还可以彰显自身的文化特色，保持自身的民族文化身份。

## 四、母语文化融入大学英语学习的途径

在大学英语课程中，母语文化应该作为关键的一环融入以英语为目的语的学习中。如柯克帕特里克（Kirkpatrick）所说，全球化语境中的频繁交往需要相互理解，因而文化多元化以及对本土文化和目的语文化的了解都是外语教学中不能缺少的内容。由于中文课程在高等教育阶段只属于选修课范畴，母语文化的教育在这一阶段出现了断层，那么同样属于语言课程的大学英语课应该在一定程度上承担母语文化教育的作用。要改变现在以西方文化输入为主的教学模式，平衡中西方文化在大学英语课堂中的比例，我们需从大纲设计、教材、课堂活动、教学评价、教学研究等几个方面入手。

### （一）转变教学思路，扩展教学大纲

大纲设计可以从宏观的政策层面指导大学英语教学。教学目标为具体教学活动提供指导，是大纲设计中最关键的一环。英、美等国的教学大纲普遍采用里萨格（Risager）提出的跨文化模式。跨文化模式除强调目的语言和文

化的教学之外，还强调不同文化之间的必然联系，特别是将目的语文化与本族文化的关系纳入教学内容，主张进行文化比较和文化相对论教学。《欧洲语言教学与评估共同纲领》将多元文化教学列入了教学目标。我们的大纲设计应该从以目的语文化为中心转向以多元文化为中心，平衡西方文化和母语文化，从而更加科学地指导大学英语教学和研究。笔者尝试在跨文化交际能力培养目标中对母语文化的能力要求做出具体描述：学习者应至少能就与中国文化和社会有关的一般性话题进行介绍和讨论，并对传统文化内涵有一定深度的理解；能以多元文化的视角分析文化间的差异，并在母语文化的基础上逐步形成稳定的文化身份。对于更高要求而言，学习者能用更准确的语言表述与中国文化和社会有关的话题，对传统文化内涵有更加深入的理解；具备多元文化视角和以母语文化为基础的稳定的文化身份。

### （二）关注语料选择，满足交际需求

网络信息的丰富使可获取的语言材料纷繁复杂。因此，教师在选取教学材料时要注意以下几点。

首先，语言材料应使用真实语料，让学生在耳濡目染中习得语言、理解文化。这里所说的"真实语料"不仅指英美人士所使用的语料，更指以英语为母语的人，或者将英语作为第二语言但具有较高语言能力的人，在真实语境下所使用的、符合英语语言规范的语料。秉承这个原则，教师在寻找合适难度的语料时需要花费更多的时间，但对于第二语言学习者来说，语言输入的真实性是保证学习者语言准确性的必要条件。

其次，在语言材料的选择上，要注意西方文化和本土文化的平衡。除了使用反映西方文化的语料外，还应选择一些反映中国文化和社会生活的语料。在英语学习材料中适当加入中国本土的内容将有助于提高学习者和使用者的文化认同和归属感，为英语教学中真实性难题提供有效的解决方案。英语教学的目的是使学习者能够在国际交往中使用国际语言表述母语文化。在这里，我们并不排斥将英语作为第二语言学习者所使用的语言，只要是符合英语语言规范的文字都可以。随着英语全球化的深入，英语已经不再是属于某一种文化的语言。在表达中国文化时，英语已经逐渐本土化，产生了属于中国文化的变体。这种中式英语也是符合英语的语言规范的，在文化交流和传播中起到了至关重要的作用。因此，虽然《中国日报》《21世纪英文报》等中国英文报纸中的语料有不少是高水平的第二语言人士所写，但符合规范、难度适

中，且经过英美人士审稿，适合大学英语的学习者。更重要的是，这类报纸中的语料关注当今中国社会的流行话题，能够在一定程度上满足学生的交际表达需求。

再次，鉴于文化因素的繁复纷杂及外语教学的时限性，外语教学中的文化导入首先应强调交际文化，即直接影响并主导外语学习者言语和非言语交际的普通文化，或者他们的"价值观和行为准则"。换句话说，即前文所提到的小写的文化。小写的文化隐藏在人类行为中，影响人们的生活方式、行为规范、风俗习惯、传统等，是大学英语课程教学中的重点。我们的母语文化虽然在学习者成长的过程中已经融入我们的意识，但在语言课程中，教师还应注意两点：一是如何用英语来表达母语文化，这一点是需要通过有意识的学习来积累的；二是发挥母语文化在塑造学习者文化身份中的作用，活动话题应尽量将文化的比较与思考包括在内，帮助学生在了解两种甚至多种文化的基础上形成超越某一特点文化的多元文化价值观和稳定的文化身份。

最后，注意所使用材料的形式的多样性。教师本人应具备开阔的眼界，能够利用现代电化教育和网络技术，善于寻找合适的英语原声电影、电视、纪录片、讲座等，并依此设计出有创意的课堂活动，并且能够利用网络活动平台、手机应用等学生感兴趣的交流工具，让学生"浸入"到跨文化交际的氛围中，使其有机会应用英语进行有意义、有跨文化交际目的的互动。

### （三）体验多元文化，思考文化内涵

增加与文化尤其是中国文化相关的语言输入，只是跨文化教学的准备阶段。要使学习者进一步认识、理解，以至于认同这些文化，在教学过程中应加入体验和思考的环节，使学生能够将活动准备阶段获取的知识应用于实际的教学活动，甚至是真实的交际活动中。因此，可采用如下教学方法增强本土文化在英语课堂中的地位，提升学生理解多元文化的能力。

1. 在背景知识导入中增加本土文化的内容

背景知识导入是传统的文化导入方式，在现在的外语课堂中依然占有重要的地位。以教师为主导的背景知识导入虽然形式相对单一，但仍不失为一种快速、高效、信息量大的文化知识输入方式，恰当地应用有利于加强文化输入的系统性和紧凑课堂进程。但是，背景知识的输入容易陷入误区，如英语文化与本土文化的失衡。文化背景知识输入活动中容易出现的另一个误区是刻板印象的形成。教师在进行文化知识输入时，不可避免地会加入自己对

文化的认识。如果教师的语言选择有欠严谨,则可能使学生对某种文化产生刻板印象。因此,在教学中应尽量避免简单下定义的表达,例如,"美国人非常开放""英国人很严肃""中国人很含蓄"等。在进行背景介绍时,尽量给出具体情景,并注意每种文化的多面性。外语课堂的参与者通过设计教室语境中的交际和理解条件来创造他们自己的文化语境,他们不是某个单一社会环境的代言人,教师本人是创造各种文化语境的工具。因此,大学英语教师应充分意识到母语语境在课堂中的存在,避免对文化的片面理解或者概括。

2. 鼓励学生采用对比法探索文化内涵

探索文化内涵是一种提高学生思辨能力、增强文化认同、培养跨文化交际能力的重要途径。探索的方式是灵活多样的,其中比较常见的是语言特征分析。无论是词汇、篇章,还是语法、语音,语言的各个层面都与文化关系密切。学生通过对比、分析、挖掘其中的关系,可以更深入地了解语言,更清楚地看到文化的影响力。词汇的文化内涵对比研究较多,也是极好的教学材料,比如,中西文化中"狗"的文化内涵的对比。在英语国家中,狗除打猎和看家护院之外,还被看作人类的伙伴。因此,"dog"一词常出现在一些带有褒义的表达中,如"a lucky dog"指幸运的人,"Every dog has its day"意为"凡人皆有得意时","Love me, love my dog"指"爱屋及乌","A good dog deserves a good bone"指"有功者应受奖赏"。而在中文里带有"狗"的词语以贬义词居多,如狼心狗肺、狗仗人势、狗腿子、狗头军师、狗血淋头、狗嘴里吐不出象牙等。这种不同在一定程度上与西方国家的狩猎文化和中国的农耕文化有关。狗在狩猎中起到极其重要的作用,因而狗的主人将其看作自己的宝贵财产,甚至家庭的成员。而狗在中国一般用来看家护院,人们看到的更多的是狗的被奴役性。通过词汇文化内涵的对比,学生不仅学习到相关的词汇,而且认识到中西方两种不同生活方式所形成的影响。篇章、语法和语音所隐含的文化内涵更加隐蔽,学生只有具有较强的概括能力之后才能探索。当然,学生也可以通过搜索相关的已有研究来获取这方面的信息。探索式学习还有利于培养学生的多元文化价值观,有效地提升其文化认同,降低文化焦虑。在进行探索式学习时,教师应鼓励学生认识文化的多面性,避免产生片面、狭隘的看法。例如,学生对美国文化的印象常常是比较开放、自由的,而中国文化则更加含蓄、拘谨。这种情况在某些情境下是存在的,但并非所有情境都是如此。以餐桌礼仪为例,西方的正式用餐场合是非常讲究礼仪的。例如,盘子右边摆刀、汤匙,左边摆叉子,食客用餐顺序依次为前菜、汤、料理、鱼料理、肉料理，视所需而由外至内使用；用餐中，有事离席时，宜把刀叉摆成"八"字形放在餐盘上；用餐结束后，则是平行地斜放在盘的一侧，否则餐具可能会被服务生收走；食用面包时，用手将其撕成小块，不可用刀切割；正式场合中来宾需穿着正装；即使是一般用餐时，大声讲话、咀嚼食物时发出声音，都是不符合西餐礼仪的。而在较正式的中餐场合，人们并不一定表现得含蓄、拘谨。以婚宴为例，中国人更爱热闹，主人热情地招呼来宾，宾客们也是高声交谈，对来宾的着装也没有特别的要求。如果教师能够引导学生思考这些有违文化刻板印象的现象，学生不仅可以认识到文化的多面性，而且可以对两种文化的特性展开进一步的思考，探索这种多面性形成的原因。这种一步步思索的方式不仅能够提高学生的思辨能力，而且能使之形成对于中西方文化的更深的认识。

3. 通过体验学习感受中西文化差异

早在2000多年前，荀子就曾说过："不闻不若闻之，闻之不若见之，见之不若知之，知之不若行之，学至于行之而止矣。"2000多年后的约翰·杜威（John Dewey）提出了"做中学"的观点，与荀子的思想不谋而合。杜威的体验式教学活动分为五个步骤：营造真实的经验环境，从情境中产生真实的问题，搜集材料，寻找问题的解决办法，通过应用检验办法。这五个步骤不仅强调学生在营造的环境中感受学习的过程，而且强调学生在活动的过程中将已有知识和体验中获得的感受和经验进行整合，从而建构自己的意义世界。在跨文化交际活动中，隐性的社会知识和规则可以通过背景知识输入部分介绍给学生，但在真实语境下使用时，客观条件常常会发生不同程度的变化，使学生对原有的知识输入不断进行完善。正如英国学者芬蒂尼（Fantin）所言，没有经历过第二语言学习的人，就不可能通过与异族文化的人进行交际来获取深刻的认识和益处。只说一种语言的人，纵然对异族文化有很多的了解，如果不经过直接的、亲身的体验，那么他们关于这些语言文化的知识就只限于认知层面的理解；如果不具备多种形式交际的能力，他们也就只能从单一角度来感知、理解、形成和表达思想。尽管他们能够用自己的语言讨论文化的概念，但他们的理解仍然是间接的，这种单一视角会导致狭隘的自满和自满的狭隘。因此，后现代知识观对于非确定的知识、个体知识、缄默知识过程中的认知方式、主观态度、情感体验的关注，提醒我们教学不仅仅是让学生接受现成的知识结论，还必须由学生自己去参与、去经历、去感受、去体悟。对此，教师应该充分认识到，知识的学习过程是学生的精神世界自主建构的过程，学生不是被动地接受外在信息，而是通过生活中的感受、理解、领悟，自主生成新的意义世界。在这一过程中，教师所要做的不是给出现成的知识，而是创设与学生的生活世界相关联的情境。

教师在为学习大学英语的学生设计体验活动时，需要充分考虑学生在现在生活中和将来生活中使用英语的情境。对于学生来说，在外国使用英语的人并不占多数，更多的人将会在母语语境下、在工作中使用英语。因此，学生更要学习如何在母语语境中成功交际，如何将母语文化中的思想表达出来，以及如何在跨文化交际中保留我们的母语文化身份。蒋亚瑜曾经做过一个实验，让本土教师和外籍教师一同上课。在一次授课时，学生问外籍教师："What do westerners do on Qingming Festival?"（西方人怎么过清明节？）外籍教师问："What is Qingming Festival?"（清明节是什么？）中国教师补充："Something like All Soul's Day."（类似万灵节。）又如，当学生尝试用"Where are you going?"（你去哪儿啊？）或"Have you had your meals?"（吃过饭了吗？）打招呼时，中国教师解释这种中国式的招呼语并未涉及个人隐私，纯粹是一种问候，相当于英语中的"Hello"（你好），外籍教师对此并没有反感，反而乐于接受。再次碰到学生时令人意想不到的是，外籍教师学会了用"Where are you going?"打招呼。这种合作课堂的形式可以很好地模拟学生将来使用英语的情境，学生在这种语境中，可以体验如何为外籍人士解释母语文化中的概念，甚至使外籍人士"入乡随俗"，接受母语文化中的行为方式。在以英语国家文化为主流的大学英语课堂中，这样的情境营造无疑是非常好的尝试。当然，并不是每所学校都能够为学习大学英语的班级配备外籍教师，但本土教师不应忽视母语环境对学生跨文化交际能力培养的作用，应努力营造符合实际需求的体验环境。将本土文化与这些教学方法结合起来，有助于增强学生对多元文化的理解和体会，防止对本土文化或西方文化的片面认同。

### （四）重构教材内容，填充中国文化

就我国高校目前主要使用的各种英语教材来看，学生们可以接触和了解英语文化的途径和资源十分广泛，各种媒体、期刊、学习网站等对英美等西方国家风土人情和价值观念的介绍材料铺天盖地。当然大量的目的语文化知识的输入的确推动了英语教育的快速发展。但是，在教材内容中存在着极大的文化失衡现象，涉及本国母语文化的英语表达内容微乎其微，篇章内容不成体系，从而造成了外语学习者对英语国家文化的认同超过对本国文化的认

同。对我国大多数的非中文或历史、政治等专业的大学生来说,高中时代的结束就意味着接受母语文化教育和学习的终结。在一贯的应试教育培养下,学生们学习的目的性远远高于实用性,大多知识的习得都是为了高考,一旦完成了这一使命,习得的知识就又还给了课本,更谈不上在跨文化交际中对母语文化的输出了。因此,增加英语教材中母语文化材料的比例,实现目的语文化与母语文化的平等是解决我国大学英语教学中母语文化缺失现象的必经之路。我国学者束定芳、庄智象指出,应该以"让世界了解中国,让中国走向世界"为方向选择和编排适宜的教材。教材内容应符合不同年龄段学生不同兴趣爱好和心理需求,反映中国传统文化的精华。在教材内容的编排上把握好中国文化输出与西方文化导入的度。因此,在引入西方文化词汇的同时,也可以在教材中多渗透一些能够体现具有中国文化特色的词汇。

## (五)提高教师素质,更新教学观念

目前,我国的大学英语教师大多是在应试教育环境下成长起来的,虽然英语功底很不错,但缺乏对中国文化重要性的认识,对中国文化及其英语表达方面的知识比较欠缺,也没有意识到引导学生注重中国传统文化的英语表达的重要性。因此,大学英语教师作为我国高校英语教育的主力军,其自身的母语文化素养也有待提高,要主动加强母语文化知识的摄入,增强跨文化交际的意识并且能使之融入教学之中,用发展的眼光认识自身的专业知识和能力局限。在我国的教育体制下,测试环节对于学生的学习内容有着不可忽视的指导作用。除在听、说、读、写、译这几方面考查学生对于外语的掌握情况之外,还要体现文化交际能力的考查,把中国文化列入考试内容之中,只有这样才能从根本上提高学生对中国文化的英语表达的重视,增强其对比中西文化异同的意识。同时,也只有改革考试结构,才能从根本上改变英语教学过程中的传统教学模式,增加母语文化比例,端正学生学习英语的目的。目前,全球有400余所孔子学院,万余名英语教师和志愿者在传播着中国传统文化的同时也吸取着西方先进文化,在与世界人民接触的同时也传播着中华民族的美德和价值观,全世界越来越多的人关注并喜爱上了中华文化,中国在全世界的影响也越来越大。而作为我国外语教学重要阵地的大学英语教育更应该承担起这项光荣而又艰巨的任务,在保证目的语输入的同时加强母语文化的输出,培养学生的跨文化交际意识和民族自豪感,这才是解决英语教学中母语文化失语症的有效途径。

# 第六章　跨文化传播与外语教学模式研究

在全球一体化的进程中，世界各国人民的交往日益频繁，相互联系更加紧密。人们对于来自其他文化的物质文明可以全盘接受，但是对于其他文化中与自身文化存在巨大差异的精神文明，如宗教、社会规范、价值观念以及行为方式等，就难以全部接受了。不同文化背景的人们进行交际时回避不了文化差异问题。要想用外语进行有效的交际，就必须了解外国的文化，体验中外文化差异，提高自身的社会文化能力和跨文化交际能力。因此，如何在外语教学诸多模式中有效地进行跨文化传播，教育主管部门和外语教育工作者应对其高度重视。

## 第一节　外语教学法的历史路径

外语教学法经历了以翻译法、直接法、听说法、认知法、交际法为里程碑的五个重要发展阶段。前四种教学法都以传授语言知识和培训语言技能为目的，虽然外语教材和教学过程中都充满了影响语言学习的文化因素，但并没有引起外语教师和研究者的注意。直到语言交际能力理论的提出及交际教学法的产生，外语教学界学者的视域才豁然开朗，他们很快意识到了语言教学中文化因素的重要性。从此，文化研究、文化差异研究、跨文化外语教学研究迅速地开展起来。翻译法用于教授拉丁语有近千年的历史，直接法是完全针对语法翻译法的弊端提出的，它是19世纪下半叶始于西欧的外语教学改革运动的产物。第二次世界大战后，外语教学法已成为一门科学，其发展更是突飞猛进，各种流派不断涌现。听说法的崛起从理论和实践上抨击了通

## 第六章　跨文化传播与外语教学模式研究

过翻译、背诵语法规则，孤立地记忆单词来培养阅读能力的语法翻译法，同时也批判了完全不考虑学生母语在外语学习中所起的作用的直接法，从而建立起以句型操练为核心、通过反复机械模仿形成自动化习惯的教学法体系。20 世纪 50 年代末，乔姆斯基的转换生成语言学提出了关于语言能力和语言运用的理论，并对以结构主义语言学和行为主义心理学为理论基础的听说法进行了批判。他认为人类具有掌握语言的内在天赋，人脑先天具有一种习得语言的机制和天生的语言能力。语言是人的内心存在的一种潜在结构，它能创造出人们从未接触过的无穷无尽的句子来表达思想，而这么多的句子都是由一套语言规则生成的。社会语言学家海姆斯在乔姆斯基语言能力和语言运用理论的基础上提出了语言交际能力的概念。从此，社会语言学、心理语言学把语言看作一种交际手段，把语言行为和言语活动看作满足人们交际的需要，把使用语言的能力看作一种交际能力，把交际功能看作语言功能的主要标志，把外语教学的目标确定为在真实情景中使用语言。通过实践掌握外语，培养学生的外语交际能力。

社会语言学认为语言是一种社会现象，是人们用以交流思想的交际工具。语言结构和语言使用与社会有关，所以研究掌握语义比掌握语言结构更为重要。皮亚杰（Jean Piaget）等认知心理学家强调思维的创造力在学习中的作用。这一切又动摇了听说法的理论基础。在外语教学实践中，听说法的弱点就在于它只注重语言形式和句型结构，而忽略言语活动的交际情景或上下文，只进行单调、枯燥的机械操练。随着听说法的失势，以转换生成法、社会语言学、心理语言学、神经心理学等理论为依据的与听说法针锋相对的各种教学法流派，像雨后春笋一般，相继破土而出。如以情景为中心，把语言作为整体结构进行听说活动，声音和形象相结合的视听法；通过认知语言规律创造句子，培养交际能力的认知法；以功能、意念为纲的功能法；利用实物、图片等直观手段，增强学生的言语实践，减少教师讲解活动的沉默法；以学生为中心，重视小组活动，教师当顾问的咨询法；以音乐陶冶为主的暗示法；听、说、读、写并重，在情景中进行教学的统整法；以身体动作协助听说的全身法，以及吸取各家所长的所谓折中法；等等。总之，现代外语教学法流派有不下 20 种。本章主要阐述外语教学法史上，在欧美和我国国内的外语教学界中影响最大的五种主流教学法流派：翻译法、直接法、听说法、认知法和交际法（功能法）。

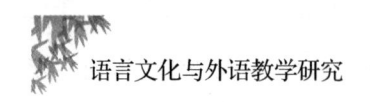

## 一、翻译法

在外语教学中运用翻译方法进行教学的历史不下千年，但学者们把这种方法提升到理论高度整理成一种系统、科学的教学法体系只是过去一个世纪的事情。翻译法（translation method）最早是教授希腊语、拉丁语等语言的教学法。希腊语和拉丁语这两种古老的语言对欧洲文明产生了深远的影响。直到中世纪，欧洲的教会和学校都在使用拉丁语，国际交流、文人著书立说也使用拉丁语。几百年以后，西欧各国新的民族语言逐渐形成，拉丁语不再辉煌，人们学习希腊语和拉丁语只是为了阅读古代文学作品和科学书籍。后来，各学校教授希腊语和拉丁语的方法就是翻译法。18—19世纪，英法等国家成为欧洲列强，其语言在欧洲流行起来。其他国家的很多学校和教育机构开设了英语和法语课程。但在当时的历史条件下，语言学和应用语言学还不成熟，人们无法找到一套有效的方法教授这些外语，但人们凭直觉认为，活语言和死语言之间有一定的共同教学规律，特别是在培养阅读能力方面。所以作为权宜之计，各学校只好借用教授拉丁语和希腊语的教学方法——翻译法。作为第一种外语教学方法，翻译法在其发展过程中由于命名的立足点不同，有各种不同名称。在外语教学中以运用翻译为立足点的定名为翻译法；以语法为语言教学的基础的定名为语法法（grammar method）或语法翻译法（grammar-translation method）；根据译法倡导者的姓氏又可定名为奥朗多弗氏法（Ollendorf's method）、雅科托氏法（Jacotot's method）；由于语法翻译法继承了拉丁语教学的传统，又被定名为传统法（traditional method）；为了与重视口、耳训练的新教学法相区别，翻译法还可称为古典法（classical method）、旧式法（old method）。翻译法虽然别名很多，称谓各异，但其内涵一样。在外语教学过程中，翻译法同时使用母语和外语作为课堂语言来教授外语，其基本教学原则是逐词直译课文内容，讲解并巩固语法、词汇知识。翻译法是总的名称，根据其教学侧重点的不同，它可具体分为下列四种方法：语法翻译法、词汇翻译法、翻译比较法、近代翻译法。

### （一）语法翻译法

语法翻译法（grammar translation method）以语法知识作为外语教学的内容。章兼中对语法翻译法做了较为权威的描述："这个学派认为学习外语首要的是语法。因为学习语法既有助于理解、翻译外语，又有助于磨炼智慧、培养学生逻辑思维能力。"这一学派的代表人物是德国语言学家奥朗多弗（Ollendorff）。他主张学外语先要背熟语法规则和例句，然后通过翻译练习巩固语法规则。他认为只有在理解语法的基础上才能阅读、翻译外语原文。为了贯彻语法是外语教学的基础这项外语教学原则，在学完字母的发音和书写之后，开设系统的语法课；学完系统语法之后，进行阅读原文的训练。语法课的教学安排如下：第一步，先讲词法，后讲句法；第二步，提示语法规则的主要途径是演绎，即先讲授语法规则，后举例句并译成母语；第三步，用把母语句子译成外语的方法巩固所授语法规则。

### （二）词汇翻译法

词汇翻译法（word translation method）主张采用对内容连贯的课文进行语意分析和翻译的方法教授外语。这个方法同语法翻译法一样，都以培养阅读能力为教学目的。这个方法的主要代表人物是法国的英语教师雅科托（J. Jacopo）和英国的教育家詹姆斯·哈米尔顿（James Hamilton）。前者是词汇翻译法的理论家，后者是词汇翻译法的实践家。他们反对孤立地学习抽象语法，主张通过阅读和翻译课文学习词汇和语法。词汇翻译法要求学生对课文的语言材料进行细致的分析，并进行母语与外语的对比，从而达到对课文的深入理解。词汇翻译法根据从已知到未知的教学原则把母语看成教授外语的基础，把翻译看作讲解和巩固外语的手段。词汇翻译法不仅主张逐词直译，还主张标准翻译。词汇翻译法虽然提出了一些较为先进的外语教学法思想，比语法翻译法前进了一大步，但由于课文语言材料过于庞杂，再加上语法规则的安排很随意，在课文中遇到什么语法规则就讲什么语法规则，因而学生很难理解所学语言材料，只好死记硬背。这种机械的学习效率极低，很难提高学生的阅读能力。

### （三）翻译比较法

翻译比较法（translation-comparison method）是由德国著名的外语教学家马盖尔（K. Magal）最早倡导的。他在翻译法的基础上提出了一些新的外语教学法原则。他认为在外语教学中应该进行母语和目的语的系统对比，然后在此基础上进行翻译。此外，马盖尔还特别重视语法讲授的连贯性和词源知识的讲解。他也非常重视观察、分析、综合、归纳、演绎等思维活动在外语学习中的作用。他认为这些思维活动是学生掌握外语的第一步。马盖尔主张语言知识必须与语言的熟练密切结合。他认为教给学生的语言知识不能超过他们能在语言实践中运用的范围。他主张通过实践来理解语言材料，由实践到理论，实践要多于理论知识。由于马盖尔强调熟练和实践，所以他非常重视背诵。他认为背诵能使学生熟记大量语言材料，有助于提高学生运用语言的熟练度。马盖尔还提出了在外语教学中将词汇、语法、课文相结合的教学原则。他主张学习课文必须注重语法和词汇，而学习语法和词汇必须有助于理解和掌握课文。马盖尔只提出了一些先进的教学法思想和原则性的主张，并没有设计出实现这些思想和原则的具体办法，且脱离了当时的教学实际，因而他倡导的翻译比较法没有在外语教学界得到广泛的运用和传播。但他提出的那些教学原则对外语教学法的发展起到了积极的作用。

### （四）近代翻译法

近代翻译法（modern translation method）是发展成熟的翻译法。翻译法经历了漫长的发展和变化的过程，到20世纪中叶，翻译法教学实践者已经积累了丰富的经验并提出了系统的理论。有的国家将近代翻译法称为"译读法"，也有的仍然沿用"语法翻译法"的称呼，我国就是如此。近代翻译法的教学原则有四项：一是语音、语法、词汇教学相结合；二是阅读领先，着重培养阅读与翻译能力，兼顾听说训练；三是以语法为主，在语法理论指导下读译课文；四是依靠母语，把翻译既当成教学手段，又当作教学目的。近代翻译法的课堂教学一般分为四个步骤：讲解语言材料；对课文进行语言分析并进行逐词、逐句翻译；切合原意地翻译；直接阅读和直接理解外语课文。

翻译法和后来其他教学法一样，也经历了一系列形成和发展的过程。它从古典的语法翻译法和词汇翻译法发展到近代的翻译法。这个发展过程的实质是翻译法从幼稚时期到成熟时期，从不断克服缺点到逐渐完善的过程。语法翻译法和词汇翻译法是古典的翻译法，也是外语教学的原始方法。没有古典的翻译法就没有之后各种外语教学法的产生和发展。总体来说，翻译法是现代外语教学法的幼年时期，它的教学思想、教学原则和教学过程还不成熟，用这种方法培养出的人才外语口头表达能力差，缺乏跨文化交际能力。

## 二、直接法

直接法（direct method）是继翻译法之后产生的最有影响力的外语教学法流派之一。《朗文语言教学及应用语言学辞典》对直接法是这样定义的，直接法是外语或第二语言教学的一种方法，具有以下特点：课堂上只使用目的语；意思应该通过将语言和动作、物体、模仿、手势结合起来直接表达出来；读、写应该在说之后教；语法应该只用归纳的方法教，即不应该向学生教语法。

直接法在19世纪末被提出来，用于反对语法翻译法。第一次使用"直接法"这一术语的，是法国教育部1901年的一个文件。"直接法"的称谓繁多，如改革法、反语法翻译法、现代法、口授法、自然法、归纳法、心理法等。但比起众多的其他名称，"直接法"更能反映这个流派的特点，所以这一名称得到了广泛的采用。

### （一）直接法的产生背景

直接法产生于19世纪下半叶欧美各国的资本主义蓬勃发展的时期。当时，各国之间的商务交流日益频繁，移民现象频繁，已发展成一种国际现象。这种发展彻底打破了各国封建时代闭关自守的藩篱，使各国之间的关系变得极为紧密，互相依赖。首先，生产力的快速发展，导致了商品的丰富，促进了跨国商品的交换；其次，各国为了在竞争中处于有利地位，必须优先发展科学技术，并以最快的速度直接吸取别国的一切科技成果。在这种情况下，外语不再是学校一门"锤炼心智、提高素养"的课程，而变成了一种社会实际需要。在各种形式的交际方式中，口语是最常用、最直接、最快捷的交际方式，也是国际交流的第一需要。时代对外语教学提出了新的要求，语法翻译法已不能满足国际交流的需要。这种尖锐矛盾是直接法产生的社会原因。

语法翻译法原本是教授欧洲贵族子弟学习古典语言（即古希腊文、古拉丁文）的一种古老方法，后来，学校开设现代外语课，也沿用这套方法。由于过去的学校开设希腊文、拉丁文课程是把教育教养目的放在第一位，而不讲究实用目的，所以语法翻译法基本上还能满足这种需要。但是，活语言毕竟不同于死文字，现代外语有自己独特的教学规律，而语法翻译法却没有反映这些规律，在某些方面甚至还与之背道而驰。它暴露的缺点有两个。首先，它强调对繁杂语言规则死记硬背，使外语学习变得极其困难，学生负担过重。其次，它不能有效地培养学生的口语能力。语法翻译法既不把口语训练作为一项主要的教学手段，也没有把掌握口语作为教学的主要目的，所以它不能适应新的社会要求，必须进行彻底改革。

社会需要大量的口头交际能力很强的外语人才。直接法作为"新方法"的产生，一是为满足社会需要，二是为从根本上克服语法翻译法的弱点。到了19世纪末期，新方法的产生既有客观的必要性，也有了现实的可能性，因为语言学、心理学、教育学的研究成果，为直接法的产生提供了理论基础。当时在语言学理论方面较有影响的代表人物是新语法流派的青年语法家保罗（H.Paul），他的著作《语言历史诸原则》对直接法产生了重大影响。他在书中提出的"类比"（analogy）概念，强调了母语习得与外语学习之间的类比性和相似性，为直接法的核心原则——模仿、替换、重复等原则提供了语言学理论依据。1874年，德国著名心理学家冯特（W.M.Wundt）出版了著作《民族心理学》。他在书中提出的一些语言心理中关于思维和感觉的理论直接或间接地导致了直接法的"以口语为基础""以模仿为主"的外语教学法主张。在教育学领域，夸美纽斯（J.A. Comenius）、卢梭（J. Rousseau）、裴斯泰洛齐（J.H.Pestalozzi）、第斯多惠（A. Diesterweg）等著名教育家提出了"教育适应自然"的教育思想。夸美纽斯独立提出了一系列的经典教学基本原则，如"直观性"原则、"由易到难"原则、"由近及远"原则、"由简到繁"原则、"由已知到未知"原则、"由具体到抽象"原则、"由事实到结论"原则等。这些教育学家的思想和原则为直接法的基本原理的形成提供了依据。

19世纪80年代，在德国、法国等主要资本主义国家兴起的声势浩大的外语教学改革运动席卷了欧美各国外语教学界，且持续了半个世纪之久。在此期间，外语教学界学术思想活跃，研究直接法的学术团体和刊物纷纷出现，犹如雨后春笋。直接法学派先后举行了六次国际性学术讨论会，受到许多国家教育当局的重视。德国、法国、俄国、日本等一些国家一度把它作为法定的教学法。直接法教材的代表作包括：贝力子（M. Berlitz）编写的《贝力子法英语读本》、恩迪考特（J.G. Endicott）编写的《直接法英语读本》、韦斯特（M.West）编写的《新20法英语读本》、理查兹（I.A.Richards）和吉布森（C. Gibson）编写的《看图学英语》以及艾克斯利（C.E. Eckersley）编写的《基础英语》。

## （二）直接法的主要教学原则

直接法的主要教学原则是由"幼儿学语"类比成人学外语而派生出来的。所谓"幼儿学语"是指幼儿自然习得母语的基本过程，即幼儿学习母语时间短、效率高、发音纯正、说话自然、学起来轻松愉快。直接法学者观察到，用语法翻译法教学生学习外语，虽然费了九牛二虎之力，但收效甚微，特别是在口语方面。他们认为这是语法翻译法违反了幼儿学语的自然规律，从而导致教学失败。因此，他们确信按幼儿学语的规律教成人外语，效果一定很好。直接法的主要教学原则具体包括五大原则。

1. 直接联系原则

直接联系原则指的是作为教学的输入，课堂上教授的每个外语词语都应当与它所代表的事物或表示的意义直接联系起来。在所教词语与事物或意义之间不应有母语介入，以避免母语干扰，甚至利用翻译这一教学手段也不被允许，因为将翻译作为中介会助长学生依赖"心译"的不良习惯，影响实际言语交际的速度。直接联系原则是排除母语对掌握外语的干扰的有效手段，同时有利于培养学生目的语的思维能力。

2. 句本位原则

当时的语言学家从幼儿习得母语的过程中了解到，语言是整句地来学的，而不是先孤立地学会单音、字母、单词、语法才去拼凑话语的。因此，教外语也应当以句子为单位，整句学、整句用。学生学会了一定数量的句子后，就会按"类比""替换"方式构造出新的句子，以满足交际的需要。

3. 语法归纳教学原则

幼儿学语的顺序是上学前学会说话，上学后学会识字和语法规则。由此得出的教学法结论是：首先，应让学生广泛接触语言材料；其次，教他们语法规则。幼儿在学语的同时，也学到了母语的语法结构（不是书本上的语法规则），这种结构是语言的基础或骨架。因此，直接法学者认为学习外语，就要把相当大的力气用在外语语法结构的实际掌握上（而不是死记语法规则）。在编得好的直接法初级教材中，编者对语法结构的各个项目都做了精心安排。不少课本只突出一两个要求学生实际掌握的语法结构重点。

4. 以口语为基础原则

幼儿学语，都是从学说话开始。学习识字和书写，是入学以后的事；而学习口语是学习书面语的基础。由此得出的教学法结论是，学习外语应从口语开始，而不是从书写和语法入手。直接法专家一致认为入门阶段的教学应以口语为主。

5. 以当代通用语言为教材基本内容的原则

幼儿所学语言，都是他那个时代通用的语言，是鲜活的口语而不是晦涩的书面语言，也不是过了时的死语言。因此，直接法主张教授外语也应当以当代的通用语言，即"活语言"为教材基本内容，而反对语法翻译法的以古典文学作品为教材基本内容的思想。幼儿所学语言只是有限的语言材料，如有限的音素和语调，常用的单词句式和语法结构。他只需学会这些有限的东西，就能进行交际。从这一认识出发，直接法专家主张外语教材的内容应该是精选的、最常用的单词、句式和篇章结构，而学生的任务就是掌握这些精选的语言材料。

在外语教学法史上，直接法功不可没。直接法的产生使外语教学法进入百家争鸣且学术思想空前活跃的新时期。直接法的出现，给古典语法翻译树立了一个对立面。直接法对古典语法翻译法的弊端的抨击，促使后者不断采取措施来改进自身的弱点，从而推动语法翻译法的进步和现代化。直接法专家在教授"活语言"，特别是在培养口语能力方面，取得了显著的成绩。直接法重语音教学，这一事实，是推进理论语音学发展的动力之一。直接法作为改革法，为以后的听说法、视听法、功能法、自觉实践法等改革法流派开了先河。当然直接法也有其不足之处，一般公认的有六点：在外语教学中偏重经验，忽略了人的自觉性；消极看待母语在外语教学中的作用；夸大了幼儿习得母语和成人学习外语之间的相似性，忽略了二者间的差异；偏重学生的语言掌握，而忽略了学生的智力发展；偏重学生口语提高，忽略了学生的文学修养；忽略了文化因素，学生欠缺跨文化交际能力。

## 三、听说法

听说法（audio-lingual method）是20世50年代产生于美国，随后流行于欧美的外语或第二语言教学的一种方法。这种教学法有以下特点：强调先教听说，后教读写；运用对话和操练；反对在课堂上使用母语；常利用对比分析。听说法和口语法（oral approach）的区别在于前者指教授本国人学习外语的教学方法，后者则指教授外国人学习本国语的方法。教学法专家和语言教师还给听说法起了一些别名。例如，由于听说法以结构主义语言学为理论基础，它被称为结构法（structural approach）；由于军队采用听说法培

第六章　跨文化传播与外语教学模式研究

训大批派往国外的军人的外语，它又被称为军队教学法（army method）。虽然教学法专家和语言教师赋予听说法不同的名称，但该教学法的实质内容是相同的。教学法专家和语言教师对外语教学原理和原则的看法基本上是一致的。无论怎么称呼听说法，它都是一种培训口语的教学法体系。采用听说法进行教学，要求从大纲、教材的编写到教学方法、技巧的运用上都必须遵循教学法专家为其制定的原理和原则，即根据这种教学法理论来指导外语教学的全过程。

　　听说法是美国在第二次世界大战时期的产物。美国在第二次世界大战前奉行的"语言孤立主义"政策导致其外语教学极为落后。教育当局不重视外语，对学校没有提出明确的外语教学要求。即使有少数学校开设外语课程，开设的语种比较少，且学习的时间短；外语教学的目标是培养阅读能力，课堂教学重阅读轻口语；教学方法古板，所有外语课堂一律采用语法翻译法，教师把大部分时间花在讲解语法和把外语译成母语的练习上。美国的"语言孤立主义"导致其外语人才的严重缺乏。20世纪40年代初，美国政府已经意识到美国外语教学落后和外语人才缺乏的状况与它作为大国的国际地位极不相符，外语教学改革势在必行。于是教育主管部门组织了一批结构主义语言学家研究并制定了《集中语言教学方案》（简称ASTP）。著名的结构主义语言学家布龙菲尔德（Bloomfield）和特雷格（Trager）都参加了该方案的制定和实施工作。珍珠港事件后，美国对日、德宣战，世界大战的形势发生逆转。此时，美国需要把大批军人派往德国、日本、意大利执行占领任务，但外语人才奇缺。因此，美军制定了专门的训练方案，同时还有许多军官在专门的外语培训机构接受训练。在很短的时间内，美国的高等学校和专门的外语培训机构为军队执行占领任务培养了大批掌握外语口语的人才，满足了战争的需要。当时的外语教学有两大特点：一是集中时间教学。集中教学具有速成的性质，学习的时间短，小班上课，口语训练强度大，由目的语的"当地人"（informant）担任外语教师。二是课堂采用听说教学法。高等学校和外语培训机构按照听说法的原理和原则进行外语教学实践，积累了丰富的教学经验和数据，使听说法日趋成熟。由于听说法在第二次世界大战时期为美军的外语培训作出了卓越贡献，而且展示了翻译法和直接法所不具备的许多优点，战后不少语言培训机构和学校尝试着把听说法这一战时的外语教学法运用到学校日常外语教学中，均取得了好成绩。在这些实践经验的基础上，许多学术团体和语言教学研究机构纷纷举行学术研讨会，研讨听说法的理论与实践问

题。通过一系列的研讨会，大家对外语教学达成了共识，即逐渐放弃老旧的语法翻译法，广泛采用听说法。从此，听说法在理论和实践方面均有了很大发展，很快传到欧洲和世界其他地区。

### （一）听说法的理论基础

听说法是继翻译法和直接法以后，第一个具备系统理论基础的外语教学法。其语言学理论基础是美国结构主义语言学，其心理学基础是行为主义心理学。

美国结构主义语言学家最初是研究没有文字的印第安人的口头语言的。他们的研究方法与传统语言学是根本不同的。他们如实地记录印第安人口头讲的话，然后进行客观的描写和分析，因而也把结构主义语言学称为描写语言学。在他们看来，口语是语言最重要的形式之一，语言学习应以口语为主。学习口语应该是学习目的国"当地人"所说的话，而不是课本里规定的该说的标准语句。口语教材的语料应该是操着该种语言的"当地人"所说的话，而担任外语教师的人也应当是操着该种语言的人。当地以布龙菲尔德和弗里斯为代表的美国结构主义语言学家为听说法的创立和推广作出了重要贡献。布龙菲尔德的《语言论》（Language），作为结构主义语言学的代表之作，为听说法提供了语言理论依据。《语言论》一书中阐述的一些理论在之后美国的外语教学中得到进一步的发展。而弗里斯则对外语教学理论与实践进行了直接而又实际的研究。其他结构主义语言学家多半是在研究结构主义语言理论涉及的外语教学问题，而弗里斯则不然。他的主要活动是研究如何把结构主义语言学运用到外语教学实际中去。他写的著作包括《作为外语的英语教学》（Teaching English as Foreign Language）、《英语结构》（The English Structure）、《口语法》（On Oral Approach）等。

行为主义心理学的创始人是华生（J.B.Watson）。他通过对人和动物的行为的研究发现了一个共同规律——刺激和反应，并提出了著名的行为主义心理学公式：刺激—反应，即S—R（stimulus—response）。斯金纳（B.F.Skinner）在华生的行为主义基础上发展出了"新行为主义"。他在对动物和人类的学习行为进行研究之后，把学习过程归结为刺激—反应—强化。他得出的结论是，在教学过程中，对学习者的某种行为进行积极强化可让学生形成一定的习惯。听说法就是把新行为主义作为其心理学的理论基础的。结构主义语言学家相信语言是高度结构化的体系，人们将母语掌握到高度自动化的程度后，当他们与人交际时，就不会意识到自己话语中的语言结构（语

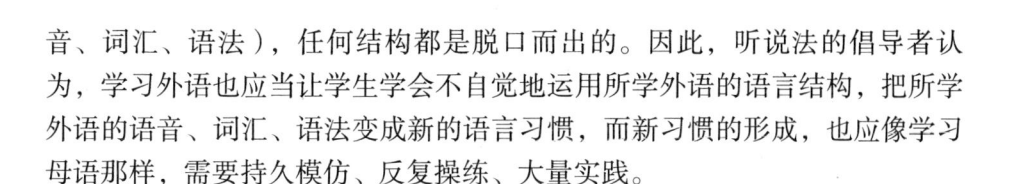

音、词汇、语法），任何结构都是脱口而出的。因此，听说法的倡导者认为，学习外语也应当让学生学会不自觉地运用所学外语的语言结构，把所学外语的语音、词汇、语法变成新的语言习惯，而新习惯的形成，也应像学习母语那样，需要持久模仿、反复操练、大量实践。

### （二）听说法的教学原则

到20世纪60年代，听说法的教学理论已经基本系统化。美国结构主义语言学家从不同角度对听说法进行了总结。其基本教学原则可归纳为以下几点。

1. 听说训练优先

语言是由声音和文字组成的系统。听说与声音有关，读写与文字有关。文字是记录声音的符号。由此可见，口语是第一性的，文字是第二性的。听说训练好了，有利于读写能力的培养。因此，外语教学的顺序应当是先听说，后读写。课堂教学的大部分时间应该放在听说练习上。

2. 反复实践直到形成习惯

结构主义语言学家和行为主义心理学家认为，语言的习得过程就是强化人的行为和培养人的语言习惯的过程。学习一门外语，同习得母语一样，要靠大量的模仿练习，要靠反复实践，只有这样才能养成一套新的语言习惯。

3. 以句型为中心

结构主义语言学家认为语言结构层次虽然复杂，但人们在交流时，语言基本的结构还是句型，因而外语教学的内容应该以句型为基础。无论是语言材料的选择，还是语言技能的训练，都要以句型为中心。

4. 排斥或限制母语

结构主义语言学家反对在外语教学中使用母语表述，特别是借助翻译手段讲解词义。在他们看来，翻译是涉及两种语言的特殊心理活动，在翻译过程中，学生头脑里是在和两种语言打交道，母语容易对外语造成干扰。因此，他们主张借助上下文，用所学外语直接释义，排斥或限制母语。

5. 对比语言结构，确定教学难点

结构主义语言学的特点在于对语言进行系统的描写分析。结构主义语言学家主张外语教学中应该进行两个方面的语言结构的对比分析。外语教师一方面应将母语结构与目的语结构进行对比分析，另一方面应将目的语内部结构进行对比分析。外语学习者容易用母语结构代替目的语的语言结构，造成语言负迁移。因此，对比语言结构、确定教学难点是非常必要的。

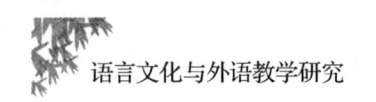

6. 及时纠正语言错误，培养正确的语言习惯

结构主义语言学家认为外语学习是一种刺激—反应过程，也就是养成一种新的语言习惯的过程。教师只有对学生进行正确的刺激，才能保证他们做出正确的反应。因此，在指导学生模仿、操练的过程中，对他们出现的任何错误都要及时纠正，以使他们养成正确的外语习惯。

7. 广泛利用现代化教育技术手段

外语教师在外语教学中要广泛利用电影、录音、幻灯等现代技术手段，并根据刺激—反应—强化公式制定完整的电化教学体系。

### （三）听说法的教学过程

听说法是一个较为严谨的外语教学法体系，其教学理念和原则总是能够体现在教学过程中。听说法专家从不同角度论述了教学过程，他们对教学过程的看法各不相同。美国布朗大学教授特瓦德尔对教学过程进行了科学的解析和整理，认为教学过程分为五个步骤。他的学说已被听说法专家和外语教师所接受。

1. 认知（recognition）

教师借助实物、模型、图片等辅助手段，向学生发出语言信号，使学生把接收到的语言信号和实物联系起来，即把语言和它所表示的意思联系起来。

2. 模仿（imitation）

在外语教学的初期，教师的主要作用是反复示范，学生的主要任务是准确模仿。由于在初学阶段学生鉴别能力差，教师对学生出错应保持高度敏感性，发现错误，及时纠正。

3. 重复（repetition）

为了使学生准确地记住所学的语言材料，教师要让学生不断地重复操练，反复模仿，直到能背诵为止。

4. 变换（varation）

做过模仿记忆练习之后，学生可能已经记住了所学的语言材料，但不会活用。为了培养学生活用的能力，首先要做变换句子结构的练习。

5. 选择（selection）

让学生从已学过的语言材料中挑选出一些单词、短语和句型，用来描述特定的场面、情景或叙述一个事件。这类练习能培养学生的语言综合运用能力。

以上只是听说法的五个基本教学步骤,教师可根据学生和教材的实际情况灵活运用,不应绝对化。听说法是历史的产物,其历史功绩是培养了大批掌握外语口语的人才,满足了当时社会的需要。听说法在教学实践中取得的良好效果给世界外语教学带来了深刻的变化。20世纪60年代是听说法发展的鼎盛时期,在此期间,听说法在世界上享有盛誉,一时间成了外语教学界占支配地位的一种外语教学法。当然听说法并非十全十美,它存在4大缺陷:一是过分重视机械性操练和死记硬背,忽视语言能力和交际能力的培养;二是过分重视语言的结构形式,忽视语言的内容与意义;三是过分重视口语,轻视书面语言;四是忽略文化因素,导致学生缺乏社会文化知识和跨文化交际能力。到了20世纪60年代后期,乔姆斯基的转换生成语言学和皮亚杰、卡鲁尔(J.B. Karur)的认知心理学已成为语言学和心理学界颇有影响力的学派。社会语言学的出现也使外语教学别开生面。这些理论是对结构主义语言学和行为主义心理学的挑战。此时听说法开始受到抨击和挑战。不久,应用语言学家探索出一系列新的外语教学法,如认知法、交际法等。

## 四、认知法

认知法(cognitive approach)是把认知心理学的理论运用于外语教学的一种方法体系。语言教学法专家也将认知法称作认知—符号法(cognitive-code approach)或认知—符号学习理论(cognitive-code learning theory)。认知教学法提倡在外语教学中教师应设法让学生的智力发挥作用,重视学生对语言规则的理解,培养学生的语言综合运用能力。外语教学界称其为"经过改革的现代版语法翻译法"。"认知"这个术语来自学习心理学。要想了解认知法的确切含义,有必要对认知心理学有一定的了解。学习理论最初分为两大派。一派是联结说,一派是领悟说或称为格式塔(gestalt)。到了20世纪60年代,前者发展成行为主义,后者发展成认知学习理论。认知学习理论是作为刺激-反应学习理论的对立面而出现的。"认知"一词最早是承认父子关系的法律用语,后来又用于哲学,表示"认识"的意思。但它在心理学中的意义却完全不同,具有独特的含义。心理学的认知概念就是"知道"的意思,而"知道"则有感觉、知觉、记忆、想象,以及构成概念、判断、推理等意义。认知心理学研究与"知道"有关的一系列问题,其中涉及学习的问题主要有三个:其一,什么是知识的性质;其二,知识是如何获得的;

其三，知识是如何运用于创造性活动的。对这些问题进行研究的结果和结论就是认知学习理论。认知心理学家重视智力活动在获得知识过程中的积极作用。这些智力活动包括感知、理解、逻辑思维等。当语言教学法专家把认知心理学的理论用于外语教学时，这种外语教学法就被称为认知法。

### （一）认知法产生的背景

20世纪60年代，西方经济和科学技术发展迅速，国际文化交流日益频繁，各国对外语人才的数量和质量提出了更高要求。在欧美流行一时以培养口语能力为主的听说法开始暴露出各种弊端，其培养的外语人才弱点尽显。听说法在理论和实践方面受到抨击和挑战。教学实践证明，听说法确实存在着不少缺陷。到了20世纪60年代中期，学者们一致认为听说法已不适应这种新的国际形势，要求用新方法代替听说法的呼声震响世界外语教学界。因此，研究新的教学法成为外语教学界迫在眉睫的任务。一时间，许多教育学家、心理学家、语言学家纷纷投入到外语教学法的探索与研究中去。其中最有影响的学者是美国著名的心理学家卡鲁尔（J.B. Carroll）。他在1964年发表的《语法翻译法的现代形式》（*Modern Version of Translation Method*）一文中首先提出了外语教学的"认知法"。从此认知法作为一个新的语言教学法流派开始受到教育界的广泛重视，并流行起来。卡鲁尔反对听说法，极力主张采用"认知—符号"学习理论取代行为主义的"刺激—反应"学习理论，以纠正听说法教学体系的缺点。

### （二）认知法的理论基础

20世纪60年代，欧美教育学、心理学、语言学等学科都有很大的发展，各种学派相继出现。这些基础理论学科的发展必然推动应用学科的发展。作为应用学科和外语教学法的一个新流派，认知法自然从上述学科中吸收对自己有益的理论。可以说，认知法的出现不是偶然的，而是有其坚实的理论基础的。

20世纪60年代初，在美国政府的支持下，著名教育学家和心理学家布鲁纳（J.S. Bruner）发起并领导了美国的教育改革运动。他在《课程论》《教学论》等著作中提出的"基本结构"理论和"发现法"对外语教学产生了深刻的影响。布鲁纳指出，不论什么学科，在教学过程中教师务必使学生掌握学科的基本结构（概念、基本原理、规则）。他认为掌握基本结构对教学大有好处，可以使学生更容易理解本学科的全部内容，有助于将所学知识长期保持在记忆中，有利于跨学科的学习。布鲁纳的"发现学习"（discovery learning）理论体现了教学以"学习者为中心"（learner-centered）的理念。在课堂上，教师的角色发生了很大变化，从主角变为配角。布鲁纳认为，教学不再是教师向学生灌输知识，而应是教师引导学生通过观察、分析、归纳等逻辑思维活动来获取知识，以激发学生的学习兴趣和学习动机，并培养他们独立思考和解决问题的能力。

瑞士认知心理学家皮亚杰提出的"发生认识论"动摇了行为主义的刺激—反应（S—R）学习理论。皮亚杰的学说主要涉及知识的形成和发展原理。皮亚杰认为，学习知识的活动是一种智慧活动，而智慧活动都具有认知结构。他修正了行为主义心理学的刺激—反应（S—R）公式，提出了著名的 S—(AT)—R 公式，即刺激（S）被个体同化（A）于认知结构（T）之中，然后做出反应（R）。发生认识论肯定了人的智慧，并断定人的行为是受认知结构支配的。

另一位著名心理学家奥斯贝尔（D.P. Ausubel）提出了"有意义的学习"（meaningful learning）的理论。奥斯贝尔认为有两种学习方式，一种是机械性的学习，另一种是有意义的学习。机械性的学习是一种缺乏语境、缺乏理解的学习。其特点是学生不理解所学内容，单靠死记硬背记忆知识。而有意义的学习则是在理解基础上的学习，即认知学习。其特点是学生理解特定学科的基本概念和规则并了解它们内在的联系。机械的死记硬背与有意义学习的区别不在于记忆的开始阶段，而在于记忆保持时间的长短上。举一个电话号码的例子。人们一般能够很快地记住一个电话号码，但由于孤立地死记硬背，再加上干扰因素的影响，打完电话后很快就会忘记。然而如果把电话号码放在结构中和城市、地区、街道的编号联系起来，不但记得快，还能长时间保持在记忆中。这个例子对外语教学的启示是，教师应指导学生进行有意义的操练和交际活动。奥斯贝尔的"有意义的学习"理论对外语学习具有指导意义。

20 世纪 60 年代中期，语言学研究的突破将外语教学分成了两大截然不同的学派。前期的听说法认为语言是一种习惯体系，语言学习是刺激—反应的过程；后期的认知法认为语言是一种受规则支配的体系，语言学习是以规则为基础的创造过程。听说法属于经验主义，认知法属于唯理主义。美国著名语言学家乔姆斯基的"转换—生成语法"在美国和世界各地引起了轰动,被称为"乔姆斯基革命"。他提出的语言习得机制(language acquisition device)、语言能力(linguistic competence)、语言行为(linguistic performance)、语言普遍现象(linguistic universal)等理论被认为是语言学研究的突破,为当时的外语教学改革提供了理论依据,为外语教学的认知法提供了科学的语言理论基础。乔姆斯基认为,任何语言都是受规则支配的体系;语言规则是有限的,但具有强大的生成能力,这些规则能推导、转换、生成句子;人类学习语言是创造性活用的过程,而绝非机械模仿、记忆的过程。因此,外语教学的成功在于帮助学生掌握语言规则,并按有限的规则产生和理解无限的句子。掌握语言规则的途径:一是发现(discovery),二是创造性活用(creativity)。发现规则虽然是基础,但是重要的是培养学生具有创造性地应用规则的能力。从直接法到听说法都主张像幼儿学习母语那样无意识地学习外语;而认知法与之针锋相对,主张有意识地学习。作为交流思想工具的语言,除形式方面之外,还有语义方面,因而认知法不仅注意语义的学习,也注意语义操练(semantic drills)。

### (三)认知法的基本原则

认知法依据的是教育学、心理学、语言学的最新研究成果;关注的是语言青春期(linguistic puberty)以后的成年人在本国的环境中学习外语的过程及其规律;追求的外语教学目的是培养学生综合运用外语的能力,即具有目的语国家人民一样的语言能力。通过总结外语教学的历史经验,认知法认为要达到外语培养目的应遵循下列几项教学原则。

1. 外语教学要以学生为中心

以往的教学法,只管教不管学,充其量只能算得上是教的方法。无论是翻译法、直接法,还是听说法,通病是忽视对教学对象——学生的研究。认知法则一改过去,彻底改变了教学理念,将注意力放在对学生因素的研究上。认知法主张先研究好"学"的问题再研究"教"的问题,教师在外语教学中应考虑学生的心理因素,最大限度地调动学生的学习积极性。认知法认为教学要以学生为中心,课堂教学活动要以学生的实际操练为主,以培养学生实际运用外语的能力。认知法还认为,外语学习不能局限于课堂,应该延伸到课外,即学生在教师的指导下,进行自主学习。因此,教师的另一项任务是培养学生自主学习的能力。

## 第六章 跨文化传播与外语教学模式研究

**2. 在掌握语言知识和规则的基础上进行有意义的外语学习和操练**

认知法认为学习外语是一种创造性的语言活动,学生只有在掌握规则的基础上才能进行语言活动。人类具有高度发达的大脑,学习外语不是刺激—反应动物型的学习（animal type learning）,而是在理解规则的基础上通过大脑的逻辑推理创造性地活用语言的人类型学习（human type learning）。根据这个原理,外语教学首先应使学生理解所学语言的规则,教师提供的语言材料应该易于让学生自己从中发现规则,教师要让学生在一定的交际情景和实际生活中操练语法规则。

**3. 听、说、读、写齐头并进,全面发展**

在对待听、说、读、写四项语言技能的关系方面,认知法与听说法有很大的差异。认知法反对听、说领先,主张听、说、读、写全面训练。

**4. 利用母语**

所有的语言,无论是母语还是外语,在某些方面都具有共同性,乔姆斯基称之为语言的普遍现象（linguistic universal）。成年人学习外语一般借助母语实现。母语为他们提供语言经验,帮助他们掌握各种知识,形成各种概念。如果引导得当,这些经验、知识和概念都可转移到外语学习上,使外语学习变得容易。这就是母语的正迁移现象（positive transfer phenomenon）。因此,外语教学中适当地利用母语是有益的,而排斥母语将是莫大的损失。

**5. 对错误进行分析和疏导**

按照认知法的观点,语言的习得过程是:假设—验证—纠正。学生在这个过程中犯一些语言错误是不可避免的。如果教师采取有错必纠的态度,势必会打击学生的积极性,在他们心里造成紧张感,抑制他们的外语学习兴趣,所以教师要区别对待学生所犯的语言错误,严重影响交际的错误要及时纠正,但因疏忽、不熟练而产生的错误则以疏导为宜。只有这样,教师才能制造外语学习的轻松感,调动学生学习外语的积极性。

**6. 广泛运用直观教具和电化教学手段,使外语教学情景化、交际化**

在外语教学过程中采用直观教具和电化教学手段有助于创造外语环境,提高教学效果。

认知法是作为听说法的对立面而产生的,因而它一出现就受到外语教学法专家和广大教师的重视。20世纪60年代中期,美国广泛开展了认知法的试验工作,不少大学和中学进行了认知法与听说法的对比试验,结果认知法取得了全面的优异成绩。然而,认知法的推广并非一帆风顺,赞成者有之,反对者也有之。反对者认为认知法是传统翻译法的翻版，是老调重弹。虽然认知法与翻译法基本相同，但认知法吸取了当代教育学、心理学和语言学的最新研究成果，克服了翻译法的极端化、片面性，使外语教学更加符合科学规律，被称为"改革过的现代语法翻译法"。认知法的倡导者们主要是心理学家，他们把外语教学法建立在心理学理论——认知学理论的基础之上，从而使外语教学法走向了健康的发展道路。有的教学法专家认为认知法与听说法各有优缺点，不应互相排斥，应当取长补短。这两种方法，不是势不两立，而是共存的。其中，一种方法可取对方之长，来补自己之短，从而发挥自己的优势。认知法出现后，并没有使听说法退出舞台，相比之下，两种方法都有可取之处，如听说法强调句型操练，培养语言习惯；认知法强调理解，主张有意义的学习和操练。认知法在实施过程中常出现语法翻译法的老毛病。另外，文化教学的缺失，毫无例外地会妨碍学生交际能力的培养，特别是跨文化交际能力的培养。认知法虽然产生于美国，但多半用于教美国人学外语，由此可见，认知法适用于教中国人学英语。

## 五、交际法

### （一）交际法的概念

交际法（communicative language teaching）是以语言功能和意念项目为纲，以培养交际能力（communicative competence）为目标的一种教学方法体系。语言教学法专家常将交际法称为功能法（functional approach）或者功能—意念法（functional—notional approach）。把交际能力作为外语教学培养目标这一观点提出之后，随之产生了相应的语言观、学习原则及语言教学。交际能力这一核心概念由社会语言学家戴尔·海姆斯于1967年率先提出。交际法的代表人物有英国剑桥大学语言学系主任特里姆（J.M.Trim），荷兰乌得勒支大学应用语言学院院长范埃克（J.A. Van.EK），英国语言学家威尔金斯（D.A. Wilkins）、亚历山大（L.G. Alexander）、威多森（H.C. Widdowson）和韩礼德（Halliday）等。威尔金斯的《意念大纲》（*Notional Syllabuses*）和威多森的《交际法语言教学》（*Teaching Language as Communication*）标志着交际教学法的诞生。

交际法为什么被称为功能—意念法？所谓语言的功能是指社会交际中的语言行为，即用语言叙述事情和表达思想的功能。这就是说，要从表达的

## 第六章 跨文化传播与外语教学模式研究

思想内容出发，了解这个思想内容是怎样表达出来的。例如，表示询问、请求、邀请、介绍、同意或拒绝、感谢或道歉、希望和害怕等。由于交际法也以意念项目为线索组织教学，所以它又叫意念法（notional approach）。意念是功能作用的对象，是指从特定的交际需要和目标出发，规定所要表达的思想内容。它可以通过提问"谁"或"什么"来确定。例如，同意什么、希望什么、邀请谁、向谁道歉等。功能和意念两个要素在运用语言叙述事情、表达思想的交际过程中是互相联系的。例如，询问邮局的方位：Is there a post office near here? 询问是功能，邮局和附近是意念。大多数教学法专家认为，使用交际法的名称比使用功能—意念法的名称更能体现出掌握交际能力的关键。

交际法克服了听说法的一些致命弱点，其特点是：①交际能力是教学所追求的最大目标；②注重意义，围绕交际功能操练语言；③语境交际化是教学的基本前提；④句型操练属辅助训练手段；⑤根据学生需要可以解释语法，可用母语进行适当的翻译；⑥读写可以与听说同时进行；⑦课堂教学以学生为中心，让学生通过交际活动，掌握语言系统；⑧按交际的需要和学生的兴趣来决定学习顺序。

### （二）交际法产生的背景

交际法产生于20世纪70年代初期的西欧共同体国家，中心是英国。20世纪70年代以来，各国的政治、经济、科学和文化飞速发展，交流日益频繁。西欧各国为了加强相互之间在政治、军事、经济、科学和文化等方面的联系和合作，成立了西欧共同体（简称"欧共体"）。随着西欧共同体成员国的扩大，使用的语种逐渐增多，随之出现了语言不通的重人问题。各国委员之间因语言不通而无法交谈。语言问题妨碍了布鲁塞尔机构的运转和西欧各国间的交流。1978年，西欧共同体雇用的专职翻译就有400多人，用来翻译9种语言。这个数字大约比当时联合国、北约组织、经济合作与发展组织、联合国教科文组织关税和贸易总协定译员的总和多一倍。每次会议，如果9种语言都用上，从一种语言翻译成另一种语言就需要经过72次翻译。如果一个译员只会一种语言，就需要72个译员。如果一个译员能翻译几种语言，那就可以减去一大半，只需30名译员。在这种形势下，西欧各国对专业外语人才的需要越来越迫切。

20世纪60年代流行于欧美各国的听说法只注重语言规则的讲解和训练，忽视了对外语学习者交际能力的培养。当时的外语教学既无统一的大纲，又无统一的教材，教育质量低下，难以达到使学生掌握交际能力的目的，无法满足国际交流的需要。西欧共同体意识到，从根本上解决这个问题的方法就是改革共同体成员国的语言教育——改变教学方法，制定一个西欧共同体成员国统一的外语教学大纲，设计统一的教材和测验标准。于是，1971年5月，欧共体文化合作委员会在瑞士召开了对成年人进行第二语言教学的专题座谈会。会议探讨了以单元—学分体系（unit—credit system）组织现代语言教学的可能性，并就制定欧洲现代语言的第二语言教学大纲达成了共识。专家们经过三年的努力完成了欧洲一些主要语言的教学大纲——《入门阶段》，其中特别吸收了英国语言学家威尔金斯提交的以交际为标准而设计的功能意念大纲的基本要点。专家们根据学员所要从事的语言活动，把统一的教学任务划分为不同的教学单元。《入门阶段》就是语言能力的最基础水平的大纲，是要求使用单元—学分体系中的大多数学生，不管他们最后达到什么目标，都必须达到的基础水平。它适应欧共体国家的最广大学习者的需要。功能意念大纲强调把功能作为英语语言课程设置的基本组成部分，这与结构主义大纲不同，结构主义把语法结构当作教材的基本组成部分。另外，与那些过分强调语法形式的方法不同的是，功能意念大纲十分重视在具体语境中语言的语用目的或实用目的。功能意念大纲并不一定能培养学生的交际能力，因为它不是一种教学法，仅仅是大纲。然而，它重视语言的功能目的并提供语言环境以实现这些目的，这样，它就宣告了旧教学法时代的结束，开创了语言教学的新时代——交际教学法。

交际法的理论基础来自海姆斯、拉波夫等人的社会语言学和弗斯、韩礼德等人的功能语言学。20世纪70年代以来，欧共体各国从理论和实践上对交际法都做了积极的探索和研究，产生了深远的影响。直到今天，交际法仍然是世界上最主流的外语教学法流派。交际能力的培养已逐渐成为世界各国外语教学的最重要的目标。自20世纪70年代初期以来，虽然培养交际能力逐渐成了美国外语教学界和应用语言学界日常谈论的话题，但他们对交际法却长期保持沉默。20世纪70年代末80年代初，美国也开始编写和试验交际教学法教材。例如，1980年版的 *English ALFA*。交际法于20世纪70年代末期传入中国。在这一时期，国外大量的语言学理论、外语教学理论传入我国，交际法就是其中最主要的外语教学理论之一。20世纪80年代初期，我国外语教学界主要对交际法的概念、语言学基础、理论形成、教学原则、教学过程、交际法大纲（功能意念大纲）、交际法教材、交际法与其他外语

## 第六章　跨文化传播与外语教学模式研究

教学理论的关系和区别，以及国外交际法研究现状、实践情况等进行了全面的介绍和评述。之后，交际法逐渐被我国的外语教学界接受并用于实践。和其他所有教学思想一样，交际法也受着特定的语言观和语言学习观的支配。

　　交际法受益于广义功能主义语言学。该理论重视语言应用，认为语言交际才是语言的功能，而非语言结构。根据该理论的观点，语言学习过程也是跨文化体验的过程，提高学习者的交际能力是外语教学的目标。根据交际法理论，可理解的输入和输出同样重要，语言学习者通过输出活动可以提高语言流利程度，通过生成可理解输出来加速第二语言学习。交际法十分重视教学上的交际活动，强调学习者之间的意念协商，课堂活动形式包括解决问题、做决策、观点交流、图画听写等。交际法理论认为，在教学中不仅要帮助学生掌握正确的语言形式，也要考虑语言形式的功能，使学生可以在不同的场合、按照不同的需要、根据不同的对象，用得体的语言进行跨文化交际活动。在此基础上，许多高校开展交际法教学实践，并尝试编写适合中国国情的教材。20世纪80年代中后期，交际法理论开始影响我国外语教学指导思想，交际法成为我国外语教学的主要方法之一。我国教育部门组织专家以交际法理论为基础为高等院校和中小学制定了新的外语教学大纲并编写了各种外语教材，而且我国外语教学界就交际法与传统教学理论结合的可能性和如何在外语教学中具体运用的问题以及交际法的一些理论问题展开了研究。自20世纪90年代至今，我国外语教学界在对交际法进行实践的同时反思了教学过程中出现的问题，如学生学习动机、教师综合素质、师生课堂角色、语言交际环境、社会文化因素等。

　　交际教学法是语言学理论和心理学理论发展到较为成熟阶段的产物。在"乔姆斯基革命"以前，哲学家和语言学家们重点研究语言结构和语言能力，却忽视了研究言语或语言运用。虽然德国语言学家洪堡特和瑞士语言学家索绪尔都区分了语言和言语的概念，但都没有做进一步研究。而美国语言学家乔姆斯基提出的语言能力（linguistic competence）、语言行为（linguistic performance）、语言习得机制（language acquisition device）、语言普遍现象（linguistic universal）等理论改变了语言研究的方向。"语言能力"和"语言行为"两个全新的概念影响了当时的外语教学改革方向。当然，乔姆斯基并没有亲自将自己的理论用于外语教学，而是有些教学法专家对乔姆斯基的理论进行了实践，虽然教学效果不太理想，但至少让人们认识到了语言的交际性，让外语教学朝着交际的方向前进了一步。社会语言学的出现冲破了乔姆斯基理论的局限性。它着重研究人类社会中使用语言进行交际的规律和语言的社会功能。社会语言学家一致认为，语言最本质的功能就是其社会交际功能。

社会语言学家海姆斯在乔姆斯基的语言能力和语言行为的基础上提出了"交际能力"的概念。交际法就是以社会语言学为理论基础，以语言交际功能为纲，以语言交际能力为目标的一种外语教学方法体系。海姆斯指出，人们对语言的掌握不仅包括他们能否造出合乎语法的句子的能力，还应该包括他们是否能在不同的社会情景中恰当地使用语言的能力。在海姆斯看来，乔姆斯基提出的语言能力并没有考虑社会文化因素。因此，如果在语言教学中只培养学生的语言能力的话，那么就意味着把大部分的交际能力抛开了，就无法在日常生活中很好地使用语言。但是如果把交际能力作为重点的话，那就意味着只是把很小一部分的语言能力排除在外。海姆斯认为，交际能力表现在4个方面：一是语法能力——能组织合乎句法的句子；二是语言能力——能判断语言形式的可接受性；三是社会语言能力——能在适当的环境中使用适当的语言；四是语言策略能力——知道语言形式出现的或然率。卡内尔和斯温在此基础上进一步提出交际能力涵盖：语法能力、社会语言能力、语篇能力和策略能力。海姆斯和其他语言学家所阐明的交际能力的含义，构成了交际法的教学目的。

英国著名语言学家韩礼德创立了系统功能语言学。他主张用系统语言学方法分析句子以上的语言单位——语段分析（discourse analysis），为语言研究开辟了新的领域。他重视对语言运用和语言功能的研究，并指出了语言的三种功能：认知功能、建立和维持人际关系功能以及连贯脉络功能。过去的语言学局限于研究语言规则系统和认知功能，忽视了后两种功能，导致了外语教学只重视语言形式训练。其结果是，学生只掌握了语言规则，却掌握不了交际能力。英国语言学家威多森也提出了关于培养交际能力的著名论断，即在外语教学过程中，教师只有让学生在语段层面（discourse level）上使用语言才能培养出交际能力。

上述语言学家们的一系列理论就是交际教学法的重要语言理论基础。交际法除依据语言学的理论之外，还有着一定的心理学理论基础。

交际法涉及一个重要的心理学概念，那就是意念。意念属于心理学的思维范畴。交际教学法的出发点就是要让学生在交际活动过程中学会用语言表达意念，掌握表达意念的各种方式。由于人类的思维具有共同性和普遍性，所以不同的语言群体或不同种族有着共同的意念范畴。20世纪70年代，常用意念项目及其常用语言表达方式被教学法专家当成了欧洲现代主要语言教学的核心和欧洲现代主要语言教学大纲的基础,这就为制定欧洲各国现代语言教学大纲提供了依据。欧共体国家的语言教学大纲《入门阶段》对意念做了分析说明,将意念分为一般意念和特殊意念两类。一般意念的范畴共有8类:①表示存在的意念范畴;②表示空间的意念范畴;③表示时间的意念范畴;④表示数量的意念范畴;⑤表示质量的意念范畴;⑥表示精神或心理的意念范畴;⑦表示关系的意念范畴;⑧表示指代的意念范畴。心理语言学的功能派理论对交际法也作出了贡献。功能派坚决反对行为主义观点——外语教学就是进行不断的刺激—反应训练和不断的纠错。章兼中曾经对功能派观点做过如下介绍。该学派认为,学生在使用语言进行交际的过程中犯语言错误是正常现象,错误是学习语言过程中一个由不完善达到完善的经过。这就像是幼儿学习母语过程中存在中继语言一样,标志着语言学习中各个阶段的发展水平。学生学习外语的过程是一个从常常出现错误的不完善的阶段逐渐向不出现错误,达到完善的阶段转变的过程。不完善的中继语言中的错误不必纠正。不断地纠正学生说话中的错误只会打断学生说话时的思路,分散学生的注意力。教师不用担心学生在交际过程中出现语言错误。这些错误,学生会在今后的语言交际活动中逐步改正的。

### (三)交际法的教学基本原则和教学过程

交际教学法的语言学习观强调4点内容:第一,语言教学应遵循自然的语言习得过程,即在交际中学;第二,语言学习的最佳途径是在社会环境中的运用;第三,如果强调交际,外语学习将会更加有效;第四,语言学习是一个有意义的协商过程。早期的交际教学法专家将交际法教学原则归纳为四条。一是建立单元—学分体系。建立单元—学分体系的前提是进行需求分析,即分析了解学生学习外语的需要,提出单元—学分体系中的教学目标。凡学习外语的学生,不论其动机如何,都要达到教学目标。教师应该为学生提供条件,以便他们能有效地学习,尽可能快地达到教学目标。二是综合运用8种交际要素:情景要素,功能要素,意念要素,社会、性别、心理要素,语体要素,语音、语调要素,语法、词汇要素,以及语言辅助要素。三是使教学过程交际化。外语教学要从学生使用语言进行交际的角度出发,力求使教学过程交际化。要实现教学过程交际化,教师应把言语交际作为全部教学的出发点,力求教学内容、活动、情景交际化;营造自由的课堂气氛,以学生为中心；在语段层面使用语言培养交际能力；坚持把听、说、读、写作为综合的言语活动。四是发展特殊用途英语（English for special purpose）。特殊用途英语，与通用英语相对，是指与特定学习者群体的特殊职业或特殊需要相关的英语。它对语言课程或教学计划有特别的要求，具有很强的实用性。特殊用途英语包括的范围很广，它可以分成各种类型的专用英语教学。例如，学术英语、科技英语、护理英语等课程。

英国教育家大卫·纽南（David Numan）在对交际法进行实践和研究后概括出5点原则：第一，强调运用目标语学习交际；第二，在学习情境中使用真实语篇；第三，提供机会使学习者不仅重视语言而且重视学习过程自身；第四，扩充学习者的个人经验，因为它对课堂学习有重要意义；第五，将课堂学习与课外语言活动紧密结合起来。

交际法与以前所有教学法的不同之处在于，它改变了传统的以教师为中心的教学观，而将更多的注意力放在学生身上，形成以学生为中心的教学模式。教师的角色也由原来的课堂主导者、控制者转变成学习的促进者、管理者和参与者，同时还是需求分析师或咨询师，随时准备为学生解答疑问。交际教学法的课堂环境强调学生之间的合作和移情，即能理解他人的想法和感情，允许在口语练习中错误的发生，并且多采取小组合作的学习方式。

自20世纪70年代至今，人们实施交际教学法所采取的课堂教学步骤由简单变得周全，由随意变得严谨。英国语言学家布伦菲特（Brumfit）将交际法的教学步骤归纳为11条：①用学习者的母语介绍简短的目的语对话；②口头练习这些对话；③根据对话内容问答；④围绕对话主体结合个人经验回答问题；⑤从对话中提取一个基本的表达方式或者具有某个功能的结构集中学习；⑥让学习者发现句式规律；⑦口头翻译活动；⑧口头生成活动；⑨抄写课本中尚未出现但已经练习的对话；⑩从作业中采集样本；⑪口头提问以评估学习效果。按照以学生为中心的教学模式，在交际法主导的课堂里教师试验过各种各样的教学活动，以实现其在交际中学会交际的目标。主要的交际法课堂教学活动归纳起来有5种：一是信息差活动（information-gap activities）；二是拼图游戏（jigsaw activities）；三是信息收集（information-gathering activities）；四是观点分享（opinion-sharing activities）；五是角色扮演（role play）。

交际法吸取了各教学法流派的长处，但也存在不足。它的优点体现在4个方面。首先，从学生实际需要出发，确定学习目标。交际法先分析学生使

## 第六章 跨文化传播与外语教学模式研究

用语言的实际需要，再确定他们的学习目标。其他教学法流派大多数是以教师为中心，而交际法则以学生为中心进行教学。教师按照已经确定的目标选定教学内容和具体方法。其次，重视交际能力的培养，体现语言的社会功能。以往各教学法流派都以语言形式为主要线索编写教材，而交际法则以功能和意念项目为主要线索安排教材内容。它把语言看作人们在社会中进行交际的工具，外语教学的目的是要培养学生的交际能力。按照社会语言学的观点，语言交际受社会文化因素的制约，培养学生的交际能力，不仅仅是培养语言使用能力，也是培养社会文化能力。交际法给了应用语言学家和语言教师很大启发：外语教学必须包括文化教学，交际能力应该包括语言综合运用能力和跨文化能力。应该说交际法间接地将社会文化因素引进了外语教学。再次，教学过程交际化，课堂以学生为中心。由于课堂以学生为中心，因而他们可以自主地进行各种言语交际，而不受教师的控制。教师的角色是课堂的协调者、问题的解决者。通过课堂的交际活动，学生很容易提高交际能力。最后，促进特殊用途外语教学的发展。特殊用途外语实用性很强，对交际能力的要求很高。交际法是用于特殊用途外语教学的最合适的教学法。

目前交际法还存在几个问题需要进一步研究并加以解决。其一，如何确定和统计功能—意念项目，有待进一步探讨。其二，以功能—意念项目为线索组织教学大纲，很难保证功能—意念项目教学顺序的科学性。其三，如何科学地协调语言功能—意念项目与语法、句型结构之间的关系问题仍有待解决。其四，允许学生出现语言错误，采用放任自流的态度未必明智，如何避免有错必纠和放任自流这两种极端的态度方法，正确对待语言错误，还须进一步探讨。

在外语教学中进行文化教学已经有很长的历史了，文化一直都是其教学内容的一部分，只是在不同地区、不同时代、不同教学方法下，文化教学的理念和方式各不相同而已。外语教学最初是为了满足少数精英人士阅读和翻译外国文学作品，包括一些宗教书籍的需要，因而文学作品在当时，甚至之后很长一段时间内，都是外语教学的主要材料。由于文学作品蕴含丰富的文化内容，是反映文化现实的最佳途径，所以最初文化进入外语教学是通过文学作品，学习者在阅读文学作品的过程中，了解到一些关于目的语国家的文化信息。随着外语教学的逐渐普及和听说法的推广，人们学习外国语言的动机和目的不再局限于文学作品的阅读和翻译，人们认识到学习和了解目的语国家的相关文化背景是十分重要的。因此，外语教学开始设置英美概况等课程，这些单独开设的文化课程成为文化教学的主要渠道。到二十世纪七八十年代以后，交际法外语教学的兴起使文化教学的内容扩大到目的语国家的日常生活、学习和工作的各种情景所包含的文化习俗和规范。由此可见，文化教学始终伴随着外语教学。跨文化交际研究成果在外语教育及其相关方面体现了最高价值。它拓展了外语教学法专家的思路，丰富了外语教学的内容，提高了外语教学的效果，对国际文化交流、政治沟通、经济全球化和教育一体化产生了积极的作用。当跨文化交际学揭示了语言、文化和交际之间的关系以后，语言教学专家认识到语言教学离不开文化因素，外语交际就是跨文化交际。因此，外语教学担负着文化教学和跨文化交际能力培养的重大责任。

## 第二节 跨文化传播与外语教学

### 一、跨文化传播的定义

学界对跨文化传播的定义多种多样，侧重的角度也各有不同，主要可以概括为如下几种类型。第一，来自不同文化背景的人际交往与互动行为。第二，信息的编码、译码由来自不同语境的个体或群体进行的传播。根据这一定义，文化是通过象征符号的编码得以表现的，传播双方的信息编码不同的传播可以称为跨文化传播。第三，由于参与传播的双方的符号系统存在差异，因而传播成为一种符号的交换过程。这一定义主要强调了不同文化交往中文化差异的影响。综合来说，可以认为，"所谓跨文化传播，就是不同文化之间以及处于不同文化背景的社会成员之间的交往与互动，涉及不同文化背景的社会成员之间发生的信息传播与人际交往活动，以及各种文化要素在全球社会中流动、共享、渗透和迁移的过程"。国际上对于跨文化传播的研究视域的理解也不尽相同，大到国与国之间的交流，小到人与人之间的交际。例如，美国学者马歇尔·辛格（Marshall Singer）就认为，既然每个人在文化上都是独一无二的，那么人与人之间的交际都应该被视为跨文化交际；著名学者萨莫瓦（Samovar）则认为，不同国籍的人之间的文化差异与不同职业的人之间的文化差异并没有什么本质上的区别，只是程度上的差异，他们把不同的文化差异都放在一个标尺上；而著名学者斯科隆（S. Scollon）的观点与辛格的观点有共同之处，他们认为应将眼光放在更为具体的文化差异上，如不同群体的不同语篇系统差异等。但总体看来，大量的研究是从国与国之间的对比角度出发的。笔者所探讨的"跨文化传播"就是指不同国家文化背景之间的交际。

无论如何定义，跨文化传播的英文表述都基本为"Intercultural communication"或者"cross-cultural communication"，可以表示"跨文化传播交际现象"或"跨文化传播／交际学"的意思。在英汉翻译时，有的学者将它译为"跨文化交流"，有的译为"跨文化传播"，有的译为"跨文化传通"，还有的译为"跨文化沟通"。这是由于跨文化交际具有多学科背景，学者在选择译名时不可能不受到自己学科的影响。选择"跨文化交际"译名的大多具有语言学或外语教学的背景，因为 communication 在语言学中通常译为"交际"；选择"传播""沟通""传通"的大多具有传播学的背景。因为笔者讨论的是从跨文化传播的视角观察分析英语教学的问题，为了符合学科讨论习惯，则主要采用"交际"或"交流"的汉语表述。

## 二、跨文化传播的要素及其关系

研究跨文化传播首先需要研究"文化"和"传播"这两个要素及它们之间的关系，可以说文化是跨文化传播研究的核心。由于"文化"一词使用频率高、范围广，其意义界定也就比较困难，不同学科的学者从不同的角度都给出了带有自己学科特点的定义，如美国人类学家克罗伯（A. Kroeber）和克莱德·克拉克洪（Clyde Kluckhohn）在他们的书中就曾总结归纳出对"文化"的一百多个定义，概括起来为：历史上创造的所有的生活形式，包括显性的和隐形的，包括合理的、不合理的以及谈不上是合理或不合理的一切，它们在某一时期作为人们行为的潜在指南而存在。而美国社会语言学家古迪纳夫（Goodenough）关于文化的定义更有利于跨文化交际领域的研究。他认为，文化是人们为了使自己的活动方式被社会的其他成员所接受、所必须知晓和相信的一切组成。概括来说，文化即是人们所思、所言（言语和非言语）、所为、所觉的总和。在不同环境下，不同的民族和国家创造了自己特有的文化，也被自己的文化所塑造。

文化具有如下特点：文化不是与生俱来的，是以符号为基础通过后天习得且代代相传的；文化中的大部分是隐形的，存在于人的潜意识中，是不自觉的，所以人们对自己的文化视为自然，而当与异文化接触时，便感觉到了自己文化的独特性；文化具有动态特征，虽然文化一经形成便具有一定的稳定性，但是随着社会和历史的变迁，文化也是不断变化的；文化具有系统性，内在的各部分是互相关联、相互作用的。文化是一个非常复杂的系统，它包含着诸如认知体系、规范体系、语言和非语言系统、社会组织与家庭、历史、物质产品、地理环境等要素，各要素之间密切关联，共同构成了文化的深层结构。而这些在跨文化交际研究中都是不可忽视的内容。

对于传播的定义也有很多。基于其共性，从跨文化传播的角度看，德国著名学者罗宾（Ruben）和斯图尔特（Stewart）的定义比较合适。他们认为传播"是处于各种关系、群体、组织和社会中的个人向环境，或相互之间发出信息和进行反馈，以便与之适应的过程"。传播是动态的、连续的和不断变化的，也是符号化的，同时也是系统化的，它受到环境、场所、场合、时间、传播者数量和文化背景等因素的影响。论及两者的关系，用萨莫瓦的话说，文化和传播协同工作，两者不可分离。事实上，要判别哪个是声音、哪个是回音往往是困难的。文化是人类互动行为发生的大环境，影响人类传播的最大系统就是文化本身。综合相关研究，可以从三个方面来看待文化与传播的关系。第一，文化是世代相传的，传播使文化成为连续的过程。第二，文化是传播的语境，没有文化的传播和没有传播的文化都是不存在的。一方面传播产生于人类生存和发展的需要，深度卷入人们的日常生活之中，成为人类的主要生存方式；另一方面，文化不是静态的而是动态的，文化从一产生开始就有向外扩张和传播的冲动，文化的传播与流变是文化生存和发展的必然需求。第三，传播促进了文化的变迁和整合，传播是文化延续的整合机制。在学界的交际研究领域，甚至把文化和交际等同起来，认为交际即文化、文化即交际，这种近似偏激的观点却道出了二者之间的内在统一关系。

## 三、大学英语教学对于跨文化传播的重要性

首先，语言和文化具有很多相同点。它们都是一个民族或群体区别于其他民族或群体的标志，是社会的重要组成部分。它们在通过社会交际进行后天的习得过程中是同时进行的，而且往往交织在一起，联系紧密。由于语言的产生和发展，人类的文化才得以产生和传承，不存在没有语言的文化，也不存在没有文化的语言。其次，语言是一个符号系统，是反映和传播文化的主要途径，也是文化的重要组成部分。广义的文化包括语言。它帮助人们将认识和自然、文化、环境联系起来，并组织、协调人们的社会活动。最后，

第六章　跨文化传播与外语教学模式研究

文化无时无刻不在影响着语言，它是语言形成和发展的原动力。语言既是文化的载体，又是文化的写照。从群体来看，文化是语言反映的内容；从个体来看，文化因素决定语言的具体使用。而实际上，这一切的进行都离不开传播。文化—语言—传播组成一个庞大的人类活动系统。语言是一种主要的传播模式，文化构成传播的环境。语言的传播环境也可以称为语境，既包括客观环境，也包括社会文化环境，这些不仅影响着语言的使用，对传播效果也产生影响。霍尔（Hall）对于高语境文化和低语境文化的论述充分说明了环境对语言和传播交际行为的作用。从这个角度来说，也是文化在影响着语言和传播交际。而反过来，传播交际推动了语言和文化的发展。人们是通过传播交际活动习得语言和文化的，也正是传播交际活动使得文化能够通过语言为人们所共享，成为文化纽带。

综上所述，文化、语言和传播交际之间的关系可归纳如下：传播是一个动态的、以语言和非语言为途径、以文化为环境的信息传递过程。它依赖于语言和文化，同时又促进语言和文化的习得和交流。因此，大学英语教学作为语言教学，其对于跨文化传播的重要性不言而喻。

## 第三节　外语教学中文化意识的培养

### 一、关于外语教学中文化导入的内容

在过去很长的一段时期里，外语教学界普遍存在着这样一种观点，即外语教学主要是解决学生掌握外语技能和外语知识的问题，至于那些与语言有关的文化知识则可让学生通过阅读、观察或其他方法去自行获得。在这样一种外语教学思想的指导下，语言教学常常忽视与之相关的文化内容而孤立地教导抽象的语言系统本身。然而，到了20世纪60年代中期，人们就开始意识到文化在语言教学中的作用。例如，拉多在《语言教学：科学的方法》（*Language Teaching: A Scientific Approach*）一书中就指出过："我们不掌握文化背景就不可能教好语言。语言是文化的一部分，因而不懂得文化的模式和准则，就不可能真正学到语言。"弗里斯也强调了文化在语言教学中的作用，他说："讲授有关民族的文化和生活情况绝不仅仅是实用语言课的附加成分，不是与教学总目的全然无关的事情，不能凭时间有无或方便与否来决

定取舍。它是语言学习的各个阶段不可缺少的部分。"① 自20世纪70年代初以来，随着社会语言学、语用学、文化语言学等新兴学科的出现，外语教学中"就语言而教授语言"的教学模式受到了冲击。"交际"因素在外语教学中的引进，使得人们愈来愈意识到文化内容在外语教学中的重要性。语言和文化不可分离，二者相互依存、相互影响。学习语言而不了解与其密切相关的社会文化背景，便不能真正地掌握和运用语言。

在进行外语教学的同时需导入与目的语有关的文化内容，这在目前已成为外语教学界的一种共识。从外语学习者的角度来说，学习一门外语既是为了掌握一种新的交际工具，也是为了学习和了解目的语的文化；从外语教学的角度来看，教授一种语言，同时也在传授一种文化。语言教学与文化教学是不可分离、相辅相成的。离开了一个民族的文化，要准确地掌握和运用该民族的语言是不可能的。

虽然人们已普遍意识到了外语教学中文化教学的重要性和可能性，然而，一个民族的文化内容汪洋如海、包罗万象，而且其项目也十分繁杂，其中哪些内容和项目是应该而且必须放在外语教学中的，哪些内容和项目是可有可无的，甚至是不应放在外语教学中的，这在目前还很难做出系统的、条理化的阐述和分类。对这类问题的探讨目前仍是外语教学理论研究的重要课题之一。近20年来，国内外不少学者就外语教学中文化内容的导入问题，从理论和实践两个方面做了大量的探索和研究，提出了许多主张和建议。

美国的查斯顿认为，外语教学中文化内容的导入应从狭义的文化入手，逐步扩大到广义的文化。为此他提出了44个主题作为讲授狭义的文化的纲要。这些主题包括：学生生活、青年、父母、家庭、亲戚、朋友、恋爱婚姻、教育、职业、成就、快乐、饮食、文娱活动、金钱、社会制度、经济制度、政治活动、爱国主义、社会问题、环境污染、人口、宗教、法律、仪表、报纸、广告、死亡、纪律、度假、穿着、交通、礼貌用语、身势语等。

有些学者（如张占一、赵贤州、吴国华等）主张在外语教学中将文化划分为知识文化和交际文化。前者指的是在两个文化背景不同的人进行交际时，那些不直接影响准确传递信息的语言和非语言的文化因素；后者则指在两个文化背景不同的人进行交际时，那些影响信息准确传递（即引起偏误或误解）的语言和非语言的文化因素。赵贤州则进一步将交际文化（即语言本身所含的文化以及语言交际时所含的文化背景）概括为12个方面的内容。

---

① 孙晓红，刘邦凡.语言逻辑与语言教学研究[M].吉林出版集团股份有限公司，2018：26.

这些内容包括：①因社会文化背景不同而产生的无法对译的词语；②因社会文化背景不同而产生的某些层面意义有差别的词语；③因社会文化背景不同而产生的词语使用场合的特异性；④因社会文化不同而产生的词语褒贬不同；⑤因社会文化不同而产生的潜在观念差异；⑥语言信息因文化背景不同而产生的差异；⑦含有民族特殊文化传统信息的词语；⑧成语典故，名言名句等；⑨词语中反映的习俗文化信息；⑩有特定文化背景意义的词语；⑪不同文化背景造成的语言结构差异；⑫其他因价值观念、心理因素、社会习俗等所造成的文化差异。

陈光磊先生则提倡从语义和语用的角度来考虑外语教学中文化内容导入的问题。也就是说，在外语教学中应注重导入与目的语语义和目的语语用相关的文化内容。所谓与语义相关的文化，指的就是一种语言的语义系统所包含的文化内容和所体现的文化精神。具体说来，它包括以下 5 项内容：①一个民族文化中特有的事物与特有的概念在词汇及语义上的呈现；②不同语言中指称意义或语面意义相同的词语在文化上可能有不同的内涵意义；③词语在文化含义上的不等值性；④不同文化对同一对象所作的观念划分的差别在词语及语义上的显示；⑤体现一定文化内容的定型的习用语，主要包括成语、惯用语、歇后语、俗语、谚语、格言等。

与语用相关的文化指的则是语言使用的文化规约，即把语言同社会情境和人际关系联结起来所应当遵循的规则。从外语教学的角度来看，这类与语用相关的文化的导入可包括称呼、招呼和问候、道谢和答谢、敬语和歉辞、告别语、褒奖和辞让、忌讳与委婉等。

## 二、外语学习者目的语文化意识的培养

语言与文化的学习在早些时候曾被截然分开。从 20 世纪 60 年代起，西方语言学家开始意识到文化在外语教学中的重要性并纷纷开始研究。一些西方学者强调文化在语言教学中的作用。布洛克（Brook）强调了文化在语言学习中的重要性。20 世纪 70 年代，随着社会语言学的发展，人们更注重外语所使用的语境和情景。文化在外语教学中所扮演的角色越来越重要。在西方，盛行的教学目标是在目的语文化语境中进行交际。卡内尔和斯温认为，更注重交际方式的出现使语言与文化更自然地结合在一起。欧洲国家在 20 世纪 80 年代出现了自外语教学中发展起来的文化研究热。其中斯坦恩（Stern）、戈摩（Gamer）、罗宾逊（Robinson）、瓦尔德斯（Valdes）等

学者发表的关于外语语境中学习文化的论文在诸多研究中最具有代表性。20世纪90年代，文化教学在外语教育中的重要性得到了确认，相关的研究也更为深入。大批学者的相关著作使西方国家文化教学大纲的设计有了科学研究的支持。近些年来，随着跨文化交际学研究的不断深入和发展，使世界范围内的外语教学有了根本性的转变，语言与文化、社会语言学的研究成果被直接引入了外语教学。20世纪80年代在改革开放的浪潮下，跨文化交际学被引入我国，学者们开始对其进行广泛的讨论与研究，研究重点放在了外语教学中跨文化的差异及语言与文化的关系上。国内外语教材越来越多地融合了有关目的语国家的文化内容，如目的语国家的政治、历史、教育制度、文学、艺术、社会习俗、价值观、日常生活和宗教等。

近年来，许多教育工作者重视中西方文化内涵的差异必然造成交际中一系列差异的现象。他们认识到学生具有深厚的文化底蕴，就更具有挑战意识和创新能力，也更有可能接受时代的严峻考验。任何一种语言的学习都不仅仅意味着对该语言系统本身的学习，还包含着对这种语言赖以生存的文化背景及社会风俗习惯等方面的知识的获取。在习得母语时，人们的这种社会文化背景知识是在母语的习得过程中同时获得的。例如，以英语为本族语的儿童在习得"Excuse me"这一语言结构形式的同时，往往也习得了该语言形式所使用的社会文化背景知识，譬如说，母亲会告诉他们不要随便打断别人的谈话，若要插话时先要说"Excuse me"。而在外语学习中，语言能力和社会文化能力的发展则常常出现脱节的现象。长期以来，在外语教学领域中，社会文化因素一直都没有得到应有的重视，这主要是由于外语教学的发展在很大程度上受制于理论语言学的发展。不管是传统语言学、结构主义语言学还是转换生成语言学，都认为语言学研究的对象是语言本身。从索绪尔到乔姆斯基都认为言语行为不是语言学研究的对象，因而他们的这些语言学理论都没能为外语教学提供语言作为一种交际工具的知识。在他们的语言学理论的影响下，外语教学的目的被认为仅仅是培养学生具备"造出一些意义正确、合乎语法规则的句子的技能"。

就我国的外语教学的情况而言，在很长的一段时期里由于种种原因，重语言形式轻社会文化因素的现象在教学过程的各个环节中都相当普遍。在课堂教学中，教师往往只注重学生语言形式的正确与否或使用得是否流畅，而较少注意结合语言使用的场合来培养学生综合运用语言的能力。近几年来，随着社会语言学各种理论的大量引进以及交际教学法在一定范围内的普及，

## 第六章 跨文化传播与外语教学模式研究

国内越来越重视对外语教学中语言与文化二者关系的研究。然而，在外语教学中如何加强对学生的社会文化意识的培养，即如何用社会语言学的基本观点指导我们的教学，还是一个新的领域、一个新的课题。综合以往外语教学实践的经验，我们认为可以从以下几个方面来做一些努力。

### （一）在大纲的制定和教材的选编方面

在制定外语教学大纲时，除要考虑语言的结构、意义、功能等因素外，还应把与目的语有关的文化因素考虑进去，并要尽可能地确定外语教学每一个阶段中目的语文化导入的侧重点，使文化教学成为外语教学的有机组成部分。教材的选编也要结合目的语的文化，要尽量反映其民族文化特点。教材中的课文、对话以及练习等材料的选编应注重它们在目的语文化背景知识和社会风俗习惯的实例等方面的典型性和代表性。这样有利于教师在教语言的同时结合文化背景和文化内涵来开展教学活动。

### （二）课外活动方面

因为世界文化原本就是多元化的，人类文明的进步一直在不同民族、不同国家和不同地域的文化的碰撞与融合中完成。正是文化传播才使人类克服了孤立、独处和疏远的状态，使人与人的关系变得更加密切，更加息息相关；正是文化传播才使文化得以存在，得以保存和发展。教师不应再单纯从事语言教学，我们有责任让学生站在世界文化的高度认识人类灿烂的文明。学生在学习了解不同民族深刻的思想和丰富的情感的同时，不断提高自身文化修养道德水准和思想品位，从而全面提高自身素质，感知人生。学习和掌握外语仅仅靠有限的课堂教学是远远不够的，学生还必须充分利用课外时间来练习自己的目的语语言，丰富与目的语相关的文化知识。因此，若教师能正确地引导学生在课外去阅读一些英美文学作品和英语报纸杂志，并促使他们在阅读时留心去积累有关文化背景、社会习俗、社会关系等方面的知识，将十分有利于培养学生跨文化交际的意识和跨文化交际的能力。此外，还应鼓励学生在课外多看一些英美原版电影，这不仅是因为大部分电影的内容本身就是一种文化的某个侧面的缩影，还在于通过观看片中演员的表演，学生可以了解和学到许多与目的语文化有关的非言语交际的方法和手段。

## （三）课堂教学方面

在课堂教学中，教师要注意就语言教材中涉及的文化背景内容随时随地地进行解说，指明其文化意义或使用的文化规约。在组织课堂活动时，可设置一些特定的社会文化氛围，让学生在这种背景下来进行"角色扮演"，并要求他们尽量按其扮演角色的身份，根据言语交际的环境来正确地使用语言。通过这样的课堂教学活动，学生可逐步提高结合社会文化背景来恰当地使用语言的意识。现在，越来越多的外语教育工作者已认识到只有把人文思想和科技精神完美地结合起来，才能真正培养出适应新时代需要的综合性人才。在语言教学中，如何为高校学生打下良好的人文基础，提高他们批判地吸收世界文化和弘扬中华传统文化已成为教育工作者探讨和研究的热门课题。学者们呼吁面对汹涌的西方文化的涌入，国人不应一味全盘接受，厚西薄中，应特别强调在大学阶段继续实施中国文化教育。一些国内高校已提出在外语教育中把单纯的语言技能的培养转化为增加文化和文明教育熏陶的教育新战略。

## （四）充分利用外籍教师的优势

语言是表达和交流思想的工具。学习英语的一个重要目的就是面对面地与外国人进行思想和文化上的交流，有效的语言教学不应违背自然规律。自然环境中的学习者要比教育环境中的学习者取得的外语水平更高。语言技能的获得只有通过大量的实践才能实现。根据认知理论的观点，语言的学习过程是新旧语言知识不断结合并由理论知识转化为应用的过程。从学外语的角度来说，和讲这种语言的本族人接触是十分重要的。除聘请外籍教师教授一些诸如口语、听力、英美概况、写作等有利于发挥其特长的课程外，还应鼓励学生在课外多接触外籍教师。通过在日常生活中与外籍教师的接触，学生往往能学到许多生动的、课堂上学不到的有关社会文化背景方面的知识。例如，在什么场合下讲什么话、做何种反应以及一些非语言的交际手段等。

## （五）开展一些有关文化背景知识方面的专题讨论活动

中华文化对世界各民族文化产生的影响主要有5点：①丰富了各民族文化的内容；②为各民族文化的发展提供了一种借鉴和参照，在有的情况下甚至是提供了文化的理想模式；③对各民族文化的发展起到了激励、刺激、开

第六章 跨文化传播与外语教学模式研究

发、推动的作用，为它们的发展提供了刺激动力；④启发了各民族进行文化创造的灵感和智慧；⑤促使各民族文化参与世界性的文化交流，获得世界性的文化价值和文化意义。不同文化的不断交流与传播使人类克服了孤立和疏远的状况，不同民族之间的关系变得更加密切和息息相关。文化也正是通过不断交流与传播而得以保存和发展。学生应了解西方文明之精神，交流东西方思想和文化。我们对西方文化的态度不应当仅仅是单向引进和承接。中文与英语及其各自所反映的文化有很大的差异，语言代码和文化信息的转换对学习者来说困难很大。未来的外语教育对外语教师的中西方文化修养提出了更高的要求。教师应有意识地开展一些英美文化背景知识的、某些领域的专题讨论活动，并在讨论中结合汉语相应的文化背景知识进行对比分析。这种讨论活动可以以"文化包"（cultural capsules）的方式来进行。例如，可先让学生阅读一篇介绍英美文化一个侧面（如高等教育、送礼习俗等）的材料，然后就材料的内容进行扩展性介绍和讨论，最后再与汉语相应的文化内容做些对比分析。通过这种介绍、讨论、对比、分析等有意识的活动，来培养学生对目的语文化的敏感性，使他们在外语学习中善于发现目的语文化的特点并乐于了解和学习目的语文化。

（六）更新外语课程设置

外语学习者在实践中可以有效改正他们各自的语用失误，减少跨文化交际中的误会。根据语言学习的规律，语言学习的首要任务是"学"而不是"教"。学习过程应该是灵活多样的，不应当受课堂教学的时空的限制。有些内容可以显性或隐性地贯彻在课堂教学中，而有些文化方面的内容则需要学生在文化交流的实践中去亲身体会。多种多样的文化交流实践活动具有挑战性，趣味性强，贴近工作和生活，比较实用，因而能激发青年学生的学习兴趣。在实践活动中，学生的学习积极性得以提高，他们可以发现并提出相关的由于不同文化引发的各种问题，并寻找各种途径解决交流中出现的问题。在这一过程中，他们以饱满的热情和高度负责的态度去学习，遇到问题注重独立思考，积极探索解决问题的途径，他们的自主学习能力在反复实践中得以提高。学校应开设所学语言国家的概况课、历史课和文学课来系统地传授目的语的文化背景知识。在师资条件具备的情况下，还应开设一些语用学、社会语言学、国情语言学、人类学、语言与文化、跨文化交际学等课程，从理论上提高学生的跨文化交际意识和能力。

总之，在外语教学中如何培养学生目的语国的文化意识是一个较为复杂的问题。外语教师应当从宏观的角度，多侧面、多层次、多渠道地传授目的语的文化知识和培养学生跨文化交际的能力。

## 第四节　跨文化交际背景下的外语教学模式

### 一、对文化教学与文化培训概念的理解

文化教学与文化培训是培养学生跨文化交际能力的两种模式，它们既有共性又有差别。二者都是跨文化交际学形成的土壤和研究的主要内容。通过对跨文化交际学理论的学习和实践，我们充分意识到文化教学是一个伴随着语言教学的漫长而又复杂的教学过程，它要求教师具有高度的文化意识与敏感性，能灵活且创造性地将语言与文化的教学方法和内容结合起来。而文化培训则是一个短期的极具针对性的教学过程。对于培训文化来说，在企业中，培训文化是企业行为文化的重要组成部分，是企业在培训活动中逐步形成的关于培训职能的共同价值观、行为准则、基本信念以及与之相应的制度载体的总称；在学校里，文化培训是一项高度专业化的教学形式，其目标是培养出国人员或移民的跨文化交际能力，具体地说，就是帮助人们在异国他乡，在陌生的环境中有效地工作、愉快地生活，与来自不同文化的人们友好相处。文化培训在很大程度上取决于对培训对象、文化调适过程、跨文化交际环境和培训方法等问题的理解和研究。

目前文化培训以移民和旅居者为对象，这些群体参加跨文化培训的动机各不相同，因而培训的目标和方法也因人而异。总体来说，有两种动机：一是彻底抛弃本族文化，完全认同移入文化，这往往是移民进行文化调适、接受跨文化培训的动机；二是希望在保持自己本族文化身份的同时，了解本族文化与目的文化的差异，获得跨文化交际能力，成为双重文化身份的人。文化调适是一个漫长的过程，贯穿移民和旅居者的整个跨文化体验之中。一般来说，文化冲撞是文化调适的开始。跨文化培训在帮助学习者正确认识文化冲撞的必然性和积极意义，了解文化冲撞产生的原因之后，就可以从文化冲撞入手，利用文化冲撞对学习者所带来的情感和认知的冲击来增强他们的跨文化意识，从而开始系统地培训。文化调适一般需要经历3个阶段：紧张痛

苦阶段、逐渐适应阶段和稳步提高阶段。由于对跨文化培训的需求日益增加，跨文化培训的方法也越来越多。可以归纳为6种培训方法：以文化现实为主的培训、归因培训、文化意识培训、认知行为调整、体验式学习、互动式学习。这些跨文化培训方法对于我们在新的教学模式下进行文化教学具有参考价值，特别是文化意识培训、体验式学习和互动式学习尤其值得我们效仿。

## 二、大学英语跨文化交际教学的目的

我国最新的大学英语教学大纲《大学英语课程教学要求》对大学英语课程的性质和目标进行了定义："大学英语教学是高等教育的 个有机组成部分，大学英语课程是大学生的一门必修基础课程。大学英语是以英语语言知识与应用技能、学习策略和跨文化交际为主要内容，以外语教学理论为指导，并集多种教学模式和教学手段为一体的教学体系。大学英语的教学目标是培养学生的英语综合应用能力，特别是听说能力，使他们在今后工作和社会交往中能用英语有效地进行口头和书面的信息交流，同时增强其自主学习能力，提高文化素养，以适应我国社会发展和国际交流的要求。"大学英语课程不仅是一门语言基础知识课程，也是拓宽知识、了解世界文化的素质教育课程。因此，设计大学英语课程时也应充分考虑对学生文化素质的培养和国际文化知识的传授。

随着对《大学英语课程教学要求》的深入理解，对跨文化交际理论的深入研究，以及对教育学和外语教学理论的深入探索，笔者以跨文化交际能力培养为视点，整体构建了跨文化交际大学英语教学模式。按照这一模式设计的课程体系分为两个部分：语言基础系列课程、跨文化应用系列课程。语言基础系列课程在第一、二学期完成，跨文化应用系列课程在第三、四学期完成。应用视角下的英语教学目的以语言应用技能为目标，对学生进行听、说、读、写、译五个方面的技能训练，以提高学生的英语综合应用能力。跨文化交际视角下的英语教学则注重学生整体沟通能力的建构，语言技能作为沟通能力的一个方面，包含于宏观的能力和素质之中。根据我国最新的大学英语教学大纲《大学英语课程教学要求》，综合两种视角下的英语教学，笔者在为高校制定的大学英语教学大纲中确定了总体教学目标：培养学生的跨文化交际能力。因此，在培训语言基本技能的英语教学过程中添加文化内容，增设文化知识课程、跨文化交际课程、双语文化类课程等成为必要之举。根据跨文化交际能力的构成内容，大学英语课程的教学目标、课程体系

特点，大学英语跨文化交际教学的目的可细化为以下几个方面。

### （一）培养学生的英语综合应用能力

就英语语言教学而言，我们将从语言能力、语言技能和语言运用等方面对学生进行培养。根据相关高校新生入学的英语水平、摸底测试结果和专业特点、就业需求、深造需求，除要确定适合高校学生的英语培养目标外，还应从《大学英语课程教学要求》中选定适合高校具体情况的"较高要求"，将之列入大学英语教学大纲。应当按照"较高要求"从听、说、读、写、译、词汇六个方面确定教学内容，决定教学策略和方法，开设相应的课程，以提高学生的英语综合应用能力。

当今，我国大学英语教学的具体教学目标如下。

1. 听力理解能力

能听懂英语谈话和讲座，能基本听懂题材，熟悉篇幅较长的英语广播和电视节目，语速为每分钟150~180词，能掌握其中心大意，抓住要点和相关细节。能基本听懂用英语讲授的专业课程。

2. 口语表达能力

能用英语就一般性话题进行比较流利的会话，能基本表达个人意见、情感、观点等，能基本陈述事实、理由和描述事件，表达清楚，语音、语调基本正确。

3. 阅读理解能力

能基本读懂英语国家大众性报纸杂志上一般性题材的文章，阅读速度为每分钟70~90词。在快速阅读篇幅较长、难度适中的材料时，阅读速度达到每分钟120词。能阅读所学专业的综述性文献，并能正确理解中心大意，抓住主要事实和有关细节。

4. 书面表达能力

能基本上就一般性的主题表达个人观点，能写所学专业论文的英文摘要，能写所学专业的英语小论文，能描述各种图表，能在半小时内写出不少于160词的短文，内容完整，观点明确，条理清楚，语句通顺。

5. 翻译能力

能摘译所学专业的英语文献资料，能借助词典翻译英语国家大众性报刊上题材熟悉的文章，英汉译速为每小时约350个英语单词，汉英译速为每小时约300个汉字。译文通顺达意，理解和语言表达错误较少。能使用适当的翻译技巧。

6. 推荐词汇量

掌握的词汇量应达到约 6 395 个单词和 1 200 个词组（包括中学和一般要求应该掌握的词汇），其中约 2 200 个单词（包括一般要求应该掌握的积极词汇）为积极词汇。

## （二）培养学生的跨文化交际认知能力

英语综合应用能力是跨文化交际能力的一部分。大学英语教学的终极目标是培养学生的跨文化交际能力。跨文化交际能力是进行成功的跨文化交际所需要的能力，即与不同文化背景的人们进行有效的、适宜的交际的能力。跨文化交际能力一般包括三个基本因素：认知因素、情感因素、行为因素。这里的认知因素是指跨文化意识，即人们在对本国文化和外国文化理解的基础上形成的对周围世界认知上的变化和对自己行为模式的调整。情感因素是指跨文化交际过程中人们的情绪、态度和文化敏感度。行为因素指的是人们进行有效的、适宜的跨文化交际行为的各种能力和技能。比如，获取语言信息和运用语言信息的能力，如何开始交谈、在交谈中如何进行话题转换以及如何结束交谈的技能、移情的能力等。

跨文化交际过程中的认知，是指人在特定的交际环境中处理、加工语言和文化信息的过程。跨文化的认知能力是获得跨文化知识、跨文化交际规则以及提高跨文化交际意识的基础，包括文化认知能力和交际认知能力。在大学英语跨文化交际教学中，教学者应该优先培养学生的跨文化的认知能力。

文化认知能力是指在了解母语和目的语双方文化参照体系的前提下，所具备的跨文化思维能力和跨文化情节能力。跨文化交际要求交际者既了解自己所在文化体系的文化习俗、价值观念、思维模式和行为取向，又了解目的语文化的对应知识。只有了解双方文化的参照体系，交际者才可以在跨文化交际语境中调整自己的行为模式，预测交际对象的行为取向，为有效交际做好准备。跨文化思维能力是指交际者在了解交际对象文化的思维习惯的基础上，能够进行跨文化的思维活动，是高层次的跨文化交际能力。交际过程中交际主体的知觉对象主要是组成沟通环境的各种事物，即交际行为发生在一定的语境中。德国学者福格斯（Forges）为情节下的定义是某一特定文化环境中典型的交往序列定势。跨文化情节能力是交际者在特定语境中按照交往序列定势交际的能力。跨文化交际能力既包括对目的语交际模式和交际习惯的了解，又包括对目的语语言体系、交际规则和交际策略的掌握。大学英语教学的主要内容是语言，掌握语言知识和应用规则是其重要的教学目标之一。由于各文化体系中人们的价值取向不同，交际规则差别很大，若不了解对方文化的交际规则，即使正确使用目的语言也不能保证有效的交际结果。因此，外语学习者只有了解交际对象在文化方面的交际规则，学习其交际策略，才能在行为层面上表现出跨文化交际能力。

### （三）培养学生的跨文化情感能力

《心理学大辞典》给情感下的定义是"情感是指人对于客观事物是否符合自己需要而产生的态度体验。"情感反映的是具有一定需要的主体与客观事物之间的关系，是对客观世界的一种特殊的反映形式，属于心理现象中的高级层面，能够影响到认知层面的心理过程。情感、态度和动机能够影响对事物的认识和解决问题的方式。交际过程中的文化情感能力主要指交际者的移情能力和自我心理调适能力。

1. 移情能力

培养学生的移情能力是指培养学生克服民族中心主义的能力、换位思考能力以及形成得体交际动机的能力。作为文化群体的一员，交际个体都有民族中心主义的倾向，表现为以本民族文化为标准评价其他文化，对其他文化存在文化思维定式、偏见和反感情绪。培养跨文化交际能力的课程体系能够增加学生对其他文化的认识，提高跨文化交际意识以及克服民族中心主义的负面影响。

2. 自我心理调适能力

在跨文化交际语境中，交际主体会因文化差异而产生心理焦虑或感到心理压力，如文化休克。因此，培养学生的自我心理调适能力（包括在遇到困惑和挫折时，自我减轻心理压力的能力）、对目的语文化中不确定因素的接受能力和保持自信及宽容的能力，是重要的文化教学目标。

### （四）培养学生的跨文化行为能力

跨文化行为能力是指人们进行有效的、适宜的跨文化交际行为的各种能力，如正确运用语言的能力，通过非言语手段交换信息的能力，灵活运用交际策略的能力，与对方建立关系的能力，控制交谈内容、方式和过程的能力等。跨文化交际的行为能力是跨文化交际能力的最终体现。跨文化行为能力的形成需要以认知能力和情感能力为基础。在大学英语跨文化交际教学过程中，笔者认为应该着重培养学生的三种跨文化行为能力：言语行为能力、非言语行为能力和跨文化关系能力。

1. 言语行为能力

言语行为理论是语用学的一个重要的组成部分。通过对言语行为的探究，我们可以更好地改进言语行为能力。毫无疑问，言语行为理论对语言研究具有巨大的启发意义。但显然语言理论不可能完全建立在言语行为理论的基础上，言语行为理论本身还有许多问题需要我们去探索。言语行为能力的基础是语言能力和语言行为。语言能力包括词法、语音、语法、句法、语篇等语言知识，语言行为是正确使用语言的能力。因此，教学者应该从跨文化交际角度培养学生的言语行为能力，使学生了解目的语词汇的文化隐含意义、句法构成习惯以及篇章结构布局等。

2. 非言语行为能力

非言语行为的理解与把握是个体心理咨询技术的参与性技术之一。个体心理咨询技术包括参与性技术与影响性技术。参与性技术包括倾听、开放式询问与封闭式询问、鼓励技术、重复技术、内容反应、情感反应、具体化、参与性概述、对非言语行为的理解与把握。影响性技术包括面质、解释、指导、情感表达、内容表达、自我开放、影响性概述、非语言行为的运用。因此，必须培养学生的非言语交际能力，提高有效沟通能力。非语言交际行为包括肢体动作、身体姿态、面部表情、目光接触、交流体距、音调高低等。在交际中，非语言交际行为所传递的信息量远远超过了言语行为所传递的信息量。

3. 跨文化关系能力

培养学生的跨文化关系能力，可以保证跨文化交际的顺利进行。跨文化关系能力包括与目的语文化的交际对象建立并保持关系的策略能力，在不同的交际情境中的应变能力、语言综合应用能力、跨文化认知能力、情感能力和行为能力构成了跨文化交际能力的主体，是跨文化教学的重要目标。这些能力需要通过跨文化交际课程体系来实现。

# 第七章 跨文化外语教学的问题及解决路径

语言是文化的载体，文化是语言的内涵。在语言教学中，一门语言的文化教学已经成为语言教学中不可分割的一部分，因而抛弃文化语境而单纯讲授语言是很难教好语言的。对于二语习得者来说，使用第二语言进行沟通即是文化沟通的过程，在这个过程中，他们会注意到不同文化背景的沟通模式存在差异。对于语言学习者来说，跨文化交流能力主要表现为在特定的文化环境中恰当地使用语言知识来达到沟通的目的。本章将针对跨文化外语教学中存在的问题及解决路径进行探讨。

## 第一节 跨文化外语教学的主要问题及成因分析

### 一、大学英语跨文化教学存在的问题

#### （一）跨文化教学缺乏理论支持

中国的外语教学领域缺乏宏观的规划与指导，还未形成具有中国特色的外语教学理论体系。在以引进为主的外语教学理论中，有些研究并没有与中国的外语教学实际紧密结合，无法真正指导中国的外语教学实践。在管理层面上，有关领导、教育行政管理部门、从业人员还存在轻视外语教学理论的指导作用的现象，专家的意见和建议很少得到充分的重视和肯定。有些课程

标准的设计、教材的编写、评估标准的设定往往缺乏科学的理论指导。几十年来，教育部制定和颁发了各级各类为数众多的英语教学文件和大纲，当中却没有一个大纲认定文化教学与语言教学同等重要，更没有对文化教学标准、内容、方法、测试与评价进行过系统论述。在没有大纲的约束和指导下，教师只是凭借个人兴趣在时间允许的情况下零星地给学生介绍一些文化知识而已，与真正的跨文化教学相去甚远。

### （二）教师自身问题尚待解决

#### 1. 教师跨文化综合素养尚待提升

教师是学生获取文化信息的最重要的源泉，教师的知识结构、教师对文化和文化教学的态度都关系到文化教学的成功与否。教师对外语文化教学的不同理解，与其具体的文化教学行为有直接的关系。在具体的教学实践中，教师应有意识地把文化信息的渗透与语言技能的教学紧密地结合在一起，在帮助学生学习和掌握语言技能的同时，积极引导学生自觉了解和适应目的语文化，培养学生对目的语文化的敏感性和洞察力。

外语师资质量无疑是外语教学质量的保障。在目前我国英语教学的社会环境条件下，学生通过英语教师获得英语能力是其英语学习的主要途径，有时甚至是唯一的途径。因此，外语教学不同于其他学科的教学，外语师资的质量在很大程度上决定了外语教学的质量。由于我国英语学习者人数众多，优秀英语教师一直处于短缺状态，教师整体质量不容乐观。就我国外语教师目前的状况而论，无论是专业水平，包括语言知识、语言应用技能、跨文化交际理论和教学法知识等，还是教学理念和教育观念，都不能适应现代外语教学的要求。因此，提高英语教师整体素质刻不容缓。

大多数英语教师自身运用英语进行跨文化交际的机会不多，其文化敏感性不强，跨文化交际能力较弱，出国进修对于大多数中国英语教师而言只是一个不可能实现的梦想，虽然近年来有机会出国进修的英语教师人数有所上升，但是总体来说，我国英语教师的语言文化知识基本上来源于在本国的学习。正因为如此，很多英语教师对英语国家的文化和世界其他国家的文化的了解非常肤浅，大都是一些零碎的二手信息，不仅不成系统，而且有可能是一些错误的认识或偏见。另外，教师在日常的生活环境或学习环境中也不注重文化知识的积累，这主要是由中文为主的语言圈和应试教育的人才培养机制导致的。

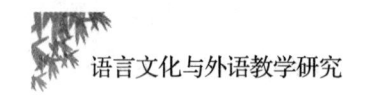

2.教师对跨文化教学的认识与教学实践不相符

在高校英语跨文化教学过程中，还存在教师对跨文化教学的认识不够全面、理解不够深刻的问题。相关调查研究结果表明，教师已经认识到文化知识的学习及文化教学在英语学习中的重要性，认识到文化知识对学生跨文化交际能力的提高起着重要的帮助作用，这一点已不容怀疑。总体来说，英语教师已经达成共识，认为跨文化交际能力的培养在外语教学中占有重要地位，他们也愿意采用各种手段和材料进行跨文化教学。但在教学实践中，他们却把这些认识和理解抛到了脑后，始终在以传统的教学模式进行语言教学。教师对跨文化交际知识和跨文化教学的认识程度较深，即教师已经认识到跨文化交际知识和跨文化教学的重要性，并普遍认为语言技能训练与文化知识学习同等重要，但认识与教学实施和实践存在严重脱节的现象。可见，教师大都理解和支持在外语教学中进行文化教学和跨文化交际能力培养，但是他们对跨文化外语教学思想理解得不够透彻，担心会因此增加学生和自己的负担，同时也不知道如何开展跨文化外语教学。教师对文化教学模式的选择太单一。教师在传授跨文化知识的方法选择上差异较大，反映出教师选择跨文化教学的模式不理想，教学模式太单调，文化教学方式、方法太陈旧等问题。教师在课堂教学的活动安排上采用的方式方法比较单一，缺乏灵活多样性，不利于调动学生的学习兴趣和积极性。

由于教师在规定课时内完成语言教学任务已经很难，如果再增加文化内容，就更是难上加难，因而就忽视了对跨文化交际能力的训练。教师在实际教学中对文化知识的教学实施并没有与对文化教学重要性的认识同步，文化教学时间占有不足，进一步证明认识与实际存在脱节现象。教师还是按照惯例把重点放在语言教学上，跨文化教学完全流于形式。教师对文化教学的意义和目的的理解不够全面、深入，直接导致教师在文化教学方法方面呈现出严重的不均衡状态。教学时间安排的不合理，使文化教学完全成为语言教学可有可无的附属品。

教师对文化概念的理解比较片面、肤浅。由于缺乏系统的文化培训和学习研究，外语教师往往不能正确地定义"文化"。关于文化的内涵，他们或者认为文化包容一切，或者列举一些易于观察、易于捕捉的文化现象，至于深层次的文化信息如思维模式、价值观念等，常常被教师忽略不计。这种片面、肤浅的文化理解大大妨碍了文化教学的深入开展。

部分教师对学生的培养内容、课程设计缺乏计划性、系统性。教师基本上是根据个人兴趣与时间各自查找、补充相关文化信息。教师对相关跨文化知识的教学材料的分类和理解各有不同，对教学内容缺乏统一认识，缺乏统一的或集中的讨论和总结。多数的文化教学是以背景知识介绍的形式进行的，文化被当作是静止不动的知识和信息传授给学生，文化教学处于可有可无的状态，教师完全随心所欲地对待文化内容，这就使得文化教学依附于语言教学。有些教师进行文化教学完全是为了引起学生的注意，而不是为了文化教学本身，因而他们的文化教学也不是课前周密安排、精心策划的教学内容，而只能是语言教学的调味剂，常与语言教学脱节。虽然教育部明确要求大学英语教学要注重培养学生的综合文化，但文化教学方面并没有可与语言技能教学相比的具有可操作性的完整体系作为指导，而是处于盲从状态，严重影响了跨文化外语教学的实施。

很多大学英语教师没有充分认识到跨文化教学的重要性，还是把教学的重点停留在词汇、语法和句型等语言知识层面。由于教师本身的跨文化交际知识储备不足，也由于大学英语教师的跨文化教学意识太过于淡薄，外语教学中的跨文化教学在我国的实际状况无法令人满意。研究显示，外语教学很难改变学习者对于目的语文化的了解和认识的固有模式。大学生们的社会文化能力与交际能力远远落后于他们的语言能力。现有的教师、使用的教材和采用的教学方法根本满足不了跨文化学习的需求。教学中所进行的缺乏代表性地对目的语国家的文化导入也根本无法矫正学习者原有的在对这些国家的认识和了解中已经形成的成见。内容偏狭的文化导入与文化背景知识介绍难以提高学生的文化敏感度及帮助学生客观公正地认识和了解目的语国家的各种文化现象。

综上所述，虽然大部分教师对文化知识的学习、对文化教学的重要性、对学生跨文化交际能力的培养有所认识，但仍存在着教师教学理念陈旧、自身文化贮备不足，对文化内涵的理解、对语言与文化的关系、对语言教学与文化教学关系的理解还不够深入，教师文化培训欠缺，尚处于对文化教学内容不够明确的盲目状态，教学方式、方法落后、单一等问题。

## （三）中国传统文化价值缺失

我国学者刘长江指出，我国外语文化教学要特别注意两个方面：加强目的语文化和母语文化的学习；注重学习以目的语表达目的语文化和母语文化。因为在21世纪国际局势迅猛发展，文化的交流是双向的，外语学习的目的是实现"双语文化的交叉交际"。如果对对方文化缺乏了解，或不会使用外语进行文化表述，这种交际就会出现失误甚至中断。近年来，目的语文化教学在众多高校的跨文化教学中占据了主导地位，目的语文化、目的语传统习俗和交际技巧不同程度地得到传播和学习，但自身的母语文化和母语文化正迁移的作用和意义却被普遍忽略了。这种跨文化教学模式使跨文化交流的双方失去了平衡。在跨文化交际过程中，人们要相互交流、彼此理解、互相影响。交流也意味着吸收和传播，只吸收，不传播，就不是真正意义上的跨文化交际。对中国文化知识的掌握不足制约着学生跨文化背景下交流的顺利进行。目前，在外语教学中普遍存在着一些问题，如当前的大学生在跨文化交流时，他们虽了解一些英美文化，但在表达和介绍本国文化时却显得力不从心，无论是口语表达还是书面表达都无法在更广泛、更深刻的层次上进行进一步的交流，"中国文化失语症"现象十分严重。

如今，在国内那些所谓的优秀英语学习者中，不了解本国传统文化、不能用英语表达自己国家文化的人数比例相当大。在我国的外语教学中，母语同外语教学一直是各行其是、互不干涉的。外语教学界没有认识到母语文化在外语教学中的地位和作用，母语文化教育严重缺失。"中国文化失语症"会给跨文化交流带来巨大的负面影响，最直接的危害就是阻碍跨文化交际的顺利进行，因为我们无法用英语向对方介绍与我们文化相关的一些内容。另外，我们会失去很多向外传播中国优秀传统文化的机会。如果在跨文化交际中，我们对自身文化发生失语现象的同时，却又一味地去迎合异族文化，没有了自我，其结果必然会陷入文化认同危机，而最终被强势文化所同化、吞噬。在我国的英语教学中，英语教材中的西方价值观占主导地位，中国传统文化内容严重短缺。英语作为西方文化的载体，自然体现西方的价值观念和意识形态。以西方文化为主体的文化教学忽视了中国文化在世界文化传播中的重要性和必要性，不利于学生跨文化交际能力的提高和跨文化交际的有效进行。因此，要客观辩证地评判异国文化，正确地欣赏和理解异国文化。单一地吸收和肯定或否定的态度都是不可取的。只有在正确的价值观和世界观的指导下，在深入学习本土文化的基础之上学习、体验、对比、鉴别母语文化与目的语文化，才能正确理解、评判异国文化，才能实现真正意义上的跨文化双向交流。

## （四）学生层面问题

1. 学生对文化的定义和文化的内涵缺乏了解和理解

在相关"学生对文化的定义和文化的内涵理解"的调查中，部分学生认为人们的日常生活、工作及休闲娱乐、饮食、穿着打扮和宗教在文化中不是"非常重要"，然而这正是认识的误区。因为在西方，宗教相当于一种信仰，是文化非常重要的一部分，但是调查显示竟然有三分之一以上的学生认为宗教对于文化"不重要"；另外，文化源于生活，人们的日常生活和工作以及娱乐是最能体现文化内涵的。这一结果告诉我们，学生对文化的认识只是停留在表面的层次，对文化的定义和内涵认识太肤浅，缺乏真正的了解和理解，根本不知道文化应该包含哪些方面的内容。

2. 学生学习英语的目的受功利因素影响很大

在当前的大学英语教学中文化内容基本不作为考试内容，学生学习英语的功利性程度较高。学生对于英语文化的学习很被动，相当一部分学生学习英语是为了应付考试和为出国创造条件，并不是日常生活的积累或者兴趣使然，更谈不上为社会的进步和发展尽义务。许多企事业单位在招聘人员时往往把是否通过大学英语四、六级考试，是否拥有四、六级证书作为考核应聘者英语水平的标准和录用与否的重要条件之一。这就使得影响日益扩大的四、六级考试成绩成了衡量学生英语水平的唯一标准。我国大学生的学习目的往往与功利性要求紧密相连，这就使得学生对文化学习的重要性认识不足。

## 二、问题产生的原因

来自不同文化背景的交际者在进行交际时，其不同的文化、不同的思维模式、不同的价值观念使得他们的交流、沟通难以产生统一、共鸣，甚至可能导致交际失败。跨文化交际所具有的与同文化内交际不同的特点，势必给外语教学带来巨大的影响，并产生前文所述的一系列问题。追根溯源，这些问题产生的根本原因主要有以下两点。

### （一）对中英文化差异缺乏了解和理解

英国文化学者伯克曾告诫我们，不同的文化相遇时，每种文化都可能会对其他文化的形象形成一种固定模式（stereotype）。该模式本身可能无可厚非，但它常常会对某些事实特征夸大其词，同时又全然忽略其他一些特征。

由于这一模式被用于相互之间差异很大的文化状况,结果是不可避免地或多或少会与事实真相有某些出入。在我国,大学生进入大学之前一直在接受中国传统文化的教育,他们在思维方式、行为准则、道德规范等方面都已形成某种定式。大学生活开始后,面对开放的社会文化生活环境,西方文化的大量引入,西方文化思想和价值观念冲击着大学生已有的文化定式。对文化差异缺乏了解和理解而产生的文化的冲突会使大学生在进行跨文化交流时遇到各种矛盾和问题,无法顺利地进行跨文化交际。因此,社会文化方面的知识和能力的欠缺直接影响学生跨文化交流能力的提高。语言能力不足会影响学生跨文化交流的进行,而社会文化能力的不足则会使跨文化交际发生障碍甚至冲突。大学生的价值观虽已形成一定定式,但还不够完整,文化差异与冲突会对学生的价值观、世界观的形成产生很大影响。因此,外语教学要从跨文化视角客观公正地对待文化差异,在加强对学生语言能力的培养的同时,加强对学生社会文化能力的培养,帮助学生正确对待文化差异与冲突,形成良好的世界观与价值观。

(二)受中西方思维方式差异的影响

不同的民族以其特有的历史背景和文化传统生活在各自不同的地理环境中,自然形成其不同于他族的思维方式。不同民族的思维方式,必然显现出不同的民族特征、时代特征、区域特征和社会特征,其风俗习惯与文化传统也不同于其他民族。思维方式在语言与文化之间起着纽带连接的作用。思维方式集民族文化心理诸特征于一体,又对文化心理诸要素起着制约的作用。思维方式在民族文化的各个领域,如物质文化、精神文化、制度文化、行为文化等各个方面均有体现。不同民族思维方式上的差异,造成了民族间文化的差异。作为思维的主要工具和构成要素,语言对思维方式的形成和发展起着积极的促进作用。语言是思维的表现形式。语言差异的存在应归因于不同民族思维方式的不同。因此,对与语言和文化密切相关的思维方式的研究是语言与文化差异研究的前提与基础。

1. 中国的悟性思维与西方的理性思维

悟性思维与理性思维是两种基本的思维方式。中国人的思维呈现为悟性,西方人的思维则呈现为理性。悟性与理性具有不同的表现特征。悟性思维具有很强的形象性,表现出直觉性、形象性、整体性等特征。悟性与灵感联姻,与创新结伴,与革新、开拓为伍。人们常说的举一反三、闻一知十、触类旁通、恍然大悟，就是悟性思维最通俗的概括。悟性思维的过程不是逻辑推理的过程，而是对比、相似、联想等一系列复杂思维的过程。理性思维具有很强的逻辑性，表现出抽象性、客观性、分析性等特征。理性思维是一种有明确的思维方向、有充分的思维依据，能对事物或问题进行观察、比较、分析、综合、抽象与概括的一种思维。说得简单些，理性思维就是一种建立在证据和逻辑推理基础上的思维方式。理性思维属于代理思维，它是以微观物质思维代理宏观物质思维的。理性思维的产生，为物质主体时代的到来、为主体能够快速适应环境、为物质世界的快速发展找到了一条出路。理性思维是利用微观物质与宏观物质的对立性的同一来实现对宏观的控制的。西方哲学思维方式本质上是理性主义的。中国人比较注重直觉、体验、领悟，其思维方式是悟性主义的。中国人的悟性思维使中国人侧重强调主体，常以分析综合的形式改造表象，直觉地认识事物的内在本质和规律。西方人的理性思维则侧重部分与具体，注重分析和实证，长于严密的推理分析。中国人的悟性努力将悟性主体与被悟对象主客合一。中国的悟性认为借助语言符号难以领悟被悟对象的本意，强调悟性主体对被悟对象的直接领悟。中国人的悟性和西方人的理性必然表现在中西方文化的各个方面。

2. 思维差异的影响

英语民族和汉语民族的思维差异自然会产生文化上的差异，影响跨文化交际的进行。中国学生常常会忽视中西方文化差异的存在，把中国式的思维直接带到英语表达中去，迫使交际对方以与自己相同的方式进行思维。在观察其他文化时，中国学生又会以本族文化模式来理解和解释异族的文化行为。正是这种错误的认知导致了跨文化交际中的歧义和误解，在特定的语境下则可能诱发深度的文化对立，给跨文化交流带来诸多不便。

3. 受中西方价值观的差异影响

价值观是一种影响人们对行动模式、方式和目的做出选择的特有的典型的或隐形的观念。价值观是跨文化交际的核心，不理解价值观方面的差异就不能真正理解跨文化交际。若忽视价值观在交际中的潜在影响，就会造成交际障碍。在同文化内的交流中，在衡量对方的言行时，人们大多会采用规范的价值标准。但不同的文化有着各自不同的规范价值标准，这些价值标准在本族内很适用，却不适用于其他社会群体。因此，这些价值观在跨文化交流中，不具备统一、维系的作用。每个文化群体都有权决定和保留自己的生活方式和文化传统，都有权保持自己的文化特色。人们在跨文化交际中发生障碍和冲突不是因为不能接受对方，而是因为对彼此的价值观念不够理解和认同，从而引起理解偏误。这种偏误未必会引起激烈的利益冲突，但在特定的语境下却会产生深刻的文化对立。

可见，东西方价值观的差异也会给我国外语教学带来影响。在跨文化交际过程中，语言方面的错误可以得到容忍和谅解，而违反交际的准则和无视东西方价值观差异的存在却会被看作是举止不雅、有失礼貌。语言的许多方面都会体现出东西方价值观的差异，这是跨文化交际存在障碍的一个重要原因，也是跨文化外语教学不能忽略的一个重要方面。

## 第二节 跨文化交流能力的重要价值

### 一、跨文化交流能力的概念

仅了解一种特定语言的语言学知识，如果只了解词汇、语法和音位结构，对于成功地进行跨文化交流是不够的，语言学知识还需要配合对交流发生情境中社会文化背景以及社会文化模式的适当认知才能完成跨文化交流，并且用于交际的语言总是会涉及人、地点以及目的等非语言因素，而这些因素都不是存在于文化真空中的，因而在大学英语教学中注重对文化意识（cultural awareness）的培养就显得十分重要了。

文化意识是指语言学习或使用者在第二语言或者母语环境下的语言学习和交流过程中对文化所扮演角色的有意识理解。该定义强调，学习者需要对基于文化的，无论是本族的还是外来文化的规范、信念、行为有意识地理解，这种有意识的理解将增进学习者对语言和文化的认知，从而使跨文化交流的目标顺利达成。文化意识的形成有赖于对本族文化和外来文化的不同视角的认识，并且要注意到文化的多元性——不同文化之间的观点可能是冲突矛盾的。语言学习者如果具备了作为文化意识形态而存在的语言知识、技能和文化态度，那么，其形成的这种文化意识将会在理解具体文化、在多元文化交流中发挥实际效用。

跨文化交流能力是指一个人或群体与和自己文化背景相异的另一个人或群体进行有效的沟通以及交换信息的能力。之所以在本章中使用"跨文化交流能力"这个相当难驾驭的词，一方面是因为我们用它作为一个涵盖性术语来报告不同理论家关于这个问题的研究，另一方面则是强调我们的研究集中于互动，也就是说，我们用它表示的不仅仅是与其他文化团体的人有效、恰当地交流（语言与非语言）和表现的能力，还表示处理由这些交换引起的心理需求和不断变化后果的能力。以下为一些主要的术语和定义。

1. 跨文化能力

跨文化能力（intercultural competence）体现为能够卓有成效地认识、尊敬、重视和运用自己或其他的义化环境和决定因素来进行思考、判断、感受和行动，目标为创造彼此的适应力，包容相异，发展相互促进的合作方式，共同生活，以有效的定位模式来理解和塑造世界。

2. 跨文化效果

将跨文化效果（intercultural effectiveness）定义为对一个旅居者的有效跨文化交流能力的总体评估，结合现存的观点——人际交流技巧、社会互动、文化移情和性格特征——提出跨文化效果的综合方法。

3. 跨文化交流能力

跨文化交流能力（intercultural communication competence）指的是协商文化的意义并恰当、有效地执行交际行为的能力，认可互动者在特定环境中的多重身份。这个定义强调有能力的人不仅必须知道怎样适当、有效地与人和环境互动，而且要知道怎样通过尊重和肯定他们互动对象的多层文化身份来达到他们自己的交流目标。

4. 交叉文化交流能力

交叉文化交流能力（transcultural communication competence，简称TCC）是一种综合的理论实践方法，它让我们谨慎地以一种敏感的方式应用我们所学的跨文化知识。具体地说，它涉及一种把跨文化知识和能力实践相关联的转换过程。特定义化和特定民族的知识，结合TCC方法，会产生许多互动的技巧，这些技巧使得个体能够灵活而适应地跨越文化边界。

5. 跨文化行动能力

通过比较跨文化能力中明显过于片面的性格导向和环境导向的概念，有可能得出跨文化能力的互动主义者概念，其认为跨文化行动能力（intercultural action competence）是环境与个体相互作用的结果。

## 二、外语教学在跨文化交流中的应用价值

外语教学应该包括对学习者语言能力、语言运用能力、社会文化能力和跨文化交际能力的培养。其中对跨文化交际能力的培养首先涉及对本族文化和目的语文化的态度转变。无论对于研究者还是普通外语学习者而言，文化能力，即有关风俗习惯、价值观、信仰和意义系统的知识，毋庸置疑地应该成为外语学习不可分割的一部分。

当前，国内高校许多教师已经开始把文化教学作为一个教学目标融入语言课程中。在过去20年中已经受到足够重视的交际能力，强调的是语境的作用，认为在不同情境中交际者应该得体地运用语言。语境中蕴含着文化规则，发生在具体语境中的交际行为受文化的限制，所以要实现有效、得体的交际，要求交际者既了解语言的语法知识，又能够解读语境中暗含的文化意义，两种能力相互补充形成交际能力。当然，我们早已对以行为主义模式为中心的语言学习方法进行了批判，在此模式下，语言学习就是句型模仿，语言就是用来表述事件的词和句子的简单组合。在过去20年中，研究语言与社会的关系成为潮流，外语教学方法与手段、教学模式发生了很明显的转变。然而，仍然有一些与语言教学的本质有关的信念深植于人们心中，决定着外语课程的内容。这种信念潜移默化地削弱了语言课程中的文化教学，阻碍了学生跨文化交际能力的培养。把语言仅仅当作一种符号，只学习语法规则无疑是一种错误的观念。在某种程度上，如果只对与语言有关的社会动态给予关注，而不具备对社会和文化的结构的深远的洞察力，就可能导致跨文化交际中的误解。因此，外语学习就是对外国文化的学习，在外语课堂中应该教授文化，这是毫无疑问的。

那么，文化的含义是什么？怎样才能将文化融入语言教学中？笔者认为，文化之于语言学习不是可有可无的第五种技能，不是附属于听、说、读、写的教学。从学习外语的第一天起，文化就一直存在于背景中，时刻准备着扰乱不设防的学习者，挑战他们认识周围世界的能力，使学习者意识到他们辛苦学得的交际能力的局限性。外语教师逐渐意识到文化与语言不可分割。缺乏了文化因素的外语教学是不准确的，也是不完整的。对于外语学习者而言，如果他们对以目的语为母语的人们的生活习惯或是国家状况一无所知，那么语言学习是毫无意义的。学习目的语文化的重要性随着语言学习者与外国文化越来越频繁的接触而逐步凸显出来，因为他们在跨文化交流中碰到的

## 第七章 跨文化外语教学的问题及解决路径

最大障碍往往与语言的熟练程度无关。这种障碍就是由于忽视目的语文化而造成的，其直接后果就是语用失误。文化语用失误比单纯的语言错误更容易在跨文化交际过程中造成不良影响。如果说话者出现发音不准、用词不当、语法错误等语言问题，受话者一般都能谅解，甚至会对说话人敢于交谈的勇气表示钦佩。但对于说话者的语用失误，受话者就很难原谅。例如，说话者口语流利、用词丰富、语法正确，但出现文化语用失误，他很可能被受话者认为是不礼貌、不友好。正如美国语言学家沃尔夫森所说，在与外国人交往时，本族语者趋向于容忍发音和句法方面的错误；相反，他们常常把违反讲话规则解释为态度不友好，因为他们不大能够意识到社会语言的相对性。

由此可见，外语学习者在学习一门语言时不应忽视目的语文化。随着文化在语言习得中的重要性逐渐被肯定，语言教学研究者和语言教学工作者开始进一步探讨如何能够有效地在外语教学过程中渗透文化知识，于是就产生了"文化教学"这一概念。外语教学的目的主要是培养学生把语言作为交际工具来掌握。寓语言教学于文化背景的目的之一是发现并排除干扰语言交际的因素。不同文化层上的语用失误贯穿于英语学习和使用的每个阶段。因此，不同阶段的语言教学应与不同层次的文化教学有机地结合起来，从而建立一个相应的文化认知系统，以使学生的英语水平得到全面提高。语言是文化的符号，即"符号文化"；文化是以人为核心的广义文化，即"人化"；交际是符号系统、语用系统和文化系统的"信息转换"；外语教学是一种"交际"，即"文化适应"。前面有关语言、文化、交际、跨文化交际的界定和描述告诉我们，语言是"符号"，任何外语教学都必须明确，要学会所学语言，就必须学习和认识语言符号系统所具有的形式与意义及其组合规律。语言又是"文化的符号"，完整的外语教学要考虑所学语言的结构系统、语义系统和使用系统所包含的文化背景知识以及所学语言国的社会文化因素。交际是不同文化背景的人们进行的"信息转换"，因而必须符合符号信息共同性、文化信息共享性、语用信息一致性和文化定型适应性等要求；教学是"交际"，任何外语教学都必须把语言作为跨文化交际的工具来传授，也只有在跨文化交际中学习者才能真正学会使用所学外语。可见，外语教学就像一根针，把语言、文化、交际串在一起、编织在一起，这是成功进行跨文化交际的重要途径。

在语言教学实践中，对于文化意识的培养有着许多不同的做法，但这些做法都将语言与文化结合在一起进行系统而有框架的教学，尽管语言与文化

217

这两者之间的分配比例需要根据学习者的实际情况加以调整。培养文化意识一般通过对中国文化和某一外国文化（或者一群外国文化，如英国、美国、澳大利亚等）的介绍和对比得以实现。教授某种特定文化的具体知识有助于学习者建立起对文化差异和文化相对性的敏感，但这些关于特定文化的具体知识还必须与形式多样的、动态的、实时的文化语境相结合才能变成"活的知识"。换言之，除了具体的文化知识，对实时文化情境的恰当反应以及具备在跨文化交流动态过程中沟通和"调和"的能力亦是必备。这种能力和意识使得语言使用者能够应对多样、动态的跨文化交流任务，以免之前习得的具体文化知识形成"先验"。当然这并不意味着学习关于其他文化的具体知识是无用的，或者没有必要学习具体、细致的文化知识。在承认其局限性的基础上，我们应当认识到文化意识概念的宽泛，其不仅是识记某种文化的具体知识，更是将这些知识与有意识的能动性、技巧联系在一起，在遇到新情况时不断修正完善，以便应对一个处于不断发展变化动态过程之中的跨文化交流任务。须谨记，跨文化交流绝没有一个一成不变的固定模式。

## 第三节 学生跨文化交际能力的培养模式

### 一、跨文化交际能力培养的局限性

培养学生的跨文化交际能力是外语教学的目标，这已是无可置疑的。可是，在我们的教学工作实践中，还存在着一系列无法回避的问题。

首先，以英语为例，由于其广泛性，英语已经是一种世界性的语言，因而在学习过程中过度地强调讲英语的西方国家的文化，这会导致学习者最终获得的只是英语世界中特定文化体系的交际能力，而不是他们中许多人认为的放之四海而皆准的跨文化交际能力。在跨文化交际中，使用其中一方的母语为交际媒介，并不意味着双方所有的言语行为都要符合那一方文化的语用适当性。跨文化交际的言语行为适当性不能完全依据使用什么语言来决定。比如，到中国来的美国商人虽然在用英语与中国人交往，却不可坚持其美国文化的语用规约，至少应当在一定程度上顺应中国文化环境的交际适当性。在跨文化交际中，首先应该承认差异并容许差异共存，其中自然也包括交际双方在语言运用上的差异，如果拿交际一方的文化作标准去消除差异，使双

## 第七章 跨文化外语教学的问题及解决路径

方达到语用上的统一,就很有可能最终消除交际的跨文化性质。这样做可以降低相互交往的难度,但是会限制跨文化交际中双方实现各自话语潜势的空间。跨文化交际的目的在于使交际双方能够充分发出属于自己文化的声音,又能够最大限度地相互接近和理解,以获得真正意义上的沟通。

其次,许多学习者往往忽视了对自己本族语文化的了解和认识。有些外语学习者完全舍弃了自己的母语文化,换来了对西方历史文化的了如指掌,甚至有一部分外语学习者只是盲从地接受目的语文化的生活方式和世界观,改变自身的文化认同,这样的做法是不可取的。跨文化交际能力包括认知、情感、行为等诸方面的适应能力,具备了这些能力的交际者,能够在跨文化交际中根据实际情况搁置或修改自己原有的文化习惯,去学习和顺应与之不同的文化习惯,并能创造性地处理交际双方之间的文化差异。因此,跨文化交际能力并不仅仅是获得目的语文化知识和交际技能,深入了解目的语文化,更重要的是实现两种语言和文化价值系统之间的互动。目的语文化与母语文化的鉴赏能力相互促进,可以使学习者自身的潜能得到充分发挥。跨文化能力中的文化超越问题,主要包含以下三层含义:第一,意识到文化的差异或定型的存在,但不为其束缚;第二,能够以更开放、灵活、有效的方式进行跨文化交际;第三,在跨文化交际中生产性地建构自我认同。所谓生产性,源于人本主义心理学家弗洛姆(From)的理论,在外语学习中用来指对母语与目的语的掌握,对本族文化与目的语文化的理解,以及两者之间的积极互动,相得益彰,对两种文化的认识也在质量和深度上达到新水平,从而促进人的认知、情感、行为的成长。

最后,如何培养学生的跨文化交际能力,这是一个需要外语研究者和语言学习者不断进行深入研究和探索的问题。现在的外语教学中,对跨文化交际能力的培养以及文化的教学很多都停留在文化知识层面,而对其他两个层面则分析得较少。在许多教学模式中,教师以灌输的方式为主,启发性的教学方式几乎不存在。在课堂教学中,学生一直处于一种被动接受的状态,与他们的切身体验缺乏联系。这种教学模式最明显的后果是学生缺乏文化知识的系统性,教师随意讲和学生泛泛听是因为没有一个循序渐进、条理清晰的教学模式,而这根本无法满足外语教学中文化多元性和发展性的需求。基于上述的若干局限性,高一虹教授指出,新的跨文化交际能力的培养模式应该有以下特点。第一,它以文化意识的培养为中心,有对文化多元性的意识和对差异的宽容态度、对异文化的共情能力、对自身文化价值观念及行为方式的觉察和反省。这种文化意识能帮助学习者主动地获取深层次处理文化知识的能力,并在跨文化交际行为方面具有更多的灵活性和创造性。第二,注重态度和情感层面,也包括认知层面,特别是批判性的反思能力。第三,不限于目的语文化,而是通用于与任何文化(包括本国文化中的亚文化)成员的人际交往。众所周知,跨文化交际能力的培养需要在外语教学中进行文化教学,文化包括文化知识、情感态度以及举止行为三个方面。

## 二、提高跨文化交际能力的策略

如何在跨文化交际实践中提高跨文化交际能力呢?首先要有跨文化意识,要突破语言障碍,进而认识、理解本族文化和外族文化的特点以及文化的差异,并尊重其他文化,只有这样才能有效地提高跨文化交际能力。

### (一)增强本族文化意识

诸多的社会因素,如受教育程度、经济地位以及对本族文化的认同感和从属感等都会影响个人的价值观念和行为模式,而文化是其中的决定性因素。爱德华·霍尔(Edward Hall)曾指出,人类生活的每一个方面都与文化紧密相连,并受其影响。文化涵盖了人的个性、表达方式、思维习惯、行为模式等。我们需要在日常的学习和生活中时刻注意思考、认识和理解身边无时不在的文化,才能提高对本族文化的认识;在追寻本族文化的根源,认识文化如何影响个人的价值观、信仰、习惯和行为的同时,还要认真审视哪些价值观、信仰、行为和习俗是与本族传统文化相关联的。

### (二)认识、理解外族文化

学习外族的文化知识有助于我们理解在跨文化交际中遇到的陌生的价值观、信仰和行为。虽然这些知识不能保证我们准确无误地预见别人的各种观念和行为,但会给我们的深入思考提供方向上的指导。首先,通过书籍、艺术和现代技术来学习。其中,阅读是被人们普遍采用的认识和理解外族文化的最基本的途径。其次,在尊重对方文化的同时,向外族文化的传播者学习,把来自外族文化的人看作是其文化的传播者和协调人,在与他们谈话、交往、工作的过程中学习他们的文化。拥有在双文化或者多文化环境中学习和生活经历的朋友、同事和邻居,也能给我们提供新的外族文化知识。通过这样的学习，我们能感受到新的信念和习惯，并且更新我们的观念。参加外族的文化活动也是一个帮助我们理解和欣赏其中所蕴含的文化的绝好方式，在不同文化活动中的亲身体验会转变和加深我们对外族文化的认识，如庆祝节日、宗教仪式、社区生活等。最后，必须掌握外族的语言。无疑，这也是学习其文化最有效的方法。语言与文化的关系十分紧密，某个文化中的许多内容都反映在其语言之中。因此，外语能力是跨文化交际能力的有力保证，具备使用一门或者多门外语进行交流的能力对提高跨文化交际能力至关重要。同时，外语的使用可以完善个人的交际策略，拓宽思考的广度。在这个十分微妙而神奇的过程中，人们常不知不觉地超越了自己看待客观世界的视角，并将自己的认识提升到一个新的高度。

### （三）提高跨文化交际的效率

经过一段时间的学习和积累，我们扎实地掌握了某种语言的语法知识，在对外族文化有了足够了解的基础上具备了一定的文化意识。这时就要注重提高跨文化交际的效率。提高跨文化交际的效率，需要从以下三个方面努力。

1. 培养跨文化交际的理念

培养跨文化交际的理念具体包括尊重来自其他不同文化的人，以诚恳的态度尝试从另一个文化的角度来思考、理解客观世界；尊重、欣赏文化差别，乐于接受新知识；思想灵活，善于应变，善于利用不同的文化资源；具备敏锐的幽默感；容忍因文化差异而产生的误解；摒弃成见，避免先入为主；对本族文化的局限性有清醒的认识；抱着学习的态度待人接物；把文化差别看作是学习的资源；在差别中学习知识而非比较其优劣。

2. 提高跨文化交际的能力

提高跨文化交际的能力包括建立和维持交际关系的能力、最大程度减少交流失误的能力、协同合作以达成共识或达到共同目标的能力。

3. 协调跨文化交际各因素的关系

协调跨文化交际各因素的关系主要是指处理好意识、态度、知识、技能等四个方面的关系。跨文化交际意识是形成正确态度、学习知识、增强技能的前提条件；跨文化交际的态度又决定着知识的学习和技能的提高；跨文化交际的知识是意识和态度的体现，又是提高技能的基础；跨文化交际的技能则是其他三者的集中体现。同时，跨文化交际的态度、知识和技能又共同强化跨文化交际的意识,它们相互依存,相互促进。处理好这四个方面的关系,对提高跨文化交际能力,进而提高其效率具有重要意义。归根结底,外语教学的最终目的是培养学生熟练地运用目的语与不同文化背景的人们进行跨文化交际活动的能力。掌握目的语的语音、词汇、语法等,即该语言的结构规则,是进行交际的前提,掌握了这种语言严谨的语法结构规则有助于说一口流利、正确的外语。值得注意的是,熟悉这种语言的相关文化知识,掌握它的使用规则,更有助于恰当、得体地使用这种语言。学习一种外语不仅要掌握语音、语法、词汇和习语,还要知道操这种语言的人如何看待事物,如何观察世界;要了解他们如何用他们的语言来反映他们社会的思想、习惯、行为;要懂得他们的心灵之语,即了解他们社会的文化。因此,学习和运用外语必须了解与这种语言有密切关系的文化,必须培养学生的跨文化交际能力。

### 三、跨文化交际能力的培养途径

语言与文化密不可分的关系决定了学习一种语言不仅是学习语言知识,更应包括对文化知识的学习以及对语言学习者跨文化交际意识和交际能力的培养。学习一种语言就是受一种文化的熏陶,要想掌握一种语言就要熟悉和掌握它所承载的文化,只有让学生在学习语言的同时获取文化知识,才能有效提高学生的交际能力。如何培养跨文化交际能力在学术界是一个重要的课题。在认知层面,一般采取讲课、阅读有关材料、使用音像制品、网络教育等方式进行。但是认知并不等于感情和态度的变化,更不等于各种能力的获得。在感情层面,培训采取的方式多种多样,包括典型案例分析、与不同文化背景的人互动、实地体验等。在能力层面,语言能力是比较具体、可以科学检验的能力,可通过讲课等方式习得,其他能力则主要是通过在实际生活和工作中培养来获得。大量的实践案例可以证明,培养跨文化交际能力是一个艰巨、复杂且长期的过程,不是在课堂上通过讲课就可以实现的,但是外语课堂教学的确是跨文化交际能力培养极为重要的一步。

张红玲认为,外语教学不是培养跨文化交际能力的唯一途径,历史、地理、文学等科目都可以从不同的角度向学生介绍文化知识。实际上,培养跨文化交际能力只单纯依靠外语教学还远远不够,它不仅需要社会和学校大环境的支持,而且还需要其他学科的密切配合。布莱姆(Bryam)指出,长期以来,英国高等教育界一直认为高层次的交际能力只有通过实地体验才能获

## 第七章 跨文化外语教学的问题及解决路径

得,对于跨文化交际来说更是如此。张红玲认为,培养学生的跨文化交际能力应该被视为外语教学的高级目标。实际上,跨文化交际能力的培养不仅需要教学环节的精心设计,而且还需要课外的配合,包括国外学习或工作。目前,国内大多数高校的外语专业都有与国外高校互派交流生、互认学分的教学安排,这种实践性极强的教学方法不但有利于培养学生的外语语言能力,而且对他们的跨文化交际能力培养起着十分重要的作用。研究还证明,在异文化环境中生活、与不同文化背景的人接触都是获得跨文化交际能力的重要途径。

纵观我国各大外语院校的教学大纲可以看出,课程设计者对于跨文化交际能力的认识并不统一,也没有予以一定的关注和重视。难能可贵的是,早在 2000 年,大学英语教学大纲就已提出要培养学生的跨文化交际能力,但是大纲设计者仅是把其作为低年级的概况课程和高年级的文化课程来设置,这似乎有些不妥,因为概况课程和文化课程能够给学生提供西方国家地理、历史、文化等方面的知识,有助于培养他们的跨文化交际能力,但前面已经提到,认知只是跨文化交际能力的一个层面,只提供知识还难以真正培养跨文化交际能力。跨文化交际能力的培养并不是一门或几门课程就能完成的一个教学环节,它必须贯穿整个教学过程,外语专业的诸多课程必须建立在跨文化的层面才能进行。即使是基础教学阶段的一篇精读课文,也应该从文化对比和提高文化意识的基点出发。这对外语教学是一种大胆的革新,也就是我们所说的教学中的跨文化视角(intercultural perspective)。除此之外,在教学中培养学生的跨文化交际能力既要涵盖教学内容,更要涵盖教学方法,只是在教材中添加一些跨文化交际的内容并不能有效提高学生的跨文化交际能力。我们要知道,在很大程度上,方法比内容更重要。

我们必须注意,"培养学生的跨文化交际意识"和"形成学生的跨文化交际意识"不是同一个概念,"培养"是一个过程,而"形成"则是一个结果。显然,在中小学阶段的外语学习中,"形成跨文化交际意识"是一个过高的要求,"形成跨文化交际能力"更是一个遥远的目标。但不可否认,这个阶段是为"培养学生的跨文化交际意识"和"形成跨文化交际意识"打下基础的最佳启蒙时期。据此推算,大学阶段的外语教学应该是"让学生在体验跨文化交际的过程中,逐步形成跨文化交际能力"的重要阶段。作为外语教师,我们必须清醒地意识到培养跨文化交际能力是一个长期而艰巨的任务,跨文化交际能力的获得不可能一蹴而就,帮助学生获得跨文化交际能力

223

是一项需要多管齐下的教学活动。

## 四、外语教学与跨文化交际能力的培养

在外语教学的实践中，我们应该从哪些方面入手来培养学生的跨文化交际能力呢？在《文化意识》(Cultural Awareness)一书中，英国教育家巴瑞·汤玛琳（Barry Tomatin）提出了7个文化教学目标：培养学生对人们的行为都会受到文化影响的理解力；培养学生对社会受到如年龄、性别、社会阶层、居住地等影响人们的言行方式而变化的理解力；增强学生对目标文化在一般情况下常规行为的意识；增强学生对目的语中的词和短语的文化内涵的意识；培养学生用实例对目的语文化进行评价和完善的能力；培养学生获取目的语文化并对有关信息加以整理的能力；激发学生对目的语文化的求知欲并鼓励学生与该文化的人们有所共鸣。我们在安排外语教学的相关课程设置和教学计划时，可以从中得到有益的参考借鉴。

巴瑞·汤玛琳建议，外语教学应做到以下几点：通过所学习的语言了解其文化；对文化行为的学习是每一课必不可少的部分；使学生获得他们认为所需的社会交际能力；使所有水平的学生获得跨文化的理解，即对自身文化的理解和对目的语文化的理解；认识到并非所有文化教学都意味着对自身行为的改变，它仅仅是为了增强文化的影响进而去影响自身的行为和他人行为，并对此表示理解和宽容。因此，对跨文化交际能力的培养应着眼于研究干扰跨文化交际的文化因素，这些因素包括语言手段、非语言手段、社交准则、社会组织、价值观念等。语言手段包括词语的文化内涵、篇章结构、逻辑思维以及翻译等值等方面。非语言手段指手势、身势、服饰、音调高低、微笑、沉默、对时间与空间的不同观念等。因此，我们应当使学生意识到不同文化背景的人们惯用的言行交际方式，增强学生对不同文化背景的人们通常行为的了解，并把它们与受自身文化影响的行为联系起来，加深学生对自身文化的意识以及对不同文化、不同道德标准的人们的理解；同时，深入了解不同文化背景的人们的日常生活模式、言语及非言语行为方式和具体情境的行为原则。具体而言，我们要着重培养外语专业人才的外语能力与跨文化交际能力，以应对21世纪的挑战。

### （一）大学外语教育应重点体现文化素质教育

语言是人类文化和知识的载体，因而外语教学是实施文化素质教育的一个重要途径。语言知识和语言技能的教学是需要通过学生的实践才能完成的,学习的效果在很大程度上取决于学生的主观能动性和参与性。因此,大学外语教学更强调教师的指导作用。作为课堂教学活动的组织者和实施者,教师应该在最大程度上调动学生的主观能动性和参与性,目的是使学生成为课堂教学的真正参与者和合作者。在外语教学实践中,效能兼顾的教学方法可以提供大量的语言知识点和文化着眼点,保证其有效输入,同时营造轻松愉悦的学习氛围和课堂文化环境,在这个基础上,教师应充分调动学生主动学习的积极性,引导学生掌握有效的学习方法,同步提高自身所习语言的相关文化知识储备。必须注意的是,所习外语可以用来获取信息,也可用来了解世界上各个国家和民族的文化历史、社会习俗、政治经济、风土人情等多方面的知识。但须强调,在文化素质教育中,绝不能忽视母语的学习,良好的母语基础是学好外语、提高文化素质、培养跨文化交际能力的基石。

### (二)教学中正确地发挥教材的作用

在跨文化交际能力的培养中,对外语学习教材的选择起着举足轻重的作用。一本好的教材应既包含所学外语的语言知识,又包含其语言的运用知识和文化背景知识。如今,我国外语界人士都已充分认识到文化在跨文化交际语言使用中的重要性,各大高校的外语专业都相继开设了英美概况、英美文学、哲学等课程,在提高学生学习外语能力的同时,扩大学生的视野。但略有缺陷的是,上述所提到的文化教学大多是关于英语国家政治、历史、文学、经济等方面的知识,即"成就文化",而对于在外语实际交际活动中受文化影响最大的"行为文化"(behavior culture)涉及的是少之又少,甚至根本不提,这就导致学生在跨文化交际能力的培养方面成效甚微。高校外语专业有关跨文化交际能力的课程改革已经迫在眉睫,箭在弦上,必须马上制定相关的课程内容,并将改变付诸课堂的教学实践中,如此培养的外语专业毕业生才是新世纪急需的人才,才能够顺应时代和社会发展的需求。在课堂的教学实践活动中,授课教师在关注教材内容的同时,也要采用切实可行的教学方法,使书本上静态的语言素材活泼起来,通过事实例举,引导学生自己来发现母语和所习得外语的相同点和不同点,认识两种不同语言中所隐含的不同文化和价值观念。在这个基础上,让学生自己总结并且真正认识到语言深层的交际是使用得体的语言形式进行交际。授课教师要时刻牢记教材是课堂教与学的渊源，它是为教学服务的。通过教材提供的语言素材，师生采用教学互动的方式，提高课堂知识输入量，在有效的时间内吸收外国优秀文化的精华。

### （三）课堂上培养学生的自我完善意识

交际能力主要是由语言能力和文化能力组成的。在潜心培养学生文化能力的同时，并不意味着放弃或是放松语言能力的学习。语言知识是语言技能的基础，没有扎实的语言知识就不可能获得较强的语言技能；而语言技能的提高也会促进语言知识的加深、理解和巩固。在掌握语言技能的过程中，应正确处理准确与流利的关系、阅读与其他技能之间的关系。在进行听、说、读、写、译的技能训练时，应用语言知识的准确性与应用语言技能的流利性往往会产生一定的冲突。但准确和流利不应处于对立状态，它们其实是一个硬币的两面，互相依赖。准确是流利的基础，流利则是准确的提高。若没有流利，准确只是空中楼阁，根本谈不上能进行有效的口、笔译交际。从语言学习规律来看，语言技能的娴熟性直接表现在语言交际能力上。听、说能力的提高是获得语言交际能力的基础，大量的语言输入是直接建立在听和读的基础之上的。同时，说、写、译是对语言素材深层次的应用和消化，而在这一过程中，语言知识也一步步得到系统的巩固。

在语言教授的过程中，教师应积极引导学生自己归纳、总结知识，培养学生主动学习的能力，耐心地指导学生怎样在学习过程中通过上下文来记忆和巩固所学过的单词。总之，教师应该随时注意培养学生的语言意识、语言学习意识、跨文化交际意识以及主动通过实践获取知识的意识。这样一来，学生在学习一门外语的时候并不仅仅是学习语言，他们同时也在学习如何学习。一门外语的学习过程也成为一个人获取语言能力、交际能力、文化能力和跨文化交际能力的过程。外语教学的主要目的是培养学生的交际能力，而不了解所习得语言的国家文化就不可能真正具备跨文化交际能力。因此，在培养学生跨文化交际能力的过程中，应该让学生尽可能多地涉猎一些跨文化交际方面的书籍，鼓励他们与不同文化背景的人进行交际，不断培养和提高他们的跨文化意识和对不同文化的敏感性及理解能力，这样就能既学习语言又学习文化，从而成功地实现跨文化交际活动。

## 第四节 跨文化外语教学问题的解决路径

### 一、重新定位教学目标及内容

近些年,跨文化外语教学在美国和欧洲等国家发展很快,虽然术语使用上目前并不统一,但其中所体现的外语教学思路有很多共同点。例如,布莱姆(Bryam)等学者在调查了欧洲各国语言文化教学的现状后,以欧洲跨文化交际需要为前提,提出了语言和文化相结合的综合教学、以文化为基础的交际能力的教学以及更为普遍的基于文化的外语教学等。在这些思想理论的基础上,结合我国的大学英语教学情况,跨文化外语教学的总体目标应为:提高学习者的语言能力、交际能力和培养学习者的跨文化交际能力。语言能力指的是语音、词汇、语法等语言知识和听、说、读、写、译的技能。交际能力是包括语言能力和语用能力在内的正确并且适宜地进行交际活动的能力。跨文化交际能力就是超越了具体的语言和文化群体,根据不同语境,灵活运用语言知识和技能进行交际的能力。

跨文化外语教学的目标包含语言能力、交际能力和跨文化交际能力,因而其内容应该包括语言教学、文化教学和跨文化交际能力培养三个方面。具体来说,语言教学包含基本语言知识和使用,文化教学包括文化知识和交流,跨文化交际能力培养则包括跨文化意识、跨文化交际能力和跨文化交际实践等。也就是说,在跨文化外语教学中,通过对目的语语言和文化的学习,学习者能够掌握目的语语言知识,并能使用该语言与目的语语言群体进行有效的交流,同时,在学习中能够反思自己的母语,了解语言的普遍规律,了解文化的构成、作用和发展规律,了解语言与社会和文化之间的关系,在交流中体验目的语文化,反思本族文化,将目的语文化与本族文化进行比较,增强对文化差异的敏感性和培养对目的文化的移情态度,并在教师的帮助和指导下,学会调适并解决跨文化交际中可能出现的如文化冲撞、误解等问题。

教学内容的这三个方面是紧密联系、相互渗透的。语言知识和文化知识是基础,语言使用和文化交流为知识提供了实践和体验机会,跨文化意识在知识学习和实践中得以培养,同时又为学习者知识的学习和实践交流做好了思想准备，最终在跨文化交际的实践中培养跨文化交际能力。这其中需要特别注意的是，在文化教学中要避免出现中西方文化失衡或"中国文化失语症"，即片面强调西方文化的输入而导致的"母语文化"缺失。

"中国文化失语症"是外语教学界提出的。纵观我国多层次英语教学，在增大文化含量的同时却有着一种共同的片面性，即对于作为主体一方的文化背景——中国文化的英语表达，基本上仍处于忽视状态。由于忽视了母语文化在英语教学中的地位，在跨文化交际中，作为交际主体的中国人很多时候却不能用英语表达中国文化，尤其是面对中国传统文化更显得心有余而力不足。在全球化语境下的文化对话中，很遗憾地丧失了平等对话的能力，这也是跨文化交际的一大忌。有的学者曾提出"生产性外语学习"，它既不同于"削减性学习"（学习者由于母语文化归属受到威胁而放弃母语文化，认同目的语文化），也不同于"附加性学习"（学习者在学习目的语、接受目的语文化的同时保持母语及母语文化归属不受威胁）。它是指在目的语学习过程中，目的语与母语水平的提高相得益彰，目的语文化与母语文化的鉴赏能力相互促进，使学习者自身的潜能得以充分发挥。在"生产性外语学习"中，母语和母语文化起着积极的作用，它与文化归属的替代无关，强调两种语言和文化价值系统之间的互动作用。因而在外语文化教学中母语文化不可缺失，文化教学不可失衡，应帮助学生形成"生产性外语学习"，发挥两种语言文化的互相促进作用，真正实现跨文化交际。正如霍尔指出的那样，"（文化）所隐藏的东西最难被其自身的参与者所认识。多年的研究已使我坚信，真正要做的工作……是理解本国文化；我也坚信，人们研究外国文化所能得到的不过是表面的理解，这类研究最终是为了更加了解自己系统的活动状况"。同时霍尔也指出，体验到外国文化与本土文化间的对比和差异所产生的兴趣和好奇心是学习和了解外国文化的最佳动机。

此外，还需要注意，在教学中要避免割裂语言和文化的关系而导致的孤立、机械地进行的语言教学和文化教学，两者应有机结合。语言本身蕴含着丰富的文化内容，无论语音、词汇还是句法都有其文化内涵，语言是对文化的反映，文化是语言存在和使用的环境，两者不可分割。语言的学习必然是文化的学习，文化为语言学习提供了丰富、真实的环境，两者互为目的和手段。因此，应将文化教学贯穿在语言教学过程中，将语言教学融入丰富、真实的文化教学内容里，让学习者学到活的语言，体味真的文化，真正享受学习的过程。

## 二、遵循科学的教学原则

### （一）以学习者为中心，培养学习者自主学习的能力

学习者是教学过程的真正主体，教学的开展应以学习者为中心，围绕学习者的需要进行。在跨文化外语教学中，对学习者跨文化交流能力的培养也是基于学习者这个主体，因而学习者学习语言及文化的需要、体验、态度、能力等都是教学设计的考虑因素。"以学习者为中心"要求因材施教。不同的学习者学习风格、学习方法、学习能力不尽相同，教学时应针对学习者的不同情况选择合适的教学方法做合适的引导。而因材施教和培养学习者的自主学习能力是相辅相成的。霍莱克（Holec）认为，自主学习就是学习者"能够对自己的学习负责"。利特尔伍德（Littlewood）认为，自主学习主要是学习者在学习过程中"独立做出选择的愿望和能力"。也就是说，学习者能为自己的学习提供机会，而不是简单地对教师所提供的各种各样的刺激做出反应；不是被动地等待学习的发生，而是主动促使学习过程的产生。自主学习能力对于跨文化外语教学来说十分重要，不仅因为教育的培养目标之一就是培养终身学习的思想，而且跨文化学习内容丰富而庞大，仅仅依靠教师的传授是不够的，教学更重要的是培养学习的能力，这是一种可持续发展的能力，培养自主学习能力就是"授之以渔"，使学习者能够更好地完成学习目标。

### （二）互动性原则

外语教学应持发展的眼光看待语言与文化，两者是动态的、互相交织发展的，跨文化外语教学也应跟上时代的步伐，在互动发展中进行。中西方文化之间应是平等对话、互动共存的关系，尤其是在当今世界全球化趋势下，文化的互动共存更为明显，跨文化外语教学也应遵循这一规律，发挥中外文化学习的互促作用。在教与学的过程中，新型教学模式已经改变了单向传递的模式，强调的是教学传播过程中的双向传递、互动过程，教师教学影响着学生的学习，而学生又反过来影响着教师的教学传播行为。而跨文化交流本身就要求进行文化的双向交流，语言本身也是在交流中产生和发展的。因此，跨文化外语教学过程应是一个互动的过程，要充分发挥学生的学习参与积极性，以取得良好的教学效果。

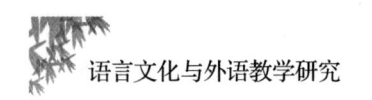

### 三、丰富教学评价，促进自主反思

　　文化是跨文化外语教学的主要目标和内容之一，而文化的主观性和复杂性使得文化测试和评价十分困难。传统的纸笔形式和客观量化的测试在针对强调记忆的客观语言知识掌握的标准化评价上有其优势，但却无法客观评价学习者的能力、态度和学习过程等。因此，仅仅依赖传统的客观定量测试已无法满足跨文化外语教学的评价要求，基于"真实评价"和"表现评价"的定性分析评价法应运而生。它可以通过对学习者学习过程的观察，对其学习的努力程度、进步情况、学习态度和最终成就等做出综合性评价。学习者也可以通过评价过程来对自己的学习进行反思，促进和指导自主学习。同时，这种定性分析评价相对于传统的终结性评价更能激励学生，帮助学生发现学习中的问题并及时调整，有效调控自己的学习过程，取得更好的学习效果。采用这种教学评价，容易使学习者获得成就感，有利于培养学习者的自信心，避免了一张考卷定优劣的情况。

　　大学英语跨文化教学模式是以培养学生的跨文化交际能力为终极目标，以培养学生的交际能力（包括语言能力和语用能力）为基础目标，以英语语言知识与语言技能、文化知识和跨文化交际等为主要内容，将语言教学和文化教学有机结合，集多种教学手段和方法为一体的教学模式。在外语教学过程中，教师是教学活动的组织者，整个模式以学生为主体，教师为主导。在此模式中，英语语音、词汇、语法等语言知识和听、说、读、写、译等语言技能，以及文化知识和文化交流等教学活动可以通过计算机来进行，也可以通过教师的课堂教学来进行。具体来说，语音、词汇、语法等语言知识和文化知识在课堂教学中进行，以便于使用语法翻译法讲解基本的语法和语言基础知识，并对文化知识进行必要的介绍和解释，使学生形成基础的认知。同时，利用计算机网络的环境和条件，鼓励和引导学生开展自主学习，就文化知识主题进行搜索、学习和思考，发挥计算机和网络对学生思维发展和知识建构的参与、帮助作用，使之成为课堂文化学习的补充。文化知识以课堂教学为主，计算机网络环境下的教学为辅。针对听、说、读、写、译五项语言技能的不同特点采用不同的教学环境。"听"的训练主要在"计算机网络"环境下进行，更便于对多种听力素材的使用，特别是网络上丰富的原汁原味的英语听力素材，能够给学生创造近乎真实的听力环境，同时辅之以课堂教学对听力技巧和方法等进行适当讲解。"说"和"读"的训练既要在计算机

第七章　跨文化外语教学的问题及解决路径

网络环境下进行，又要有课堂教学，可以借助计算机网络进行阅读和口语及发音等的训练，课堂同步进行文章内容、体裁等的分析讲解和口语的互动。"写"和"译"的训练以课堂教学为主，以在计算机网络环境下的教学为辅，因为对于写作和翻译两种输出技能的训练，教师的面授指导最为直接和有针对性，也更有效。这里需要强调的是，文化交流是必不可少的一项内容，因为所有的学习成果最后都是在交流传播中实现的，掌握的知识、技能都要在交流传播中使用。关于文化和交流传播这两个跨文化传播核心因素之间的关系在此不再赘述。重要的是，学生在交流实践活动中能够真正体验文化差异，直观面对跨文化交流的障碍和问题，并在教师的指导下，培养文化敏感性和跨文化交流意识，对可能产生的文化休克等情况有所体验和了解，并能灵活处理和做好自我调适。

　　文化交流的开展既可以利用计算机网络的环境，也可以在交流实践活动中进行，实际上，从学生的跨文化交流需求和教学培训效果来看，开展跨文化交流实践活动，如短期的对外交流互访、参与国际会议或活动的志愿服务工作，甚至建立实体的跨文化实践交流体验平台或实践交流体验中心，都是值得鼓励的形式。大学英语跨文化教学模式将为学生提供一种包括丰富的教学内容、多样的教学手段、多种教学环境、多元教学方法在内的较为全面的立体教学模式，以达到培养跨文化传播人才的目标，满足我国在国际交往中跨文化传播的需要。

# 参考文献

[1] 陈波.社会历史的因果描述论:一种语言观和由它派生的一种新名称理论[J].哲学分析,2011,2(01):3-36.

[2] 葛春萍,王守仁.跨文化交际能力培养与大学英语教学[J].外语与外语教学,2016(02):79-84,146.

[3] 范冰.美国外语文化教学的经验与启示[J].湖南大众传媒职业技术学院学报,2014,14(01):95-98.

[4] 顾芳.英汉思维差异对大学英语教学的影响[J].海外英语,2019(07):85-86,113.

[5] 江利华.少数民族大学生英语学习焦虑的调查与研究:以壮族大学生为个案[J].南宁职业技术学院学报,2018,23(04):41-46.

[6] 姜燕.以文化因素导入促进大学英语精读教学的策略研究[J].长春大学学报,2014,24(08):1136-1138.

[7] 李洪儒.试论语词层级上的说话人形象:语言哲学系列探索之一[J].外语学刊,2005(05):45-50.

[8] 李玉香.外语教学中跨文化交际问题探究[J].继续教育研究,2005(05):159-162.

[9] 刘东彪,温荣姹.从文化教学到文化教育:对外语专业学生跨文化传播能力培养的思考[J].产业与科技论坛,2015,14(20):140-141.

[10] 杨维东.外语教育中存在的文化与意识形态问题及应对[J].外语教学,2015,36(05):73-76.

[11] 麦穗玲.实现跨文化能力:背后的主要影响因素[J].江西电力职业技术学院学报,2019,32(08):139-140.

[12] 毛红梅.刍议文化背景在英语教育中的重要作用[J].名师在线,2020(12):82-83.

[13] 唐季红.社会文化因素对外语教学评估体系的影响[J].社会科学家,2015(05):133-136.

[14] 王娜.大学英语精读教学中文化因素导入的路径[J].文学教育:下,2018(01):138-139.

[15] 王淑杰,于松.英汉思维差异在语言中的反映[J].开封教育学院学报,2018,38(05):60-62.

[16] 温雯.英汉表达中思维方式的差异[J].读与写:教育教学刊,2019,16(07):3.

[17] 胡文仲.跨文化交际能力在外语教学中如何定位[J].外语界,2013(06):2-8.

[18] 孙有中.人文英语教育论[J].外语教学与研究,2017,(06):859-870.

[19] 严明.话语分析的基础:话语共同体[J].外语学刊,2009(04):100-102.

[20] 姚向礼.母语迁移理论对外语教学文化差异影响分析[J].课程教育研究,2018(43):120-121.

[21] 赵娟.跨文化交际能力的培养困境与对策[J].吕梁教育学院学报,2019,36(04):109-110.

[22] 赵荣.正视外语教学中的母语迁移[J].教学研究,2017,40(01):72-75.

[23] 唐剑峰.英语跨文化视角转换及翻译技巧研究[J].文化创新比较研究,2018,2(14):84-86.

[24] 陈宗明.汉字符号学:一种特殊的文字编码[M].上海:东方出版中心,2016.

[25] 崔希亮.语言理解与认知[M].上海:学林出版社,2016

[26] 胡塞尔.第一哲学(上)[M].王炳文,译.北京:商务印书馆,2017.

[27] 胡塞尔.纯粹现象学通论[M].李幼蒸,译.北京:商务印书馆,2005.

[28] 江利华.论任务型教学中的互动性英语课堂[J].江西教育科研,2006(07):73-75.

[29] 克劳斯·黑尔德.世界现象学[M].倪梁康,等,译.北京:生活·读书·新知三联书店,2003.

[30] 米歇尔·福柯.知识考古学[M].谢强,马月,译.北京:生活·读书·新知三联书店,1998.

[31] 隋虹. 跨文化交际：理论与实践 [M]. 武汉：武汉大学出版社，2018.

[32] 王立柱，张伟. 马克思主义箴言：自然辩证法 [M]. 天津：天津人民出版社，2012.

[33] 王晓阳. 意识研究 [M]. 上海：上海人民出版社，2019.

[34] 吴娜. 母语迁移现象分析及对大学英语教学的启示 [J]. 河南广播电视大学学报，2016, 29（01）：44-46.

[35] 俞楠. 文化认同的政治建构 [M]. 上海：上海交通大学出版社，2018.

[36] 约翰·哈特利，贾森·波茨. 文化科学 [M]. 何道宽，译. 北京：商务印书馆，2017.

# 后　记

　　从教三十余载，我渴望将自己的教学思想和实践记录下来，于是静下心来对最近几年的教学研究和论文等进行整理，并萌发了出版的想法。本书的大量内容都是通过认真查证与研究，并对日常教学的积累总结而成的。这既是日常工作付出的成果，也证明了自己与实际结合开展研究的能力。

　　我深知，做一名外语教师尤其是一名有责任心的外语教师需要付出很多的努力，做一名有思想、有理想的外语教师更需要付出百倍的努力。但是为了我的职业理想，再苦再累也值得。在追求职业理想的过程中，我始终坚持明智、勤奋、求实和创新的原则。我认为，在教学中，只有勤奋工作，深入学生当中，实地了解考察才能获得第一手资料，才能分析总结出学生所思所想，才能找到问题症结，并解决这些问题。

　　习近平总书记指出："创新是一个民族进步的灵魂，是一个国家兴旺发达的不竭动力，也是中华民族最深沉的民族禀赋。"创新在教育管理中发挥着重要作用。从教30余年，我经历了伟大的祖国从改革开放初期到现在全面建设小康社会的时代巨变，经历了从国门开放全民学习英语的热潮风起云涌到学术界融合语言学习和跨文化交际能力培养的理性回归，也经历了无数次由外语教学观念的转变、方法和手段的革新、教学效果的考察和评估、教学科研的申报等所带来的成功和失败，每一次经历都在我的思想上、工作上留下了浓墨重彩的一笔，都是我人生经历的宝贵财富。我始终认为，教师一定要坚持本色，牢记初心，在教育改革和创新中学会借鉴和批判，掌握开放和集中，明确冲突与和合，不要随风而动。在进行外语教学的过程中，我们可以看到语言与文化之间有着密切的联系，语言只有依附于文化才能得到更好的发展。文化是人类在社会发展过程中所创造的物质财富和精神财富的总和，每个民族因其地理位置、社会风俗等的不同会存在文化上的差异，这也是造成不同母语背景的人在交流中产生障碍的重要原因之一。学习一种语言，不单单是学会其语音、词汇与语法知识，还必须同时学习有关国家和民族的历史文化传统和社会风俗习惯，这样才能真正掌握这种语言的精髓，才能保证正确理解和运用这种语言。作为一名外语教师，在教学的同时不断进行创新与研究，以语言文化学、英语跨文化交际学和教育学等基本理论为指导，开展深入的研究活动是十分有必要的。

  教育理想的追求离不开书本知识的教化。书本在手，阅读和思考并行；书本离手，实践和探索并行。在追求教育理想的道路上，理论是指路的明灯，实践是理论的试金石，只有将二者完美结合，才能实现教育目标，才能培养出具备广博文化知识和一定的专业方向知识并能熟练地运用这些综合知识的复合型外语人才。要实现这一目标，任重而道远。作为全国150万外语教师队伍中的一员，我愿意和广大同仁一起励精图治，负重前行，为我国的语言文化与外语教学研究贡献自己的一份微薄之力。

  由于时间仓促和本人的学识水平有限，书中难免存在不足之处，欢迎广大专家学者、读者批评指正！